财政预算资金绩效管理操作实务

资料清单 方案模板 项目报告 业务档案

郝玮 郝建国 吴丽军 ◎ 主编

PERFORMANCE
MANAGEMENT OF
FISCAL BUDGET
FUNDS

中国市场出版社
China Market Press
·北京·

图书在版编目（CIP）数据

财政预算资金绩效管理操作实务 / 郝玮，郝建国，吴丽军主编 . — 北京：中国市场出版社有限公司，2021.3
ISBN 978-7-5092-2020-7

Ⅰ.①财… Ⅱ.①郝…②郝…③吴… Ⅲ.①财政预算–经济绩效–财政管理–研究–中国 Ⅳ.① F812.3

中国版本图书馆 CIP 数据核字（2020）第 230572 号

财政预算资金绩效管理操作实务
CAIZHENG YUSUAN ZIJIN JIXIAO GUANLI CAOZUO SHIWU

主　　编	郝　玮　郝建国　吴丽军
责任编辑	张　瑶（zhangyao9903@126.com）
出版发行	中国市场出版社 China Market Press
社　　址	北京月坛北小街 2 号院 3 号楼　邮政编码　100837
电　　话	编辑部（010）68032104　读者服务部（010）68022950
	发行部（010）68021338　68020340　68053489
	68024335　68033577　68033539
	总编室（010）68020336
	盗版举报（010）68020336
印　　刷	河北鑫兆源印刷有限公司
规　　格	185mm×260mm　16 开本　　版　次　2021 年 3 月第 1 版
印　　张	26.75　　　　　　　　　　　印　次　2021 年 3 月第 1 次印刷
字　　数	340 千字　　　　　　　　　　定　价　128.00 元
书　　号	ISBN 978-7-5092-2020-7

版权所有　侵权必究　　印装差错　负责调换

编委会

主　　任　郝　玮
副 主 任　郝建国　信　茜　贾翠菊
成　　员　郝　玮　郝建国　吴丽军　信　茜
　　　　　　桂向东　武艳青　刘　鑫　王正佳
　　　　　　郝梓轩　霍学丹　王思雨　赵紫媛
　　　　　　吴子仲　李祥云　解　玉　刘瑶瑶
　　　　　　任层层　贾翠菊　张晓鸽　许晓凤
　　　　　　张　晨　邢贞玉　陈小爱　谢　斐
　　　　　　符漫清　董江兰　李晓露　邱　媛

PREFACE
前 言

财政是国家治理的基础和重要支柱,预算管理是财政部门的主要职能。长期以来预算管理中存在"重投入轻管理、重支出轻绩效"的弊病。《中共中央 国务院关于全面实施预算绩效管理的意见》(中发〔2018〕34号)提出:全面实施预算绩效管理是党中央、国务院作出的重大战略部署,是政府治理和预算管理的深刻变革。党中央的方针政策为加强预算管理,做好预算支出绩效考核,管好用好预算资金,提高预算资金使用效率和效果指明了方向,同时,也使得预算绩效管理依法依规顺利实施。

《中共中央关于全面推进依法治国若干重大问题的决定》提出:对财政资金分配使用、国有资产监管、政府投资、政府采购、公共资源转让、公共工程建设等权力集中的部门和岗位实行分事行权、分岗设权、分级授权,定期轮岗,强化内部流程控制,防止权力滥用。加强预算绩效管理,必须提高对经济活动风险的防范和管理能力。内部风险防范和管控与预算绩效管理都是预算管理的有效措施,两者相辅相成、相互促进,也可以说预算绩效管理就是内部风险防控的"落地"手段。预算绩效管理重点是预算管理的相关性和有效性,强调预算安排要与单位职能密切相关,预算支出必须"物有所值",避免"面子工程"、"形象工程"和"铺张浪费"、"支出效果低下或无效"等问题;内部控制重点是预算管理的有序性和决策的科学性，强调预算安排必须履行规范的流程，预算支出必须履行"集体研究、科学决策"，避免"一言堂""一支笔"，"三重一大"制度执行流于形式，坚决纠正预算管理中的舞弊和腐败问题。在预算管理中有效通过内部风险防控措施达到提升预算绩效管理的效果，一定会实现"1+1＞2"的作用。

预算单位应当把预算绩效考核作为单位内部审计监督和财会监督的重要内容，健全相关管理制度，充分发挥内部审计监督和财会监督对预算绩效管理的专业促进作用，切实把预算绩效管理措施落实到位。

北京玮博合利会计师事务所有限公司多年来致力于预算管理研究和绩效管理实务操作，服务于政府部门和事业单位的预算编制、审核、申报、决算报表等工作，完成了多项部门整体支出绩效评价、项目事前绩效评估、项目全过程绩效跟踪评价、项目事后绩效评价、项目支出成本绩效评价分析等工作，取得了丰富的管理经验，锻炼了业务胜任能力强的专业团队，积累了完整的专项业务档案资料。为全面贯彻《中共中央 国务院关于全面实施预算绩效管理的意见》，帮助行政事业单位财务会计人员和内部审计人员掌握预算绩效管理方法，促进单位预算绩效自评价实施，提升单位预算管理水平，我们愿意将自己多年预算绩效管理的心得体会贡献给大家作为工作参考。同时，与会计师事务所和社会咨询评价机构同行进行交流，以期获得帮助和指导，在财政部门的领导下共同促进预算绩效管理事业的蓬勃发展，为财政部门预算管理建言献策，最终达到为国家治理体系与治理能力现代化的实现贡献专业机构的微薄之力。

本书根据北京玮博合利会计师事务所有限公司执行董事、法定代表人郝玮先生提出的要求编写，由北京玮博合利会计师事务所有限公司咨询培训部设计写作大纲，抽调业务骨干人员负责各章节编写。郝建国先生负责对全书进行总纂，郝玮先生负责总审。

本书具体写作分工为：第1章，吴丽军、郝建国；第2章，霍学丹；第3章，王思雨、郝梓轩；第4、第6、第9、第11、第12章，信茜；第5、第7章，郝梓轩；第8章，武艳青、信茜；第10章，刘鑫、王正佳；第13章，赵紫媛、贾翠菊；第14章，桂向东、郝建国。

本书在编写过程中得到了本事务所专家委员会各位专家的鼎力支持和悉心指导，在此特致以衷心的感谢。

本书虽为多年预算绩效管理实践经验之精华，但毕竟是一家之言，加之受到保密义务之约束，无法提供更为具体的实施案例，书中不足之处恳请读者批评指正。

北京玮博合利会计师事务所有限公司
2020年12月

CONTENTS 目 录

第1章 总 论

SECTION 1.1 预算绩效管理的意义、指导思想和依据　003

　　1.1.1　预算绩效管理的重要意义　003
　　1.1.2　预算绩效管理的指导思想　004
　　1.1.3　预算绩效管理的依据　004

SECTION 1.2 预算绩效管理的原则　006

SECTION 1.3 构建全方位预算绩效管理格局　008

SECTION 1.4 建立全过程预算绩效管理链条　010

SECTION 1.5 完善全覆盖预算绩效管理体系　012

SECTION 1.6 健全预算绩效管理制度　014

SECTION 1.7 硬化预算绩效管理约束　016

SECTION 1.8 预算绩效管理保障措施　017

第2章 财政预算资金绩效管理项目准备

SECTION 2.1　方案撰写及工作计划　021

SECTION 2.2　签署服务合同　026

SECTION 2.3　项目启动会　028

　　2.3.1　召开项目启动会的意义　028

　　2.3.2　项目启动会的主要内容　028

第3章 财政预算资金绩效管理项目调研

SECTION 3.1　编写和发放资料清单　033

SECTION 3.2　开展实地调研　037

　　3.2.1　调研前的准备　037

　　3.2.2　开展现场调研　040

SECTION 3.3　开展满意度调查　042

　　3.3.1　满意度调查问卷的设计　042

　　3.3.2　满意度调查问卷的对象选择　045

SECTION 3.4　绩效评价资料整理　048

SECTION 3.5　项目沟通　050

第4章 财政预算资金绩效管理项目评价标准

SECTION 4.1　绩效目标设计原理　055

　　4.1.1　绩效目标管理的基本逻辑　055

　　4.1.2　绩效目标的层级结构和内容　057

　　4.1.3　绩效目标编制策略　060

4.1.4 绩效目标评审的主要内容 063

SECTION 4.2 绩效指标体系 065

4.2.1 绩效评价指标的基本概念和基本原则 065

4.2.2 绩效评价指标分类 066

4.2.3 绩效评价指标设计框架 067

4.2.4 绩效评价指标体系设计原理 069

4.2.5 如何确定指标权重 071

4.2.6 如何制定评价标准 072

4.2.7 项目绩效后评价指标体系 075

SECTION 4.3 评价结果评定 079

4.3.1 绩效评价方法 079

4.3.2 绩效评价结果标准 080

第5章 财政预算资金绩效管理项目专家评价

SECTION 5.1 项目专家预备会 083

SECTION 5.2 专家考评会前期准备 087

SECTION 5.3 现场专家考评会 098

第6章 财政预算资金绩效管理项目报告

SECTION 6.1 绩效评价报告概述 103

SECTION 6.2 评价内容及重点 104

SECTION 6.3 项目支出后续评价 105

SECTION 6.4 财政支出项目绩效评价报告 106

第 7 章 财政预算资金绩效管理资料归档

SECTION 7.1 档案管理 115

SECTION 7.2 绩效管理归档要求 116

SECTION 7.3 绩效管理归档目录 117

SECTION 7.4 档案管理员职责 118

第 8 章 财政预算资金事前绩效评估

SECTION 8.1 事前绩效评估概述 123

SECTION 8.2 事前绩效评估的核心内容 124

SECTION 8.3 事前绩效评估遵循的原则 126

SECTION 8.4 事前绩效评估的方式方法 128

SECTION 8.5 事前绩效评估结果及应用 130

SECTION 8.6 事前绩效评估程序 132

  8.6.1 事前绩效评估的一般流程 132

  8.6.2 事前绩效评估工作 132

SECTION 8.7 事前绩效评估指标体系 136

SECTION 8.8 事前绩效评估报告 138

第 9 章 项目绩效跟踪

SECTION 9.1 绩效跟踪概述 151

SECTION 9.2 绩效跟踪对象 153

SECTION 9.3 绩效跟踪目的和意义 154

SECTION 9.4 绩效跟踪组织形式 156

SECTION 9.5 绩效跟踪核心内容 157

SECTION 9.6 绩效跟踪程序 159

SECTION 9.7 绩效跟踪报告 163

第 10 章　部门整体预算支出绩效评价

SECTION 10.1 部门整体预算支出绩效评价核心内容 169

SECTION 10.2 部门整体预算支出绩效评价程序 170

SECTION 10.3 部门整体预算支出绩效评价体系 172

　　10.3.1 预算投入 172
　　10.3.2 管理过程 175
　　10.3.3 运行产出 182
　　10.3.4 运行效果 185

SECTION 10.4 部门整体预算支出绩效评价报告 187

第 11 章　财政政策绩效评价

SECTION 11.1 财政政策绩效评价核心内容 217

SECTION 11.2 财政政策绩效评价程序 218

SECTION 11.3 财政政策绩效评价体系 219

SECTION 11.4 财政政策绩效评价报告 221

第 12 章　政府和社会资本合作（PPP）项目绩效评价

SECTION 12.1　PPP 项目绩效评价概述　225

SECTION 12.2　PPP 项目绩效目标与绩效指标管理　226

SECTION 12.3　PPP 项目绩效监控　230

SECTION 12.4　PPP 项目绩效评价　232

SECTION 12.5　组织保障　235

SECTION 12.6　PPP 项目绩效评价相关资料模板　237

第 13 章　单位简易评价

SECTION 13.1　单位简易评价核心内容　249

SECTION 13.2　单位简易评价程序　250

SECTION 13.3　单位简易评价体系　252

SECTION 13.4　单位简易评价报告　253

SECTION 13.5　单位简易评价体系的指标权重与评价结果　254

SECTION 13.6　单位简易评价报告案例　255

第 14 章　成本预算绩效分析

SECTION 14.1　成本预算绩效分析概述　275

SECTION 14.2　成本预算绩效分析准备　277

SECTION 14.3　成本预算绩效分析实施　282

  14.3.1 制作并发放所要收集的资料清单 282

  14.3.2 入户调研和收集资料 284

  14.3.3 对调研获取信息及收集得到材料展开分析 291

SECTION 14.4 总结及应用 305

附　录

中共中央关于全面深化改革若干重大问题的决定 319

中共中央关于全面推进依法治国若干重大问题的决定 320

决胜全面建成小康社会　夺取新时代中国特色社会主义伟大胜利 321

财政部关于印发《政府采购竞争性磋商采购方式管理暂行办法》的通知 322

中共中央　国务院关于全面实施预算绩效管理的意见 331

财政部关于贯彻落实《中共中央　国务院关于全面实施预算绩效管理的意见》的
  通知 337

国务院关于深化预算管理制度改革的决定 341

国务院关于批转财政部权责发生制政府综合财务报告制度改革方案的通知 350

财政部关于印发《预算绩效评价共性指标体系框架》的通知 357

财政部关于推进预算绩效管理的指导意见 375

财政部关于印发《中央部门预算绩效目标管理办法》的通知 380

财政部关于印发《项目支出绩效评价管理办法》的通知 389

财政部关于印发《地方财政管理工作考核与激励办法》的通知 403

财政部关于推进政府购买服务第三方绩效评价工作的指导意见 409

第1章
总 论

SECTION 1.1
预算绩效管理的意义、指导思想和依据

1.1.1 预算绩效管理的重要意义

党的十八大以来,在以习近平同志为核心的党中央坚强领导下,全国认真贯彻落实党中央、国务院决策部署,财税体制改革加快推进,预算管理制度持续完善,财政资金使用绩效不断提升,对促进我国经济社会发展发挥了重要作用。但也要看到,现行预算绩效管理仍然存在一些突出问题,主要是:绩效理念尚未牢固树立,一些地方和部门存在重投入轻管理、重支出轻绩效的意识;绩效管理的广度和深度不足,尚未覆盖所有财政资金,一些领域财政资金低效无效、闲置沉淀、损失浪费的问题较为突出,克扣挪用、截留私分、虚报冒领的问题时有发生;绩效激励约束作用不强,绩效评价结果与预算安排和政策调整的挂钩机制尚未建立。

当前,我国经济已由高速增长阶段转向高质量发展阶段,正处在转变发展方式、优化经济结构、转换增长动力的攻关期,建设现代化经济体系是跨越关口的迫切要求和我国发展的战略目标。发挥好财政职能作用，必须按照全面深化改革的要求，加快建立现代财政制度，建立全面规范透明、标准科学、约束有力的预算制度，以全面实施预算绩效管理为关键点和突破口，解决好绩效管理中存在的突出问题，推动财政资金聚力增效，提高公共服务供给质量，增强政府公信力和执行力。

1.1.2 预算绩效管理的指导思想

以习近平新时代中国特色社会主义思想为指导，全面贯彻党的十九大和十九届二中、三中、五中全会精神，坚持和加强党的全面领导，坚持稳中求进工作总基调，坚持新发展理念，紧扣我国社会主要矛盾变化，按照高质量发展的要求，紧紧围绕统筹推进"五位一体"总体布局和协调推进"四个全面"战略布局，坚持以供给侧结构性改革为主线，创新预算管理方式，更加注重结果导向、强调成本效益、硬化责任约束，力争用3～5年时间基本建成全方位、全过程、全覆盖的预算绩效管理体系，实现预算和绩效管理一体化，着力提高财政资源配置效率和使用效益，改变预算资金分配的固化格局，提高预算管理水平和政策实施效果，为经济社会发展提供有力保障。

1.1.3 预算绩效管理的依据

预算绩效管理的依据具体包括：
- 《中共中央关于全面深化改革若干重大问题的决定》；
- 《中共中央关于全面推进依法治国若干重大问题的决定》；
- 中国共产党第十九届代表大会报告；
- 《中华人民共和国预算法》及其实施条例；
- 《中共中央 国务院关于全面实施预算绩效管理的意见》（中发

〔2018〕34号);

■《国务院关于深化预算管理制度改革的决定》(国发〔2014〕45号);

■《国务院关于批转财政部权责发生制政府综合财务报告制度改革方案的通知》(国发〔2014〕63号);

■《财政部关于印发〈中央部门预算绩效目标管理办法〉的通知》(财预〔2015〕88号);

■《财政部关于贯彻落实〈中共中央 国务院关于全面实施预算绩效管理的意见〉的通知》(财预〔2018〕167号);

■《财政部关于修订〈财政管理工作绩效考核与激励办法〉的通知》(财预〔2018〕222号)。

SECTION 1.2
预算绩效管理的原则

1. 坚持总体设计、统筹兼顾

按照深化财税体制改革和建立现代财政制度的总体要求,统筹谋划全面实施预算绩效管理的路径和制度体系。既聚焦解决当前最紧迫问题,又着眼健全长效机制;既关注预算资金的直接产出和效果,又关注宏观政策目标的实现程度;既关注新出台政策、项目的科学性和精准度,又兼顾延续政策、项目的必要性和有效性。

2. 坚持全面推进、突出重点

预算绩效管理既要全面推进,将绩效理念和方法深度融入预算编制、执行、监督全过程,构建事前事中事后绩效管理闭环系统,又要突出重点,坚持问题导向,聚焦提升覆盖面广、社会关注度高、持续时间长的重大政策、项目的实施效果。

3. 坚持科学规范、公开透明

抓紧健全科学规范的管理制度，完善绩效目标、绩效监控、绩效评价、结果应用等管理流程，健全共性的绩效指标框架和分行业领域的绩效指标体系，推动预算绩效管理标准科学、程序规范、方法合理、结果可信。大力推进绩效信息公开透明，主动向同级人大报告、向社会公开，自觉接受人大和社会各界监督。

4. 坚持权责对等、约束有力

建立责任约束制度，明确各方预算绩效管理职责，清晰界定权责边界。健全激励约束机制，实现绩效评价结果与预算安排和政策调整挂钩。增强预算统筹能力，优化预算管理流程，调动地方和部门的积极性、主动性。

SECTION 1.3
构建全方位预算绩效管理格局

1. 实施政府预算绩效管理

将各级政府收支预算全面纳入绩效管理。各级政府预算收入要实事求是、积极稳妥、讲求质量，必须与经济社会发展水平相适应，严格落实各项减税降费政策，严禁脱离实际制定增长目标，严禁虚收空转、收取过头税费，严禁超出限额举借政府债务。各级政府预算支出要统筹兼顾、突出重点、量力而行，着力支持国家重大发展战略和重点领域改革，提高保障和改善民生水平，同时不得设定过高民生标准和擅自扩大保障范围，确保财政资源高效配置，增强财政可持续性。

2. 实施部门和单位预算绩效管理

将部门和单位预算收支全面纳入绩效管理，赋予部门和资金使用单位更多的管理自主权，围绕部门和单位职责、行业发展规划，以预算资金管理为主线，统筹考虑资产和业务活动，从运行成本、管理效率、履职效能、社会效应、可持续发展能力和服务对象满意度等方面，衡量部门和单位整体及核心业务实施效果,推动提高部门和单位整体绩效管理水平。

3. 实施政策和项目预算绩效管理

将政策和项目全面纳入绩效管理,从数量、质量、时效、成本、效益等方面,综合衡量政策和项目预算资金使用效果。对实施期超过一年的重大政策和项目实行全周期跟踪问效,建立动态评价调整机制,政策到期、绩效低下的政策和项目要及时清理退出。

SECTION 1.4
建立全过程预算绩效管理链条

1. 建立预算绩效评估机制

各部门各单位要结合预算评审、项目审批等，对新出台重大政策、项目开展事前绩效评估，重点论证立项必要性、投入经济性、绩效目标合理性、实施方案可行性、筹资合规性等，投资主管部门要加强基建投资绩效评估，评估结果作为申请预算的必备要件。各级财政部门要加强新增重大政策和项目预算审核，必要时可以组织第三方机构独立开展绩效评估，审核和评估结果作为预算安排的重要参考依据。

2. 强化预算绩效目标管理

各地区各部门编制预算时要贯彻落实党中央、国务院各项决策部署，分解细化各项工作要求，结合本地区本部门实际情况，全面设置部门和单位整体绩效目标、政策及项目绩效目标。绩效目标不仅要包括产出、成本，还要包括经济效益、社会效益、生态效益、可持续影响和服务对象满意度等绩效指标。各级财政部门要将绩效目标设置作为预算安排的前置条件，加强绩效目标审核，将绩效目标与预算同步批复下达。

3. 做好预算绩效运行监控

各级政府和各部门各单位对绩效目标实现程度和预算执行进度实行"双监控"，发现问题要及时纠正，确保绩效目标如期保质保量实现。各级财政部门应建立重大政策、项目绩效跟踪机制，对存在严重问题的政策、项目要暂缓或停止预算拨款，督促及时整改落实。各级财政部门要按照预算绩效管理要求，加强国库现金管理，降低资金运行成本。

4. 开展预算绩效评价和结果应用

通过自评和外部评价相结合的方式，对预算执行情况开展绩效评价。各部门各单位对预算执行情况以及政策、项目实施效果开展绩效自评，评价结果报送本级财政部门。各级财政部门应建立重大政策、项目预算绩效评价机制，逐步开展部门整体绩效评价，对下级政府财政运行情况实施综合绩效评价，必要时可以引入第三方机构参与绩效评价。健全绩效评价结果反馈制度和绩效问题整改责任制，加强绩效评价结果应用。

SECTION 1.5
完善全覆盖预算绩效管理体系

1. 建立一般公共预算绩效管理体系

各级政府要加强一般公共预算绩效管理。收入方面，要重点关注收入结构、征收效率和优惠政策实施效果。支出方面，要重点关注预算资金配置效率、使用效益，特别是重大政策和项目实施效果，其中转移支付预算绩效管理要符合财政事权和支出责任划分规定，重点关注促进地区间财力协调和区域均衡发展。同时，积极开展涉及一般公共预算等财政资金的政府投资基金、主权财富基金、政府和社会资本合作（PPP）、政府采购、政府购买服务、政府债务项目绩效管理。

2. 建立其他政府预算绩效管理体系

除一般公共预算外，各级政府还要将政府性基金预算、国有资本经营预算、社会保险基金预算全部纳入绩效管理，加强四本预算（即一般公共预算、政府性基金预算、国有资本经营预算、社会保险基金预算）之间的衔接。政府性基金预算绩效管理，要重点关注基金政策设立延续依据、征收标准、使用效果等情况，地方政府还要关注其对专项债务的支撑能力。国有资本经营预算绩效管理，要重点关注贯彻国家战略、收益上缴、支出结构、使用效果等情况。社会保险基金预算绩效管理，要重点关注各类社会保险基金收支政策效果、基金管理、精算平衡、地区结构、运行风险等情况。

SECTION 1.6
健全预算绩效管理制度

1. 完善预算绩效管理流程

围绕预算管理的主要内容和环节，完善涵盖绩效目标管理、绩效运行监控、绩效评价管理、评价结果应用等各环节的管理流程，制定预算绩效管理制度和实施细则。建立专家咨询机制，引导和规范第三方机构参与预算绩效管理，严格执业质量监督管理。加快预算绩效管理信息化建设，打破"信息孤岛"和"数据烟囱"，促进各级政府和各部门各单位的业务、财务、资产等信息互联互通。

2. 健全预算绩效标准体系

各级财政部门要建立健全定量和定性相结合的共性绩效指标框架。各行业主管部门要加快构建分行业、分领域、分层次的核心绩效指标和标准体系，实现科学合理、细化量化、可比可测、动态调整、共建共享。绩效指标和标准体系要与基本公共服务标准、部门预算项目支出标准等衔接匹配，突出结果导向，重点考核实绩。创新评估评价方法，立足多维视角和多元数据，依托大数据分析技术，运用成本效益分析法、比较法、因素分析法、公众评判法、标杆管理法等方法，提高绩效评估评价结果的客观性和准确性。

SECTION 1.7
硬化预算绩效管理约束

1. 明确预算绩效管理责任约束

按照党中央、国务院统一部署，财政部要完善预算绩效管理的责任约束机制，地方各级政府和各部门各单位是预算绩效管理的责任主体。地方各级党委和政府主要负责同志对本地区预算绩效负责，部门和单位主要负责同志对本部门本单位预算绩效负责，项目责任人对项目预算绩效负责，对重大项目的责任人实行绩效终身责任追究制，切实做到花钱必问效、无效必问责。

2. 强化预算绩效管理激励约束

各级财政部门要抓紧建立预算绩效评价结果与预算安排和政策调整挂钩机制，将本级部门整体绩效与部门预算安排挂钩，将下级政府财政运行综合绩效与转移支付分配挂钩。对绩效好的政策和项目原则上优先保障，对绩效一般的政策和项目要督促改进，对交叉重复、碎片化的政策和项目予以调整，对低效无效资金一律削减或取消，对长期沉淀的资金一律收回并按照有关规定统筹用于亟须支持的领域。

SECTION 1.8
预算绩效管理保障措施

1. 加强预算绩效管理组织领导

坚持党对全面实施预算绩效管理工作的领导,充分发挥党组织的领导作用,增强把方向、谋大局、定政策、促改革的能力和定力。财政部要加强对全面实施预算绩效管理工作的组织协调。各地区各部门要加强对本地区本部门预算绩效管理的组织领导,切实转变思想观念,牢固树立绩效意识,结合实际制定实施办法,加强预算绩效管理力量,充实预算绩效管理人员,督促指导有关政策措施落实,确保预算绩效管理延伸至基层单位和资金使用终端。

2. 加强预算绩效管理监督问责

审计机关要依法对预算绩效管理情况开展审计监督,财政、审计等部门发现违纪违法问题线索,应当及时移送纪检监察机关。各级财政部门要推进绩效信息公开,重要绩效目标、绩效评价结果要与预决算草案同步报送同级人大、同步向社会主动公开,搭建社会公众参与绩效管理的途径和平台，自觉接受人大和社会各界监督。

3. 加强预算绩效管理工作考核

各级政府要将预算绩效结果纳入政府绩效和干部政绩考核体系，作为领导干部选拔任用、公务员考核的重要参考，充分调动各地区各部门履职尽责和干事创业的积极性。各级财政部门负责对本级部门和预算单位、下级财政部门预算绩效管理工作情况进行考核。建立考核结果通报制度，对工作成效明显的地区和部门给予表彰，对工作推进不力的进行约谈并责令限期整改。

全面实施预算绩效管理是党中央、国务院做出的重大战略部署，是政府治理和预算管理的深刻变革。各地区各部门要更加紧密地团结在以习近平同志为核心的党中央周围，把思想认识和行动统一到党中央、国务院决策部署上来，增强"四个意识"，坚定"四个自信"，提高政治站位，把全面实施预算绩效管理各项措施落到实处，为决胜全面建成小康社会、夺取新时代中国特色社会主义伟大胜利、实现中华民族伟大复兴的中国梦奠定坚实基础。

第 2 章

财政预算资金
绩效管理项目
准备

SECTION 2.1

方案撰写及工作计划

绩效评价方案分为总体评价方案和具体项目评价方案两种类型。

1. 总体评价方案

总体评价方案是预算管理部门组织开展部门绩效评价的方案，对整体评价工作进行规范。主要内容包括评价组织实施机构、被评价项目总体情况、评价工作计划、评价工作要求和评价结果应用等。

（1）评价组织机构。预算管理部门负责评价工作的组织、实施、协调等工作。评价组织机构应分工明确，责任到人，确保部门组织评价工作顺利开展。

（2）评价工作计划。应当明确部门绩效评价工作的程序和整体时间进度等。

（3）评价工作要求。应当明确工作开展过程中的工作原则、注意事项、工作质量标准等。

（4）评价结果应用。应当明确评价结果应用方式和范围。

2. 具体评价方案

除制定总体评价方案外，预算管理部门还应当针对具体的评价项目制定具体项目评价方案。主要内容包括具体评价人员分工、项目评价指标体系制定、评价方法、具体时间安排等。

具体评价项目实施方案请见下面的参考模板。

绩效评价实施方案

一、成立评价工作小组

明确工作人员分工，做到责任到人，确保单位组织评价工作顺利开展。

二、确定评价对象和内容

1. 本次绩效评价对象为×××单位××××××项目。
2. 进行评价项目金额×××××元。

三、评价时间

本次绩效评价工作自20××年××月××日至××月××日结束。

四、评价重点

财政预算支出绩效评价主要采用资料评价方式，项目资料收集的完整性决定绩效评价结果的高低。一般项目主要从以下几个方面进行重点评价：

1. 查看项目是否按项目申报文本或项目任务书中内容执行。主要对照项目申报文本、项目绩效目标申报表、项目任务书或合同的相关内容，逐项与项目实施结果等资料进行核对、检查；重要项目还应当查看是否有可行性研究报告、内部或外部专家评审意见等资料。

2. 查看项目决策过程资料。主要查看项目实施供应商选择过程、招投标资料、合同签署资料、内部审批流程、"三重一大"决策过程资料等；查看预算编制依据、预算细化程度、绩效目标确定依据及合理性。

3. 查看在项目实施过程中管理制度是否健全，职责是否明确。主要对照预算管理、财务管理、会计核算、项目管理、内控制度、风险防控、监督检查、廉政风险防控机制等制度进行检查。

4. 查看实施方案是否明确、具体。主要查看实施方案内容是否完整，措施是否明确，对项目实施是否具有指导作用。

5. 查看资金收支、使用的监督管理是否到位。主要查看财政资金到账通知"授权支付到账通知书"，确保财政预算资金及时到位；查看涉及项目的各项支出记账凭证、原始凭证等其他相关资料；查看相关支出的会计明细账、会计报表等资料；查看零余额账户银行对账单。

6. 查看项目社会效益是否显著。主要查看项目竣工资料、验收报告、实物出入库单据、专家验收意见、项目绩效报告等；查看项目实施效果资料，包括实物、图片、录音录像、服务对象满意度调查问卷、相关部门建议意见、其他相关资料等。

五、评价方法

主要采用以下方法：

1. 通过比较法对绩效目标与完成情况进行比较，综合分析该项目的实施情况。

2. 通过调查法掌握该项目的管理措施、监管情况等。

3. 通过因素分析法综合分析影响绩效目标实现、实施的内外因素。

4.通过公众评价法，从社会公众角度对该项目进行调查，以评价项目的影响力及公信力。

六、评价进度

下达评价工作任务，取得相关基础性资料，制订具体实施方案。

1.该阶段评价工作具体程序如下：

（1）明确评价部门自评工作具体要求：

①单位成立自评小组，落实具体经办人员；

②按评价工作组要求准备绩效评价材料；

③撰写项目财政支出绩效报告，填报附表；

④配合评价工作组实施的相关评价工作程序；

⑤要求项目负责人详细介绍具体项目的各项工作完成情况及预算执行情况。

（2）要求项目单位准备基础评价材料：

（基础资料清单详见本书第3章。）

评价工作组分析相关基础资料，制订具体工作方案，确定评价工作重点，收集、复核相关项目资料。

在取得前期基础材料的基础上，评价工作组进行认真分析，确定项目执行、管理及预算管理方面的关注要点，进而确定评价工作的重点，制订详细的实施方案。根据项目实际情况，评价工作组将综合采用比较、因素分析、调查、访谈等多种评价工作方法，进行详细的资料收集及复核工作，对项目执行情况、绩效实现情况进行综合分析、评价，并借助专家的力量，由专家在评价工作过程中进行实时指导、咨询。

2.评价工作计划。

评价工作组制订具体工作计划，一般包括以下几个方面：

工作任务	完成时间
项目单位开展自评工作，按要求撰写绩效报告并报送主管部门；主管部门审核并上报绩效报告。	××月××日前
评价工作组对绩效报告和所收集的资料进行复核，补充完善评价资料，保证资料完整、真实。	××月××日前
遴选专家，组成专家评价工作组。与专家和项目单位共同制订分项目评价工作方案并细化评价指标，制订项目指标体系。	××月××日前
编制专家资料手册，召开专家预备会，确定最终评价指标体系。	××月××日前
组织召开专家评价会，评价工作组汇总专家意见。	××月××日前
提交绩效评价报告初稿。	××月××日前
与项目单位和业务处室进行沟通，修改和完善评价报告，形成正式的绩效评价报告（含电子版）和报告简版。	××月××日前
下发绩效评价报告并进行评价工作满意度调查。	××月××日前
编制项目资料手册，并报送绩效考评中心存档。	××月××日前
完成年度绩效评价总报告的撰写工作并上报结果。	××月××日前

SECTION 2.2
签署服务合同

绩效评价工作应当与委托单位签署《绩效评价委托服务合同》(合同文本略),明确委托目的、工作要求、双方责任与义务、项目验收标准、保密要求、违约责任、争议解决方式、服务收费等内容,双方应严格遵守合同约定。签署绩效评价合同时的核心条款及注意事项如下:

(1)评价对象及范围。委托单位应当明确被评价单位和被评价项目的具体内容,避免因评价对象及范围含糊而造成绩效评价报告缺乏针对性。

(2)评价时间。委托单位应当明确绩效评价工作的起止时间,特别是《绩效评价报告》提交的时间。一般情况下,项目工作组提交《绩效评价报告》意味着绩效评价工作的正式结束。

(3)双方的责任和义务。一般情况下双方责任和义务应当包括:被评价单位应当提供真实完整的项目资料,指定相关部门和人员配合项目工作组工作,为项目工作组提供必要的保障条件,参与绩效评价指标体系的制定工作,承诺支付项目服务费用等。项目工作组应当依据财政部门相关规定实事求是地开展绩效评价工作,安排具有专业胜任能力的工作人员参加绩效评价工作，按照委托单位要求在规定时间内完成绩效评价工作，聘请高水平专家并做好专家评审工作，提交高质量的《绩效评价报告》及项目实施问题整改建议等。

（4）绩效评价的金额（可依据现场工作时间、委托业务的金额和难易程度具体确定）。

（5）其他方面。可以对项目保密要求、违约责任、争议解决方式、不可抗力等内容进行一般性约束，有特殊要求时也可重点做出规定。

《绩效评价委托服务合同》签署后，评价工作组应尽快进驻被评价单位开始绩效评价工作。

SECTION 2.3
项目启动会

2.3.1 召开项目启动会的意义

项目启动会是项目实施方法论中的重要一环,是双方的项目评价工作人员进行认识和会面,与被评价单位领导沟通对绩效评价工作的程序和基本方法。通过召开项目启动会,向项目经理和项目小组成员进行授权,调动员工的积极性,让被评价单位从上到下达成一种共识,为日后开展相关的工作扫除障碍。同时绩效评价工作组向被评价单位全体项目组成员宣贯项目相关实施任务、计划、实施要求,让大家明确未来要做的工作,做好心理准备。

2.3.2 项目启动会的主要内容

项目启动会由绩效评价工作组与被评价单位共同组织,被评价单位项目主要干系方领导和项目负责人参加,绩效评价工作组全体人员参加,会议主要内容包括:

1. 介绍项目的概况

被评价单位应当全面介绍绩效评价项目的立项过程（重点是可行性、必要性、项目实施风险或不确定因素等）、决策审批过程（重点是选择工作胜任能力强的项目负责人负责项目的具体管理工作，确保项目取得良好的实施效果。严格履行集体研究决策程序，形成"会议纪要"）、项目实施过程中的管理情况、项目完成后的实施效果（重点是服务对象满意度指标完成情况）等。

2. 介绍项目绩效评价的基本需求

项目工作组组长应当宣讲预算绩效管理的重要意义，绩效评价结果如何与预算编制、审批挂钩，明确被评价单位各部门如何配合控制工作，讲解《绩效评价资料清单》准备要求等。

3. 介绍项目的总体工作计划

项目组组长应当重点介绍项目的总体工作计划，如预计收集项目资料的时间、项目实施情况现场调研的时间、研究设计项目绩效评价指标的时间、召开项目专家会的时间、提交《项目绩效评价报告》的时间等。

4. 明确各方责任、义务等

应明确项目实施过程中各主要干系方的责任和义务、项目存在的风险及其应对策略和在项目的开展过程中需要给予的支持等。

第3章

财政预算资金
绩效管理项目
调研

SECTION 3.1
编写和发放资料清单

对被评价项目开展调研工作,是对财政预算资金绩效管理项目立项、执行、管理等环节进行了解的最好方式。调研与资料收集工作所应采取的对策需视具体情况而定,包括项目的类型、委托方的要求、调研所处的阶段、访谈对象、调研地点与工作所在地关系等,需要根据每个项目或每次调研的客观和具体要求进行妥当安排。

绩效评价实务中,被评价主体可能会将一个整体项目分派给不同的第三方实施单位执行,而非由被评价主体单位亲自实施,其只负责最终验收项目。基于调研工作的主要目的,即了解项目具体情况,包括但不限于项目立项、项目分工、执行情况、管理情况等,我们会将标准化的资料清单下发项目被评价主体单位、第三方承接/实施单位。财政预算资金绩效管理项目资料是后续专家打分的主要依据,资料清单满足前期调研了解项目情况即可,后续随着对项目的了解程度逐步加深,资料清单也会不断更迭。

下面的调研资料清单供参考。

调研资料清单

（一）项目决策相关资料

旨在了解项目背景、目标、分工、任务等，应当由被评价单位提供。

1. 项目单位职能文件。

即被评价单位的三定方案、编办的机构编制文件。阐明项目牵头单位、执行部门、第三方实施单位具体工作职责、工作范围。

2. 项目单位中长期规划、单位本年工作计划。

3. "三重一大"决策制度。

4. 项目立项情况。

立项申请、项目立项背景及发展规划、项目立项报告或任务书、可行性研究报告、项目申报文本、财政支出绩效目标申报表、针对本项目的决策会议纪要等；若为上级统一部署工作计划，可提供相关红头文件。

5. 项目实施方案。

具体项目实施方案、工作计划、项目委托书／任务书、立项专家论证意见（内部、外部均可）、项目评审报告（内部、外部均可）。

6. 上级主管部门对于立项的批复文件。

（二）项目管理资料

旨在了解被评价单位如何执行项目、项目实施过程监管、项目资金情况等，一般由具体的项目执行／实施单位提供。

1. 项目管理制度。

针对被评价单位具体实施项目而设立的专项资金项目管理制度、项目单位内部控制手册等。

2.项目资金管理情况的相关资料。

了解项目资金预算批复情况、资金是否到账、资金使用管理、剩余资金等情况。包括但不限于以下资料：

（1）财政项目经费预算申请、批复，支出进度等；

（2）财务管理制度（专项资金管理制度或项目单位的整体财务制度）；

（3）财务会计账簿及会计凭证。

即涉及项目资金总账/明细账、收入资金、资金支付凭证、原始凭证、记账凭证、会计账簿记录等。重点关注专项资金支出明细表、资金下达通知书，对于资金支出凭证根据项目使用资金金额大小而定，如项目资金金额不大，且凭证数量不多，则尽量收集齐全；如项目资金金额较大，则抽取大额及重要凭证进行收集。

3.项目实施管理过程的相关资料。

包括但不限于招投标文件、中标通知书、签署的协议、设备购置合同及清单、对第三方单位监管记录/考核记录、项目验收报告；工程项目涉及设计、施工图纸报告，监理合同、报告，工程进度表、竣工验收报告等。

4.项目年度进展报告或者审计机构对项目执行情况的财务审计报告、专项审计报告、专项检查报告等。

（三）项目绩效资料

1.财政支出项目单位绩效自评报告。

（详见本书第6章。）

2.项目绩效目标完成情况及收支明细表。

3.项目预算执行情况表。

4.反映项目完成情况的证据资料。

即反映产出目标的完成情况的有关资料。包括反映产出数量、质量、时效和成本等有关情况的证据资料。重要的是应能够客观地证明项目产出目标的完成情况。例如：考评工作组对项目产出目标完成情况的调研结果、评价专家对项目产出目标完成情况的认定结果、有关专业机构对项目产出目标完成情况的认定证明、项目完工验收报告、科研课题结题报告、项目完工实景图片、采购设备入库记录等。

5. 反映项目实施效果的证据资料。

即反映项目效果目标完成情况的有关资料。重要的是应能够客观地证明项目效果目标的实现情况，最好是能够量化反映项目效果实现情况。例如：反映项目实施效果的有关经济数据、业务数据、发表论文、申请专利与专利授权、获奖情况、服务对象调查问卷、项目实施效益与历史数据对比，成本合理性分析，项目组织活动的照片、PPT、光盘、视频、宣传品、媒体新闻报告，其他资料等。

SECTION 3.2
开展实地调研

贯彻落实习近平新时代中国特色社会主义思想和党的十九大精神，贯彻落实习近平总书记关于大兴调查研究之风的重要指示，用心用情、唯实求真，以大调研推动大落实、促进新发展。考察调研就是要深入实际、深入基层，必须从严从实、深入地沉下去，避免弄虚作假、敷衍塞责之风，实地调研影响后续工作效率和群众利益，更会影响政府单位整体形象。因此，不论是习惯于看材料、听汇报，还是偶尔下去走走，瞧瞧门脸和窗口的调研方式，都是不可取的。

3.2.1 调研前的准备

"工欲善其事，必先利其器"。详尽的调研准备工作，将会大大提高后续工作效率。调研主题要紧紧围绕着具体财政预算资金项目的立项、执行、资金和成果四大方面。开展实地调研前，最好是已经收集了一些基本的项目资料，如项目立项、项目实施方案、政策文件等，对项目情况有大体了解，避免调研人员在现场"两眼一抹黑"的状况。基于已获取的资料，进行初步判断，罗列现有资料问题、待补充资料、项目执行和管理情况，等等。

1. 搜集相关政策，熟悉业务知识

财政资金使用范围涉猎广泛，比如农林牧渔、医疗健康、科研技术、大型基建等公共事业，因此搜集并学习相关行业的政策文件、业务知识也是必不可少的工作前提。调研人员要事先弄懂相关政策，只有把对应政策了解透彻，调研才能思路清晰、方向和原则明确，确保调研工作稳步进行。调研人员的专业能力同样重要，正所谓术业有专攻，调研人员可能并不是具体领域的从业人员，对业务的了解不可能特别细致，但对于调研领域行业的基本业务知识，调研人员还是要尽最大努力掌握，比如掌握主要业务的术语。如有必要，在业务上调研人员也可以借助外部专家的专业知识。

2. 选择恰当的调研方式

调研方式多种多样，采取文献调研还是实地调研？问卷调研还是谈话调研？蹲点调研还是随机调研？对于财政预算资金绩效管理项目调研，我们常常采用"组合拳"模式，多种调研方式结合，访谈调研贯穿整个调研过程，直接高效的沟通可以让调研人员快速了解项目执行情况，实地调研深入基层了解具体项目实施情况和成果，问卷调研往往用于满意度调查，文献调研在诸如媒体、互联网搜索项目相关信息等方面可辅助调研人员了解项目社会影响力。采取什么样的方式，还是要因项目制宜。

3. 拟定调研提纲或计划

开展实地调研前必须要提前制定调研工作提纲，其作用一方面是发给被评价单位或第三方实施单位，让其提前做些必要的安排或准备，另

一方面是为了保证调研工作的有序开展。调研提纲也应紧紧围绕着具体财政预算资金项目的立项、执行、资金和成果四大方面，同时结合前期项目实施单位已提供的部分资料进行问答、补充。

明确调研时间、调研耗时、调研内容（包括目的、对象、想了解的问题）；如果要召集会议，应明确开会的时间、地点、议题以及对与会单位、人员、提供材料等方面的要求；附上资料收集清单，明确资料收集和问卷发放的相关单位，以便让委托方提前帮助收集和下发。

4. 召开调研人员工作会

项目组组长介绍项目有关情况，以加深理解和提高认识。调研人员应该尽可能深入理解项目的要求。明确每位调研人员在项目中承担的任务，把初步拟定的调研计划发给每位调研人员，要求他们根据自己的任务要求进行核实，补充完善。

调研提纲请见下面的参考模板。

调研提纲

一、调研项目：×××专项资金项目绩效管理

二、调研时间：20××年××月××日

三、调研地点：×××会议室及×××实地考察

四、调研方式：访谈与实地查看相结合

五、调研与会人员：××部门负责人、××项目负责人、第三方实施单位项目负责人

六、调研主要问题罗列（包括但不限于以下内容）：

1. 简要介绍项目立项、背景情况，项目任务目标是什么？

2. 项目开展涉及的各职能单位/部门有哪些？是否涉及第三方实施

单位？各方在整体项目中扮演什么角色？各自主要工作职责/任务是什么？分别对谁负责？如果涉及第三方实施单位，项目主体单位如何对其工作进行监管、评价？

3. 项目资金是否按时到账？与项目批复金额是否一致？专项资金如何管理？是否有剩余资金？剩余资金原因及后续使用计划是什么？

4. 现阶段项目进展情况？是否均已完成验收？是否按照项目实施方案完成全部任务？是否有任务调整的情况？

5. 项目成果有哪些？

6. 是否进行过满意度调查？

7. 经审阅项目单位前期提供资料，有如下疑问：……

七、调研资料清单

（详见3.1节的调研资料清单。）

3.2.2 开展现场调研

1. 现场布置调研会

调研人员一般先对被评价单位进行访谈，主要分为业务和财务两方面。业务方面了解整体项目实施背景和立项申请，项目执行过程如何管理，包括是否偏离当初项目目标、是否涉及第三方单位、招投标和合同管理情况、项目执行结果是否按时保质保量完工进行验收。对于预算资金而言，公众不仅关心财政的钱花在何处，更关心取得了怎样的效果，应本着"花钱必问效，无效必问责"的原则进行现场调研。目前，一些地方和部门仍然存在"重投入轻管理、重支出轻绩效"的惯性思维；一些领域还存在财政资金低效、闲置、沉淀、浪费等问题。调研人员要落实项目单位财政资金是否按时到账，避免因资金到账晚影响整体项目的开展；财政资金是否进行专项管理，确保专款专用；查看财务资料，检查资金使用范围、总体资金执行率情况，资金执行率过低的具体原因是什么，剩余资金是返回财政还是继续留用，对于后续资金使用计划是否明确等。总而言之，财政性资金所到之处，均有明确的绩效目标，都要进行绩效管理。通过访谈，调研人员不仅可以深入了解项目情况，还能进一步完善资料清单，做好现场访谈记录，并将需补充的资料罗列清楚，调研结束后发给具体负责人。

2. 实地走访考查

在完成访谈调研后，调研人员可以抽取一些地点进行实地调研，亲身感受项目执行结果，得到项目实施情况的真实反馈。以某地区《美丽乡村运维经费绩效评价项目》为例，调研人员在项目实施单位的陪同下，选取部分街道进行考察，发现街道内搭建垃圾分类站，配置相关垃圾分类监督人员，街道无积存垃圾、无私搭乱建，发现问题可随时联系外包清洁公司；绿化方面相对较差，绿植枯萎率较高，草丛内生活垃圾清理不及时。但街道整体环境较治理前有大幅度改善，得到附近居民的一致认可。实地调研环节，调研人员还可以发放调查问卷，获取第一手反馈资料。

SECTION 3.3
开展满意度调查

满意度调查实际上属于问卷调研的一种方式,其在财政预算资金项目绩效评价指标体系中表现为项目绩效——项目效果——服务对象满意度内容,是项目预期服务对象对项目实施的满意度,将影响到后续专家打分情况。因此,如何科学、合理地设计满意度调查问卷,并对调查结果进行分析至关重要。

3.3.1 满意度调查问卷的设计

问卷调研质量的好坏完全取决于提出的问题,问题的好坏在于调查问卷的设计,如何立足于具体财政预算资金项目提出具有针对性、有价值又能准确回答的问题至关重要,其次是问题形式的选择、答案的设置、问题的措辞、问卷的排版、问卷的完善等。编写一份好的满意度调查问卷有赖于调研人员对项目的整体把握以及长期工作经验的积累,并非是简单问题的堆积,而是为满足绩效评价工作要求而进行的。

1. 对象明确，问题精准，答项合理

满意度调查问卷的目的在于如实了解、获取服务对象对财政预算资金项目执行结果的满意程度。因此，问卷题目的设计应重点聚焦在对服务对象有重大意义的社会效益、经济效益、可持续影响的项目成果上，使其具有靶向性和确切性，同时结合项目立项时设立的目标、工作任务、项目绩效目标表中预计达成的目标综合考虑，立足于整体项目，贯穿项目始终。此外，还要考虑调研面向的受众群体，使问题贴近调研对象、贴近基层、贴近实务，避免出现问题与调研对象无关的情况。

在确定满意度调查问卷的大致问题后，如何精准编写每个问题就是首要任务。尽量使用简单易懂、无诱导性、无偏向性、无歧义的表达，保证问题的清晰准确，避免似是而非、模棱两可的问题。

答项设置是否客观合理关乎着被调查者答案的准确性、真实性、可靠性，从而影响后续满意度调查结果的汇总分析，可谓环环相扣、密切联系，因此要避免答项脱离实际、缺项漏项。

2. 采用封闭式问题为主、开放式问题为辅的问题设计分类

实际工作中，满意度调查问卷总问题数量一般控制在10题左右，90%为封闭式问题，剩余为开放式问题，问题过多易导致问卷填写者失去填写耐心随意勾划，问题过少则可能是设计敷衍，均背离问卷调查的初衷。

封闭式问题，是将每一问题事先设计好备选答案，受访者对问题的回答被限制在备选答案中，即他们主要是从备选答案中挑选自己认同的答案。答项的设置要与问题复杂程度匹配，可选项过少会造成调研结果单一，也会使问卷填写者缺少合意的选项。一般简单的问题可采用能不能、对不对、是不是、会不会、可不可以等文字描述，让问卷填写

者二选一；复杂的问题可提供二至五项以上的选择，允许问卷填写者选择多项答案。封闭式问题容易回答，节省时间和精力，文化程度较低的调查对象也能完成，受访者比较乐于接受这种方式，因而问题的回答率较高。缺点在于答项是事先设定好的，因此答项需更加合理精准，更符合客观实际，设计要尽可能包含所有可能出现的情况，单选答案之间不能相互包含或重叠，同一组答案只能按同一个标准分类，程度式答案要按依次顺序排列，需要调研人员付出更多的精力并具备丰富的实践经验。

封闭式问题的类型多种多样，比如填空式、两项式、选择式、顺序式、等级式、矩阵式、表格式等。在财政预算资金绩效管理项目评价实务工作中，我们在设计满意度调查问卷时常选用选择式问题和等级式问题。具体内容如下：

（1）选择式问题。

即列示多种式列、多种答案，供调研对象自由选择一项或多项的回答方式，以具体了解他们对某一问题的看法或意见。如：

Q：您认为身边最大的环境问题是什么？（在选择的答项后打"√"，可任选3项）

□道路破损　□积存垃圾　□环境脏乱

□堆物堆料　□积水横流　□无

（2）等级式问题。

即列出不同等级的答案，由被调查者根据自己的意见或感受选择答案的回答方式，以便对某项工作或人物做出评价。如：

Q：您对近期背街小巷清扫保洁工作的总评价是：

□很满意　□满意　□基本满意　□不满意

等级式问题在工作考评、测评方面，虽不是直接打分的量化结果，但可据此统计出百分比和换算出具体分数，进而区分等级。尽管被调研对象在做选择时不能完全客观公正，但大体上也能评价出某项目的完成情况和绩效。

与封闭式问题相比，开放式问题灵活性更大，向调研对象提出问题后，不提供具体答案，由其自主填写，但缺点在于不如封闭式问题答案那样标准规范，更着重于个性化的表达发挥。如："其他您认为需要补充的地方，或对环境建设有何意见？我们将尽快整理和落实。"开放式问题在后续统计分析过程中具有较大难度，主观性强，难以像封闭式问题答项一样进行定量分析，因此我们建议将开放式问题用于定性调研和深层次问题的研究，而带有收集具体意见性质，需要量化统计的问卷应尽量少使用开放式问题。

3.3.2 满意度调查问卷的对象选择

要完成一份问卷调查，调查对象的选择对于最终结果的影响是非常重要的。那么这种调查的过程当中，到底应该怎样来选择调查对象呢？对象的选择对于最终结果的影响又是怎样的呢？

首先，进行一份问卷调查时，选择对象的第一个要求就是多元化，即所选择的调查对象应该尽可能地覆盖不同类型的人群。例如，对大学生进行问卷调查，选择问卷调查对象时，就应该尽可能地覆盖拥有不同特点的大学生。如大学生可以分为高低年级，也可以分为不同学科专业的大学生，或者按照性别来区分大学生，也可以按照不同的高校来区分大学生。进行问卷调查时，调查对象应该尽可能地覆盖这些不同类型的大学生。

另外，在进行问卷调查时，应该注意选择那些态度端正、客观公正的对象。有些调查对象对于调查问卷的答项随意勾划，会导致调研数据失真，这类问卷应当从样本中剔除，从而确保问卷数据的合理性，保证调研问卷数据的参考意义。

1. 调查问卷排版应清晰简约

一般情况下，调研结束前，我们会将设计好的调查问卷随机发给现场的居民、路人，因是随机发放，要考虑调查对象的配合程度，版面应整齐美观，问题罗列清晰，便于阅读作答，且对调查对象的指示要明确。

问卷中的问题应遵循一定的排列次序，问题的排列次序会影响调查对象的兴趣、情绪，进而影响其合作积极性。一般而言，问卷的开头部分应安排比较容易的问题，如一些背景资料，包括职业、年龄等。个人背景虽容易回答，但要避免一些敏感性、隐私性问题，以便调查对象继续答下去。中间部分最好安排一些核心问题，即调查者需要掌握的资料，这部分是问卷的核心内容，应该妥善安排。在问卷的末尾，一般会安排1～2个开放式问题，收集一些群众的反馈信息。

2. 调查问卷的完善及定稿

在完成满意度调查问卷的初稿编写后，为了避免问题和选项措辞不准确，使调查对象误解某个问题从而影响调查结论，最好进行小范围的预测试，以便及时发现调查对象对问题理解存在困难、模糊或偏差的情形，确定调查问卷是否符合调研目的，在正式现场调研前进行改进。主要关注问题如下：

（1）调研问题是否存在歧义？措辞是否准确？

（2）答项设置是否全面？是否漏项？

（3）调查问卷的问题设计是否容易回答？调查对象会不会有厌恶情绪？

3. 调查问卷的结果分析

如何对满意度调查问卷的结果进行量化分析，得出合理的结论，一直是实务工作中的痛点问题，在考评会上专家组经常会对满意度调查问卷的结果提出如下疑问：

（1）仅做了问卷调查，缺少后续满意度调查结果的量化分析，观点和意见没有数据支撑。

（2）满意度调查只有情形数量及比例的简单统计，量化过程不科学。

满意度调查问卷可以视为定性调研与定量调研的结合体，两种形式综合运用，相辅相成。前者的特征是用文字表述和概况结论，做出定性的判断评价；后者的特征是用数据来测量和表示，做出定量的判断评价。调查问卷的优势就在于其能以定量的形式表达出具体的结果，用数据和百分比说话，从而推断出合理可靠的结论。

对收回的调查问卷中每一个问题的回答情况进行统计，进行整理分析，是满意度调查最为重要的环节，调查对象的满意度能最直观地反映项目执行结果的成效。例如，发放100份调查问卷，其中对背街小巷清扫保洁工作满意程度的问题，设置"很满意""满意""基本满意""不满意"4个评价选项，均为对问题的定性判断，量表调研则可以做出百分比的量化评价，即保洁工作很满意占比80%，满意占比10%，基本满意占比7%，不满意占比3%。

目前，线上问卷调查越来越流行，满意度调查可与主流社交平台（微信、钉钉）对接，借助社交平台的用户黏性和集中度，有针对性地嵌入问卷调研。借助社交平台的分享，完美实现调研与传播的无缝组合，提高用户参与度。同时，后台数据更便于调研人员进行统计分析。对于数据量大的调研，也可以采用专业的分析软件进行调查问卷的结果分析，如SPSS软件，这也是目前适用最广泛的一种调查问卷分析工具。

SECTION 3.4
绩效评价资料整理

1. 纸质版资料的整理

项目组应当根据《调研资料清单》的内容和要求，按照决策程序、项目管理、项目绩效三个部分对被评价单位提供的项目资料进行整理归纳。整理好的项目资料按顺序编制"页码"，每部分资料之间通过彩页纸进行间隔区分。整理完成后编制项目资料"目录"，加装《××项目绩效考评资料》封面和封底进行装订，如资料过厚，可分册装订。如装订多册还需在每册封面上标明第几册、共几册。最终形成《绩效评价专家资料手册》，按照专家考评会需要的数量进行打印。由于《绩效评价专家资料手册》属于项目保密资料，专家考评会后应当收回，项目组将《专家评价意见》及《项目绩效评价报告》一并归档保管。

2. 电子版资料的整理

项目组完成纸质版《绩效评价专家资料手册》整理后，应当及时整理电子版资料。电子版资料应当对整理后的纸质版进行扫描，确保纸质版资料和电子版资料完全一致。如果被评价单位能够提供电子版的绩效评价资料，项目组在与纸质版核对无误后直接制作《电子版绩效评价专家资料手册》。《电子版绩效评价专家资料手册》应当在专家考评会召开前5个工作日发给各位专家，以便专家提前审核项目资料，如发现资料缺失，应及时要求被评价单位补充。

SECTION 3.5
项目沟通

1. 项目实施过程中沟通

绩效考评工作现场布置调研会后,项目评价工作组到项目单位了解被考评项目自评报告的书写情况和收集资料,并就项目绩效评价自评报告、预算执行情况表及项目绩效资料准备情况提出具体要求,进一步完善实施过程中的有关考评资料。在此期间,项目单位补充资料,项目评价工作组整理考评资料装订成册,并根据项目单位提供的资料设定考评指标。项目评价工作组协助项目单位修改自评报告并最后定稿,全面工作就绪后,根据时间安排,最终确定考评会召开时间。

2. 绩效评价报告交流意见沟通

专家考评会后,项目评价工作组根据专家意见及现场问答情况,结合项目单位的自评报告及项目资料,实施绩效评价报告的撰写工作。根据项目单位绩效评价的资料、项目单位绩效报告,反映项目概况、项目资金情况及项目绩效目标三方面内容，出具《绩效评价报告》（初稿），经与项目单位确认报告具体内容、结果、问题和相关建议后，最终由项目评价工作组进行报告的定稿并正式出具《绩效评价报告》。

第4章

财政预算资金
绩效管理项目
评价标准

SECTION 4.1
绩效目标设计原理

4.1.1 绩效目标管理的基本逻辑

1. 预算绩效目标

预算绩效目标，是指被评价对象使用财政资金计划在一定期限内达到的产出和效果，包括绩效内容和绩效指标。绩效目标要与部门职责相吻合，目标设置应科学可行、准确具体、简洁明了。绩效指标是衡量绩效目标实现程度的考核工具，分为产出指标和效果指标。产出指标反映与目标相关的产品和服务的提供情况；效果指标反映与目标相关的预算支出预期结果的实现程度。绩效指标要与绩效目标密切相关，要尽量使用反映最终结果的指标，指标设置应科学合理、量化可考。绩效目标贯穿预算编制、执行、调整、决算、监督的各个环节。

一般情况下，绩效目标分为项目绩效目标、部门整体支出绩效目标、专项资金绩效目标三大类。绩效目标应当包括以下主要内容：

（1）预期产出，包括提供的公共产品和服务的数量目标、质量目标、时效目标、成本目标以及服务对象满意度目标；

（2）预期效果，包括经济效益、社会效益和可持续影响等；

（3）服务对象或项目受益人满意程度；

（4）达到预期产出所需要的成本资源；

（5）衡量预期产出、预期效果和服务对象满意程度的绩效指标；

（6）其他。

2. 预算绩效目标管理

预算绩效目标管理，是指财政和预算部门及其所属单位以财政资金绩效目标为对象，以绩效目标的设定、审核、批复、调整等为主要内容所开展的一系列预算管理活动。绩效目标管理是从绩效目标出发的全覆盖管理体系，是绩效责任落实与回归的过程。《中共中央 国务院关于全面实施预算绩效管理的意见》（中发〔2018〕34号）要求"建立包括绩效评估、绩效目标管理、绩效运行监控、绩效评价和结果应用在内的全过程预算绩效管理链条"。

强化绩效目标管理。各单位编制预算时，要全面设置部门和单位整体绩效目标、政策及项目绩效目标。绩效目标不仅要包括产出、成本，还要包括经济效益、社会效益、生态效益、可持续影响和服务对象满意度等绩效指标。各级财政部门将绩效目标设置作为预算安排的前置条件，加强绩效目标审核，绩效目标与预算同步批复下达。

3. 预算绩效目标管理的意义

实行绩效目标管理有助于部门（单位）支出责任的明确、落实和解脱；有助于部门（单位）实施自我监控和持续改进绩效；有助于促进预算编制的科学化和精细化，实现预算和绩效一体化；是建设项目库、进行事前绩效评估、编制部门预算、实施绩效运行监控、开展绩效评价等的重要基础和依据；为相关各方回顾和讨论绩效提供客观的、相互理解的、相互接受的基础。

4. 预算绩效目标管理主体

（1）编制主体和责任主体。

按照"谁使用财政资金，谁申请预算，谁同步编制绩效目标"的原则，申请使用财政资金的部门和单位在设立项目、政策和编制预算的同时编制绩效目标，申报预算（"一上"）时一并申报绩效目标。

预算主管部门是本部门绩效目标管理的责任主体。其职责包括：填报本级项目支出绩效目标；指导、汇总报送、审核、下达所属单位财政支出项目绩效目标；检查、督促所属项目单位按照下达的绩效目标使用资金及开展绩效评价等。

（2）审核主体和批复主体。

按照"谁审核预算谁同步审核目标，谁批复预算谁同步批复目标"的要求，财政部门负责审核预算部门整体、财政政策及其申报项目的绩效目标，并在批复部门预算（"二下"）时，同步批复预算绩效目标。

4.1.2 绩效目标的层级结构和内容

1. 战略目标

战略目标是预算绩效管理的最高目标期望值，包含政府战略活动的预期成果、政府宗旨的具体化，以及政府使命的阐明和界定。

2. 绩效目标

绩效目标是战略目标的分解，包含：绩效内容，即绩效目标的构成部分；绩效指标，即绩效目标的实现程度；绩效标准，即绩效目标评价的准则。

3. 绩效指标

绩效指标是绩效目标的细化，包含：预期产出，如公共产品和社会服务的数量；预期效果，如经济、社会、环境效益和可持续影响；成本投入，即达到预期产出的资源消耗；服务对象或项目受益人满意程度。

4. 财政项目支出的绩效目标构成

绩效目标包括总目标、阶段性目标、目标分解（绩效维度）、绩效指标和绩效标准（目标值）五层内容（如图 4-1 所示）。

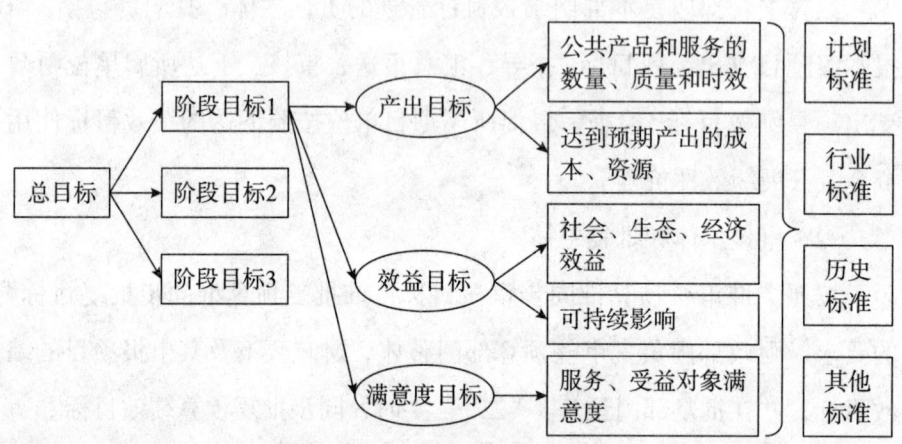

图 4-1 预算绩效目标的五层内容

5. 绩效目标的内容

（1）绩效维度。

绩效维度是指从哪些方面考核项目的绩效，按照逻辑分析法的原理，绩效目标的维度可以分为投入目标、产出目标、结果目标和影响力目标。

（2）绩效指标。

绩效指标是绩效目标的具体内容，是绩效目标的分解和细化，具体包括衡量投入、产出、效果和受益对象满意程度等绩效指标。

（3）绩效标准。

绩效标准即目标值，是指项目任务具体达到的绩效要求。绩效标准的确定，明确了绩效评价的依据。

绩效目标申报表请见下面的参考模板。

绩效目标申报表（项目支出）

项目绩效目标	项目总目标（20××—20××年）		年度总体目标	
	一级指标	二级指标	三级指标	年度指标值
绩效指标	产出指标	数量指标	指标1：	
			指标2：	
			……	
		质量指标	指标1：	
			指标2：	
			……	
		时效指标	指标1：	
			指标2：	
			……	
		成本指标	指标1：	
			指标2：	
			……	
	效益指标	经济效益指标	指标1：	
			指标2：	
			……	
		社会效益指标	指标1：	
			指标2：	
			……	
		生态效益指标	指标1：	
			指标2：	
			……	
		可持续影响指标	指标1：	
			指标2：	
			……	
	满意度指标	服务对象满意度指标	指标1：	
			指标2：	
			……	

4.1.3 绩效目标编制策略

1. 策略一：绩效目标的定位与提炼

在对绩效目标进行定位与提炼时可参考如下资料：

（1）国家和地区相关法律、法规和规章制度；

（2）国家或地区《国民经济和社会发展规划》；

（3）部门（事业发展）中长期发展规划——战略目标；

（4）部门中期财政规划、财政中期和年度预算管理要求；

（5）部门年度工作计划或项目规划；

（6）部门职能及部门年度预算要求；

（7）项目要求（相关历史数据、行业标准、计划标准等）。

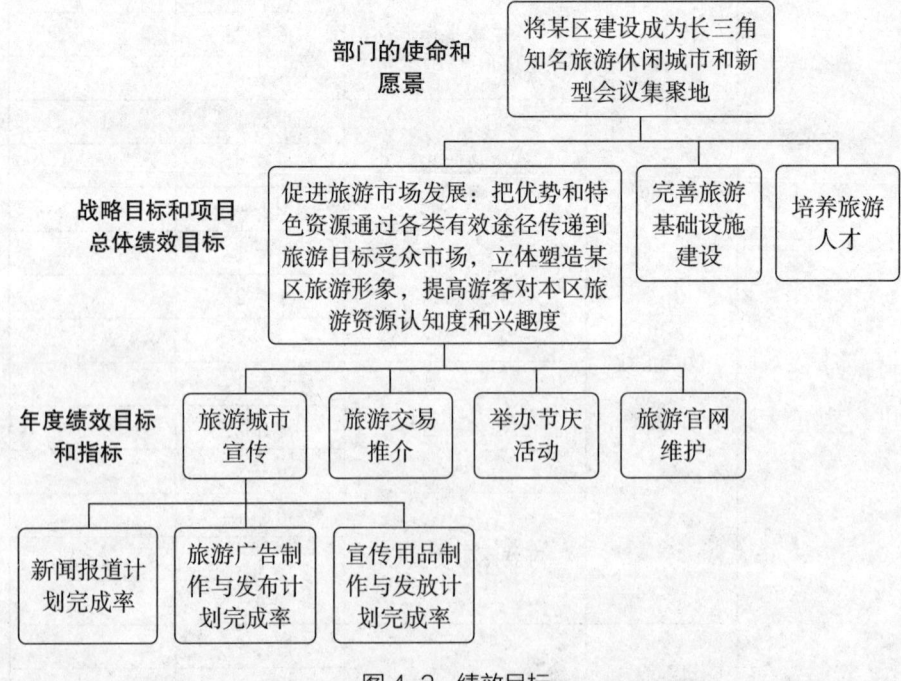

图 4-2 绩效目标

2. 策略二：遵循绩效目标的 SMART 原则

（1）SMART 原则的内容如下：

① S（Specific）：明确性。

② M（Measurable）：可衡量性。

③ A（Attainable）：可及性（即目标的可实现性，但还要适当考量目标的发展性和挑战性）。

④ R（Relevant）：相关性。具体包括：

多元性：公共价值的实现程度需通过定性与定量相结合的指标全面反映其经济、社会、政治、生态等效益。

匹配性：目标与部门战略、职能和项目实施内容相匹配；目标与预算相匹配；目标与指标相匹配。

⑤ T（Time-based）：目标要有时限性。

（2）绩效目标设计原则的内容一般包括：

①指向明确。绩效目标要符合国民经济和社会发展规划、部门职能及事业发展规划等要求，并与相应的预算支出内容、范围、方向、效果等紧密相关。

②细化量化。绩效目标应当从数量、质量、成本、时效以及经济效益、社会效益、生态效益、可持续影响、满意度等方面进行细化，尽量进行定量表述。不能以量化形式表述的，可采用定性表述，但应具有可衡量性。

③合理可行。设定绩效目标时要经过调查研究和科学论证，符合客观实际，能够在一定期限内实现。

④相应匹配。绩效目标要与计划期内的任务数或计划数相对应，与预算确定的投资额或资金量相匹配。

3. 策略三：准确表达绩效目标

绩效目标一般包括以下要素：

（1）时间。

预算中经常性经费一般以财政年度为期限，具体专项则应根据项目的完成周期来制定目标。

（2）预算。

指精细测算要完成既定的绩效目标需要多少公共资金、社会资金等。

（3）产出。

指对应预算，需完成的具体工作和公共服务（包括产出的数量、质量和时效性）。

（4）效果。

指由公共服务的提供而带来的社会、经济、环保等综合效益，以及利益相关者的满意度等。

具体表述为：应于（某某时间）——用（多少金额的费用）来（执行某某行动/活动）——实现（某某效果、效益）。

4. 策略四：绩效目标值的科学测算

（1）计划标准。

计划标准是指预先制定的目标、计划、预算、定额等数据，根据规划和计划分解测算。

（2）行业标准。

行业标准是指国家公布的行业内指标数据等，适用于有明确行业标准的目标。

①历年数据稳定分布的，可采用平均值法或极值法；

②历年数据明显上升或下降的，可采用趋势判断法（回归分析法）

或极值法。

（3）历史标准。

历史标准是指同类指标的历史数据，适用于经常性项目有纵向历史数据可比的目标。例如，历史均值及极值、平均增长率等。

（4）横向比较。

横向比较是与同类地区或同类项目相比较，适用于有横向数据可比的目标。

（5）标杆值。

标杆值是用相对极值进行比较。

（6）预算同变。

预算同变是指与预算同比变化，适用于"投入"及"产出"类目标。

4.1.4 绩效目标评审的主要内容

绩效目标评审的主要内容如表4-1所示。

表4-1 绩效目标评审的主要内容

审核内容	审核要点	审核意见
一、完整性审核		
规范完整性	绩效目标填报格式是否规范，内容是否完整、准确、翔实，是否无缺项、错项	优□ 良□ 中□ 差□
明确清晰性	绩效目标是否明确、清晰，是否能够反映项目主要情况，是否对项目预期产出和效果进行了充分、恰当的描述	优□ 良□ 中□ 差□
二、相关性审核		
目标相关性	总体目标是否符合国家法律法规、国民经济和社会发展规划要求，与本部门（单位）职能、发展规划和工作计划是否密切相关	优□ 良□ 中□ 差□

续表

审核内容	审核要点	审核意见
指标科学性	绩效指标是否全面、充分、细化、量化，难以量化的，定性描述是否充分、具体；是否选取了最能体现总体目标实现程度的关键指标并明确了具体指标值	优□ 良□ 中□ 差□
三、适当性审核		
绩效合理性	预期绩效是否显著，是否能够体现实际产出和效果的明显改善；是否符合行业正常水平或事业发展规律；与其他同类项目相比，预期绩效是否合理	优□ 良□ 中□ 差□
资金匹配性	绩效目标与项目资金量、使用方向等是否匹配，在既定资金规模下，绩效目标是否过高或过低；或要完成既定绩效目标，资金规模是否过大或过小	优□ 良□ 中□ 差□
四、可行性审核		
实现可能性	绩效目标是否经过充分调查研究、论证和合理测算，实现的可能性是否充分	优□ 良□ 中□ 差□
条件充分性	项目实施方案是否合理，项目实施单位的组织实施能力和条件是否充分，内部控制是否规范，管理制度是否健全	优□ 良□ 中□ 差□

SECTION 4.2
绩效指标体系

4.2.1 绩效评价指标的基本概念和基本原则

1. 绩效评价指标的基本概念

绩效评价指标是指衡量绩效目标实现程度的考核工具。绩效指标是绩效目标的细化和量化描述。

2. 确定绩效评价指标应遵循的基本原则

（1）相关性原则。

绩效指标应当与评价对象密切相关，与绩效目标有直接的联系，能够恰当反映目标的实现程度。

（2）重要性原则。

应当优先使用最具评价对象代表性、最能直接反映产出和效益、最能反映评价要求的核心指标。

（3）可比性原则。

对同类评价对象要设定共性的绩效评价指标和标准，便于评价结果相互比较。指标尽可能选取相对比值，而不是绝对数；指标内涵应当明确、具体、可衡量；指标的取数或计算口径必须清晰一致；数据及佐证资料应当可采集、可获得。

（4）系统性原则。

应当将定量指标与定性指标相结合，全面系统反映财政支出所产生的社会效益、经济效益、环境效益和可持续影响等。

（5）经济性原则（可得性、非重复性）。

需考虑获得指标数据的现实条件和可操作性，避免反映同一方面业绩的指标被重复估算。指标应当通俗易懂、简便易行、精简实用，符合成本效益原则。

（6）稳定性与前瞻性相结合原则。

为保持指标的纵向可比，指标体系要保持一定的稳定性，但也要逐步融入前瞻性指标，体现绩效导向。

4.2.2 绩效评价指标分类

1. 共性指标和个性指标

（1）共性指标。

共性指标是适用于所有评价对象的指标，主要包括：预算编制和执行情况，财务管理状况，资产配置、使用、处置及其收益管理情况，以及社会效益、经济效益等。

（2）个性指标。

个性指标是针对预算部门或项目特点设定的，适用于不同预算部门或项目的业绩评价指标，主要包括产出、效果类指标等。

2. "4E"指标

（1）经济性（Economy）。经济性指标主要关注支出是否具有节约性，支出是否产生经济效益，经济效益是否能够可靠计量。

（2）效率性（Efficiency）。效率性指标主要关注预算资金投入和产出的关系。

（3）效益性（Effectiveness）。效益性指标主要关注预算支出产生的经济效益、环境效益、社会和政治效益等预期目标。

（4）公平性（Equality）。公平性指标主要关注预算申报、审批和支出程序、标准和内容上的公平性，重点掌握预算支出是否属于公共财政保障的范围。

3. 过程性指标和结果性指标

（1）过程性指标。指以行为过程为导向，具有手段和效率含义的指标。

（2）结果性指标。指以行为后果为导向，具有目的和效果含义的指标。

4.2.3 绩效评价指标设计框架

评价指标体系中一系列相互关联的评价指标，构成了一种多级递阶层次结构。

（1）一级指标，也称指标维度。维度是对评价对象、类型的区分，规定了评价的基本面向。通过维度区分，可使评价层面条理化，评价具有可比性。

（2）二级指标，也称基本指标，或指标内容、中间段指标。是评价手段的体现，作为维度的载体和外在表现，需要根据项目的种类、特点、相关度和隶属性进行编制。

（3）三级指标，也称指标要素。即具体指标，是评价内容的实质性和具体表现，需要进行量化考量。

财政支出绩效评价指标体系结构如图4-3所示。

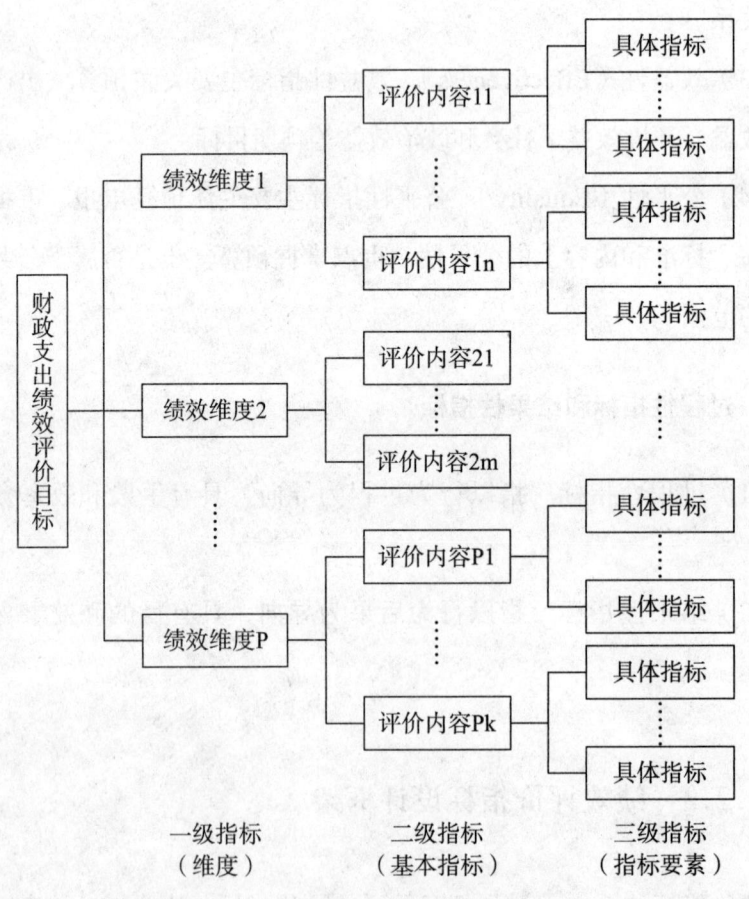

图4-3 财政支出绩效评价指标体系结构

绩效评价指标的要素构成如表4-2所示。

表 4-2 绩效评价指标的要素构成

指标要素	要素解释
1. 指标名称	简洁而无歧义的评价指标名称
2. 指标解释	对指标所考察的内容进行解释
3. 权重	指标的相对重要程度
4. 目标值	指标应该达到的目标水平
5. 业绩值计算公式	指标实际达到业绩情况的计算方法
6. 评分规则	结合完成业绩值及目标值，对两者之间的差异情况设置一定的规则进行评分

4.2.4 绩效评价指标体系设计原理

1. PART 法

PART 设计理念和假设在于：所有的财政预算项目的绩效都是可测度的，也是可以改善的。PART 主要通过一套标准化调查问卷完成，由 4 个部分组成：

（1）项目的设计和目标（program purpose & design）。用于评估项目设计和目的是否清晰与合理。

（2）战略规划（strategic planning）。用于评估项目是否制定了长期／年度措施与目标。

（3）项目管理情况（program management）。用于评估项目的财务管理状况与改进措施。

（4）项目结果与绩效（program results & accountability）。根据战略规划和其他评估情况，评估项目的绩效。针对每个项目的绩效和管理情况，PART 设计了大约 30 个问题，对每个问题都要求有简短的回答和有证据支撑的详细解释，以反映目标的实现程度和相关证据的充分适当性。

通过问题回答并且结合权重，为各项目绩效及管理状况进行评分，从而为改进管理服务。

2. 平衡计分卡法

平衡计分卡起源于 20 世纪 90 年代美国关于评价企业经营业绩财务与非财务指标体系的课题研究。平衡计分卡提供了一种全面的评价体系，分别从财务、客户、内部流程和学习增长这 4 个维度视角向组织内各层次的人员传递组织的战略目标及每一步骤中他们各自的使命，并最终帮助组织达成其目标。其内在的逻辑是组织的使命决定了组织的战略和愿景，而组织的战略则可以区分为财务、客户、学习与成长及内部流程 4 个维度的目标。这 4 个维度不是孤立的，都源于组织的战略和愿景，相互联系构成一个平衡系统。不仅包含 4 个维度即长远发展（战略管理）和近期目标（经营管理）、外部压力（外部人员）和内部需求（内部人员）之间的平衡，而且关注组织发展的财务指标和非财务指标、动因（前置）指标和结果（滞后）指标、定量指标与定性指标之间的平衡。

3. 逻辑分析法

逻辑分析法也称逻辑模型或逻辑推理法，它通过分析，借助逻辑推理思维，寻求投入（inputs）、活动（activities）、产出（outputs）、结果（outcomes）和影响（impacts）等要件之间的关系，找出投入资金与产出效果之间的内在联系。

采用"if... then ..."（如果……那么……）的逻辑思路来辨析事件之间的逻辑关系，从分析一个组织、一项政策或项目的背景开始，接着分析他们正常运作的假设条件，然后再确定所要达到的目标或目的，通过对投入、产出、期望的结果（desired outcomes）、影响和变化（changes）

的逻辑分析，来揭示事件之间的因果关系和动态联系，以此为基础确定利益相关者的权利、责任和义务。这为建立绩效预算、改进绩效等活动奠定了基础。

4.2.5 如何确定指标权重

1. 指标权重的概念

指标权重是一个相对的概念，某一指标的权重是指该指标在整体评价中的相对重要程度，指标权重的确定既是绩效好坏的量化过程，也是绩效指标的选择过程。

2. 确定指标权重的原则

确定指标权重应依据重要性原则，权重要突出评价的关键，坚持"结果导向"，原则上产出、效益指标权重不低于60%。重要性原则一般情况下主要以各项支出金额占全部项目资金的比重作为参考进行确定。

一、二级指标权重不予修订，三级指标应当根据指标重要程度、项目实施阶段等因素综合确定。根据项目实施的实际情况，可以调整三级指标权重并设置四级或五级明细指标。

3. 确定指标权重的常用方法

（1）专家调查法，也称德尔菲法（Delphi）。

指20世纪60年代初，美国兰德公司的专家们为避免集体讨论存在的屈从于权威或盲目服从多数的缺陷而提出的一种定性预测方法（德尔菲法）。具体如下：

①选定专家，给出赋权要求，且保证权数归一化；

②由各位专家对各项指标进行打分，即给指标赋权；

③汇总各专家的赋权结果，并将结果反馈给各位专家；

④专家参考反馈意见修改其初次赋权结果；

⑤重复"反馈"与"修改"，直到达到符合要求的精度；

⑥以各位专家最终赋权值的平均值作为组合权重结果。

（2）层次分析法（AHP）。具体如下：

①建构指标体系的递阶层次结构；

②建立总目标层元素 A 与下层元素 $B_1, B_2, \cdots, B_n$ 的两两判断矩阵，由专家给判断矩阵赋值（一般采用 1~9 比率标度法）；

③计算层次因素单排序值；

④一致性检验；

⑤建立 B 层各元素与其下层元素 C 之间的两两判断矩阵，并完成上述③、④步骤（如果 C 还有下层元素，则按照上述方法继续）；

⑥层次总排序，计算各层指标的组合权重；

⑦层次总排序的一致性检验。

（3）经验分配法。

在实际操作中，权重比例分配是根据工作经验和对评价指标所代表的价值进行判断的，即使经专家论证，也存在一定程度上的主观随意性。

财政部门提出权重分配的经验性方案，以统一不同财政支出项目（对象）指标体系间的权重比例结构。

4.2.6 如何制定评价标准

评价标准是确定评价结论的基本标尺，是判断绩效水平的客观依据。评价标准包括标杆值和评分规则两部分内容。

1. 标杆值

（1）计划标准。

以组织在未来一定时期内要达到的目标及实现目标为标杆值的设计标准。资金是保障组织目标的财力保障。由于财政支出是受到预算约束的，组织的计划和目标与预算必须相互匹配，在制订计划时需要充分考虑预算条件，目标既不能过高，也不能过低，要在预算约束的情况下实现效益最大化。

（2）行业标准。

即该行业所通过的一些建设或水平要求。例如运维费用占比指标，10% ~ 20% 即是软件开发行业较为通行的标准值。

（3）历史标准。

选取过去年份（可根据数据拥有量和指标性质选择多个不同的过去年份）的指标水平和变化规律设置标准。

（4）通用标准。

取值在 0 到 100% 之间，该类标准适用于一些管理类和部分产出类指标。例如专款专用率即要求 100%，财务违规操作事件发生标杆值为 0。

2. 评分规则

评分规则指主要采取与标杆值比较的方式，对每一指标进行个性化考虑，选择适合指标属性的合理得分区间和扣分区间。

（1）以极值为满分的指标。

如"预算执行率""配套资金到位率""满意度"等，可以用线性函数评分。

（2）合规性指标。

遵从 [0，1] 规制评分，如"资金使用合规性""重大安全事故发生起数"等。

（3）合理性、制度健全性、规范性等定性指标。

例如，要素加权评分［按照应该有的制度规范或者关键条款（要素）数量，全部具备得满分，缺少几项扣除相应权重分］；区间评分［根据指标完成情况分为三档，分别按照该指标对应分值区间100%～80%（含）、80%～60%（含）、60%～0合理确定分值］。

（4）产出指标。

鉴于公共资源的有限性，完成目标超过很多的也要分析原因，应予以扣分。数量指标以完成计划得满分，每低1单位或超过一定区间范围扣减相应权重分；质量指标以计划要求实现得满分，每低1单位扣除相应权重分。

（5）效果类指标。

有清晰行业标准的指标，可按照正态分布原理设计评分规则。对于增长（降低）类发展型指标，还可采用二部评分法，即先与历史水平或横向参照对象相比，若持平给予一定基础分，再按变化幅度分配剩余权重分。

不同评分类型对应的评分规则如表4-3所示。

表4-3

评分类型	评分规则
历史线性	先确定一个基期，将当期业绩值与基期业绩值进行比较，如该指标具有正向性，则当期业绩值低于基期值不得分，等于基期值得一定比重的权重分，每超过1单位增加一定比例的权重分，直到满分为止；如指标具有负向性，则相反。
普通线性	业绩值达到目标值或者在目标值的区间范围内得满分，当业绩值偏离目标值区间的边界值时，每偏离1单位扣除一定比例的权重分，偏离超过某个临界值时不得分。
分段折线	业绩值达到目标值或者在目标值的区间范围内得满分，当业绩值偏离目标值区间的边界值时，将偏离目标值的区间划分为若干部分，实行累进制扣分。
要素判断	适用于加权合计类型的业绩值，得分等于业绩值占目标值的比重乘以权重分。
区间判断	适用于定性指标，根据指标完成情况分为达成年度指标、部分达成年度指标并具有一定效果、未达成年度指标且效果较差三档，分别按照对应分值区间100%～80%（含）、80%～60%（含）、60%～0合理确定分值。
关键事件	业绩值类型为关键事件的发生数，当发生数达到目标值时得满分，偏离时根据偏离程度进行相应扣分。

4.2.7 项目绩效后评价指标体系

确定的财政和部门绩效评价指标应当符合以下要求：与评价对象密切相关，全面反映项目决策、项目和资金管理、产出和效益；优先选取最具代表性、最能直接反映产出和效益的核心指标，精简实用；指标内涵应当明确、具体、可衡量，数据及佐证资料应当可采集、可获得；同类项目绩效评价指标和标准应具有一致性，便于评价结果相互比较。

财政部门评价指标的权重根据各项指标在评价体系中的重要程度确定，应当突出结果导向，原则上产出、效益指标权重不低于60%。同一评价对象处于不同实施阶段时，指标权重应体现差异性，其中，实施期间的评价更加注重决策、过程和产出，实施期结束后的评价更加注重产出和效益。

项目支出绩效评价指标体系框架请见下面的参考模板。

项目支出绩效评价指标体系框架

一级指标	二级指标	三级指标	指标解释	指标说明
决策管理	项目立项	立项依据充分性	项目立项是否符合法律法规、相关政策、发展规划以及部门职责要求，用以反映和考核项目立项依据情况。	评价要点： ①项目立项是否符合国家法律法规、国民经济发展规划和相关政策规定； ②项目立项是否符合行业发展规划和政策要求； ③项目立项是否与部门职责范围相符，属于部门履职所需； ④项目是否属于公共财政支持范围，是否符合中央、地方事权支出责任划分原则； ⑤项目是否与相关部门同类项目或部门内部相关项目重复。

续表

一级指标	二级指标	三级指标	指标解释	指标说明
决策管理	项目立项	立项程序规范性	项目申请、设立过程是否符合相关要求，用以反映和考核项目立项的规范情况。	评价要点： ①项目是否按照规定的程序申请设立； ②审批文件、材料是否符合相关要求； ③事前是否已经过必要的可行性研究、专家论证、风险评估、绩效评估、集体决策。
	绩效目标	绩效目标合理性	项目所设定的绩效目标是否依据充分，是否符合客观实际，用以反映和考核项目绩效目标与项目实施的相符情况。	评价要点： （如未设定预算绩效目标，也可考核其他工作任务目标） ①项目是否有绩效目标； ②项目绩效目标与实际工作内容是否具有相关性； ③项目预期产出效益和效果是否符合正常的业绩水平； ④是否与预算确定的项目投资额或资金量相匹配。
		绩效指标明确性	依据绩效目标设定的绩效指标是否清晰、细化、可衡量等，用以反映和考核项目绩效目标的明细化情况。	评价要点： ①是否将项目绩效目标细化分解为具体的绩效指标； ②是否通过清晰、可衡量的指标值予以体现； ③是否与项目目标任务数或计划数相对应。
	资金投入	预算编制科学性	项目预算编制是否经过科学论证、有明确标准，资金额度与年度目标是否相适应，用以反映和考核项目预算编制的科学性、合理性情况。	评价要点： ①预算编制是否经过科学论证； ②预算内容与项目内容是否匹配； ③预算额度测算依据是否充分，是否按照标准编制； ④预算确定的项目投资额或资金量是否与工作任务相匹配。
		资金分配合理性	项目预算资金分配是否有测算依据，与补助单位或地方实际是否相适应，用以反映和考核项目预算资金分配的科学性、合理性情况。	评价要点： ①预算资金分配依据是否充分； ②资金分配额度是否合理，与项目单位或地方实际是否相适应。

续表

一级指标	二级指标	三级指标	指标解释	指标说明
过程管理	资金管理	资金到位率	指实际到位资金与预算资金的比率，用以反映和考核资金落实情况对项目实施的总体保障程度。	资金到位率=（实际到位资金/预算资金）×100%。 实际到位资金：一定时期（本年度或项目期）内落实到具体项目的资金。 预算资金：一定时期（本年度或项目期）内预算安排到具体项目的资金。
		预算执行率	项目预算资金是否按照计划执行，用以反映或考核项目预算执行情况。	预算执行率=（实际支出资金/实际到位资金）×100%。 实际支出资金：一定时期（本年度或项目期）内项目实际拨付的资金。
		资金使用合规性	项目资金使用是否符合相关的财务管理制度规定，用以反映和考核项目资金的规范运行情况。	评价要点： ①是否符合国家财经法规和财务管理制度以及有关专项资金管理办法的规定； ②资金的拨付是否有完整的审批程序和手续； ③是否符合项目预算批复或合同规定的用途； ④是否存在截留、挤占、挪用、虚列支出等情况。
	组织实施	管理制度健全性	项目实施单位的财务和业务管理制度是否健全，用以反映和考核财务和业务管理制度对项目顺利实施的保障情况。	评价要点： ①是否已制定或具有相应的财务和业务管理制度； ②财务和业务管理制度是否合法、合规、完整。
		制度执行有效性	项目实施是否符合相关管理规定，用以反映和考核相关管理制度的有效执行情况。	评价要点： ①是否遵守相关法律法规和相关管理规定； ②项目调整及支出调整手续是否完备； ③项目合同书、验收报告、技术鉴定等资料是否齐全并及时归档； ④项目实施的人员条件、场地设备、信息支撑等是否落实到位。
产出管理	产出数量	实际完成率	项目实施的实际产出数与计划产出数的比率，用以反映和考核项目产出数量目标的实现程度。	实际完成率=（实际产出数/计划产出数）×100%。 实际产出数：一定时期（本年度或项目期）内项目实际产出的产品或提供的服务数量。 计划产出数：项目绩效目标确定的在一定时期（本年度或项目期）内计划产出的产品或提供的服务数量。

一级指标	二级指标	三级指标	指标解释	指标说明
产出管理	产出质量	质量达标率	指项目完成的质量达标产出数与实际产出数的比率,用以反映和考核项目产出质量目标的实现程度。	质量达标率=(质量达标产出数/实际产出数)×100%。 质量达标产出数:一定时期(本年度或项目期)内实际达到既定质量标准的产品或服务数量。既定质量标准是指项目实施单位设立绩效目标时依据计划标准、行业标准、历史标准或其他标准而设定的绩效指标值。
	产出时效	完成及时性	指项目实际完成时间与计划完成时间的比较,用以反映和考核项目产出时效目标的实现程度。	实际完成时间:项目实施单位完成该项目实际所耗用的时间。 计划完成时间:按照项目实施计划或相关规定完成该项目所需的时间。
	产出成本	成本节约率	指完成项目计划工作目标的实际节约成本与计划成本的比率,用以反映和考核项目的成本节约程度。	成本节约率=〔(计划成本-实际成本)/计划成本〕×100%。 实际成本:项目实施单位如期、保质、保量完成既定工作目标实际所耗费的支出。 计划成本:项目实施单位为完成工作目标计划安排的支出,一般以项目预算为参考。
效益管理	项目效益	实施效益	指项目实施所产生的效益。	项目实施所产生的社会效益、经济效益、生态效益、可持续影响等。可根据项目实际情况有选择地设置和细化。
		满意度	指社会公众或服务对象对项目实施效果的满意程度。	社会公众或服务对象是指因该项目实施而受到影响的部门(单位)、群体或个人。一般采取社会调查的方式。

SECTION 4.3
评价结果评定

4.3.1 绩效评价方法

财政和部门绩效评价的方法主要包括成本效益分析法、比较法、因素分析法、最低成本法、公众评判法、标杆管理法等。根据评价对象的具体情况，可采用一种或多种方法。

（1）成本效益分析法。成本效益分析是通过比较项目的全部成本和效益来评估项目价值的一种方法，成本效益分析作为一种经济决策方法，可运用于政府部门的计划决策之中，以寻求在投资决策上如何以最小的成本获得最大的收益。常用于评估需要量化社会效益的公共事业项目的价值。

（2）比较法。比较法是指将实施情况与绩效目标、历史情况、不同部门和地区同类支出情况进行比较的方法。

（3）因素分析法。因素分析法是依据分析指标与其影响因素的关系，从数量上确定各因素对分析指标影响方向和影响程度的一种方法。因素分析法既可以全面分析各因素对某一经济指标的影响，又可以单独分析某个因素对经济指标的影响，在财务分析和绩效管理中应用颇为广泛。

（4）最低成本法。最低成本法是指在绩效目标确定的前提下，以投入预算资金最小者为优的方法。

（5）公众评判法。公众评价法是通过公众意见调查来间接推断公共关系活动的效果。比如，借助民意测验的形式可以了解公众的态度是否发生变化，组织在公众心目中的形象如何，组织公共关系活动中存在的问题和公众的意思等，从而为下一步改善公共关系工作奠定基础。绩效管理主要通过专家评估、公众问卷及抽样调查等方式进行评判。

（6）标杆管理法。标杆管理法是指以国内外同行业中较高的绩效水平为标杆进行评判的方法。

（7）其他评价方法。

4.3.2 绩效评价结果标准

绩效评价结果采取评分和评级相结合的方式，具体分值和等级可根据不同评价内容设定。总分一般设置为100分，等级一般划分为四档：90（含）～100分为优、80（含）～90分为良、60（含）～80分为中、60分以下为差。

得分的计算过程如下：

三级指标评分 = $\sum$ 本级所含有的四级指标得分；

二级指标评分 = $\sum$ 本级所含有的三级指标得分；

一级指标得分 = $\sum$ 本级所含有的二级指标得分；

综合得分 = 项目决策得分 + 项目管理得分 + 项目绩效得分。

第5章
财政预算资金绩效管理项目专家评价

SECTION 5.1
项目专家预备会

为做好项目绩效评价工作，提高绩效评价工作质量，增强项目绩效评价的公正性和权威性，一般情况下应当聘请专业能力强、熟悉预算绩效管理规定和要求、工作认真负责的外部专家对项目绩效管理情况进行评价。考虑到绩效评价的特殊需求，应当聘请1名财政专家、1名财务专家、1名管理专家、2名业务专家共5人组成绩效评价专家组，选定1名专家担任专家组组长。重要公共支出项目需要做事前绩效评估时，应当增聘1名地方人大代表和1名政协委员参加专家组绩效评价工作。

由于绩效评价工作是依据项目资料进行评价的，专家不到现场调研和考察，因此项目资料准备情况直接影响评价结果。被评价单位需要准备的项目资料较多，查看审核项目资料需要花费较多时间，大多数情况下专家组需要提前召开预备会交流沟通情况。项目评价工作组需要做好以下准备工作：

1. 编制专家资料手册

评价工作组在专家评价预备会前五个工作日完成专家资料手册的编制工作。并将绩效评价专家资料手册（电子版和纸质版）送达各评价专家，便于专家熟悉评价资料。

2. 介绍专家工作规则及议程

召开预备会时，评价工作组向专家介绍《财政支出绩效评价专家工作规则》及绩效评价专家考评会会议程序。

3. 介绍被评价项目情况

评价工作组向各位专家介绍项目基本情况、评价过程、评价情况及"项目中期工作情况报告"等内容，提出初步评价意见。

4. 对专家进行绩效评价流程说明

评价工作组向专家介绍绩效评价工作的流程、专家打分过程等专家需要注意的事项。

5. 专家针对项目重点内容和问题进行讨论

专家根据项目资料从项目决策、项目管理、项目绩效等方面进行充分讨论。

6. 完善指标体系

专家在认真审阅项目资料的基础上，对评价指标体系进行讨论和完善。

7. 形成初步结论

专家根据所了解和掌握的情况，初步确定专家考评会质询问题，对被评价项目形成初步结论。评价工作组根据讨论情况进行详细记录，会后整理会议纪要。对于评价结论，专家需出具书面意见。

8. 专家签订承诺书

出席预备会的专家对绩效评价专家资料手册内容无异议的，签订《专家承诺书》。

专家承诺书请见下面的参考模板。

专家承诺书

根据财政支出绩效评价工作安排，依据财政局绩效评价聘请专家的条件，经财政局绩效考评中心审核同意，本人作为财政局聘请的××××年度绩效评价专家，对××单位××项目进行绩效评价。本人已经了解绩效评价预备会和专家绩效评价会的工作流程，并承诺遵守《财政支出绩效评价专家工作规则》和以下保密条款：

1. 在绩效评价过程中及评价结束后，应保守被评价单位的商业和技术秘密，不得将获悉的被评价单位绩效评价有关文件、资料和数据以任何方式对外提供，不得利用评价工作得到的非公开科技、商业信息，为本人或他人谋取私利。

2. 在绩效评价过程中及评价结束后，本人不得向绩效评价工作组以外的人员透露有关评价工作情况、信息；不得对外透露争议问题、评价结果等专家评价会议内容。

3. 评价期间对获悉的被评价单位所有资料妥善保管，不得遗失，评价结束后,将纸质材料及时返还,同时将相关电子文本资料进行删除。

如违反承诺书所禁止的事项,本人愿承担相应的法律责任。

本承诺书一式三份,财政部门、参与评价中介机构、评价专家各一份。

承诺人:

年　月　日

9. 完善"项目中期工作情况报告"

专家将评价资料带回,进一步了解情况,及时与评价工作组沟通问题及意见,评价工作组督促项目单位对尚未提供的评价资料及时补充,保证专家考评会的顺利召开。

SECTION 5.2
专家考评会前期准备

1. 时间、人员、地点的确认

评价工作组与专家进一步确认项目问题，评价资料核实后，确认专家考评会时间、地点、人员。

2. 会前准备专家考评会现场所需资料

评价工作组准备会上使用的资料，包括：财政支出绩效评价专家意见汇总书、财政支出绩效评价专家评价书、专家费领取单、专家及评价工作组情况表等（具体见下面的参考模板）。

××单位项目绩效评价专家意见汇总书

项目名称：_____

项目单位：_____

主管部门：_____

评价时间：　　年　　月　　日

填报说明

一、"专家评分汇总表"中的分值是指《××单位项目绩效评价专家评价书》项目绩效评价表中所标明的"一级指标分值"或"二级指标分值"。各位专家的计分是由相应的"三级、四级指标得分"汇总得来的。

二、"绩效级别"分为四级。项目评价合计得分90分（含）以上的为优，80（含）～90分之间的为良，60（含）～80分之间的为中，60分以下的为差。

一、专家评分汇总表

评价指标及分值		专家评价计分					
评价指标	分值	专家1	专家2	专家3	专家4	专家5	平均
项目决策	15						
绩效目标	5						
决策过程	10						
项目管理	30						
项目资金	15						
项目实施	15						
项目绩效	55						
项目产出	30						
项目效果	25						
合计	100						

二、专家评价综合意见

评价得分	
绩效级别	优□　良□　中□　差□

问题：

建议：

专家组组长：
考评工作组组长：
　　　　　　　　年　　月　　日

三、专家组基本情况

姓名	工作单位	职务	职称	专业	备注

××单位项目绩效评价
专家评价书

项目名称_____

项目单位_____

主管部门（单位）_____

专家姓名_____专业_____

职称_____联系方式_____

工作单位_____

评价时间_____年____月____日

×××财政局绩效考评中心制

填报说明

一、本考评书由考评工作组协助考评专家填写，专家组专家人手一份。

二、封面编写说明

1."项目名称"：须与批复文件中的项目名称一致。

2."项目单位"：名称用全称填写，不能省略。

3."主管部门（单位）"：名称用全称填写，不能省略。

4."评价时间"：指专家考评会时间。

三、报告内容编写说明

1."项目类型"：参照××财政局关于修订《××市级项目支出预算管理办法》的通知（××）填写。

2."项目概况"：对项目绩效目标实现程度、项目执行情况、项目效益及影响等进行总结性描述。

3.项目绩效考评表：按照××市级预算支出绩效考评指标体系（范本）填写。

四、《专家考评书》要求统一用 A4 纸打印、装订。原件报××财政局绩效考评中心备案。

一、项目的基本情况

项目名称			
项目单位		主管部门（单位）	
项目负责人		职务：	联系电话：
项目类型			
项目起止时间	开始时间	截止时间	
项目总投入金额		其中：市财政拨款	
项目实际到位金额		其中：市财政拨款	
项目实际支出金额		其中：市财政拨款	
项目概况			

二、项目绩效考评表

项目名称：××项目

一级	分值	二级	分值	三级	分值	四级指标	分值	评分标准	评价得分	专家意见
项目决策	15	绩效目标	5	目标内容	5	绩效目标明确性	2	1. 绩效目标明确得2分； 2. 绩效目标较为明确得1～1.9分； 3. 绩效目标过于笼统、不够明确得0～0.9分。		
						绩效目标合理性	3	1. 项目绩效目标可衡量、可实现、与战略目标相关、有时间限制得3分； 2. 项目绩效目标不够细化、可量化程度有限，得0.1～2.9分； 3. 项目绩效目标不可衡量、不可实现、与战略目标不相关、没有时间限制得0分。		

续表

一级	分值	二级	分值	三级	分值	四级指标	分值	评分标准	评价得分	专家意见
项目决策	15	决策过程	10	决策依据	5	立项依据充分性	2	1. 项目符合经济社会发展规划和部门年度工作计划得2分； 2. 项目部分符合经济社会发展规划和部门年度工作计划得1～1.9分； 3. 项目不部分符合经济社会发展规划和部门年度工作计划得0～0.9分。		
						决策依据适应性	2	1. 根据需要制定了部门中长期规划得2分； 2. 部门中长期规划中包含部分项目内容得0.1～1.9分； 3. 未根据需要制定部门中长期规划得0分。		
						项目调整的合理性	1	1. 项目无调整或经有关项目批准按规定程序调整得1分； 2. 随意调整或未经批准，也没按规定程序调整得0分。		
				决策程序	5	立项申请程序合规性	2	1. 立项前已经过必要的可行性研究、专家论证、风险评估、集体决策等得0.1～2分； 2. 立项前未经过必要的可行性研究、专家论证、风险评估、集体决策等0分。		
						项目批复的相关性	2	1. 项目审批文件、材料符合相关要求得2分； 2. 项目审批文件、材料基本符合相关要求得0.1～1.9分； 3. 项目审批文件、材料不符合相关要求得0分。		
						决策程序可行性	1	1. 项目确定的服务对象、服务范围依据真实、精确、合理得1分； 2. 项目确定的服务对象、服务范围依据基本真实、精确、合理得0.1～0.9分； 3. 项目确定的服务对象、服务范围缺乏依据、数额存在错漏、不够合理得0分。		

一级	分值	二级	分值	三级	分值	四级指标	分值	评分标准	评价得分	专家意见
项目管理	30	项目资金	15	预算管理	5	预算编制的细化准确程度	2	1. 预算编制完整、明确和细化，预算额度测算依据充分，得2分； 2. 预算经反复调整，年初预算编制不够细化，得0.5～1.9分； 3. 预算编制不完整、不明确和不够细化，预算额度测算依据不充分，得0～0.4分。		
						执行与预算批复的一致性	3	1. 项目预算执行率达到100%，得3分； 2. 项目预算执行率95%≤X≤99%，得2～2.9分； 3. 项目预算执行率X≤94%，得0～1.9分。		
				资金到位	4	资金到位情况	4	1. 资金到位率为100%，得4分； 2. 资金到位率为95%≤X≤99%，得3～3.9分； 3. 资金到位率为X≤94%，得0～2.9分。		
				财务管理	6	财务管理制度是否健全、执行是否严格	3	1. 已制定财务管理制度或有适用于该专项资金的财务管理制度且健全，符合单位特点及日常管理需求，得3分； 2. 已制定财务管理制度或有适用于该专项资金的财务管理制度，基本满足日常管理需要，得1～2.9分； 3. 已制定财务管理制度或有适用于该专项资金的财务管理制度，但存在明显漏洞或不足，得0～0.9分。		
						资金使用合规性	3	1. 资金的拨付有完整的审批程序和手续，项目的重大开支经过集体决策，符合项目预算批复或合同规定的用途，不存在截留、挤占、挪用、虚列支出等情况，得0.1～3分； 2. 资金的拨付没有完整的审批程序和手续，项目的重大开支未经过集体决策，不符合项目预算批复或合同规定的用途，存在截留、挤占、挪用、虚列支出等情况，得0分。		

续表

一级	分值	二级	分值	三级	分值	四级指标	分值	评分标准	评价得分	专家意见
项目管理	30	项目实施	15	组织机构	5	组织机构是否健全	2	1. 组织机构健全，满足项目需求，得2分； 2. 组织机构基本健全，基本满足项目需求，得0.5～1.9分； 3. 组织机构不健全，不满足项目需求，得0～0.4分。		
						职能分工是否明确	3	1. 项目分配管理和实施职能分工明确，得3分； 2. 职能分工基本明确，得1～2.9分； 3. 职能分工不明确，得0～0.9分。		
				制度建设	4	制度建设	4	1. 项目制度和管理文件完善、健全，得2～4分； 2. 项目制度基本完善、基本健全，得1～2分； 3. 项目制度不完善、不健全，得0～1分。		
				过程控制	6	项目执行的有效性	2	1. 项目执行与原方案及计划要求完全一致，得2分； 2. 项目执行与原方案及计划要求基本一致，得1～1.9分； 3. 项目执行与原方案及计划差异较大，得0～0.9分。		
						政府采购合规性	2	1.①项目按照政府采购规定程序进行申报；②政府采购的主体范围明确；③政府采购资金来源和规模明确；④政府采购标的范围明确；⑤政府采购契约形式明确；⑥符合政府采购时限要求；⑦政府采购事项依法进行了备案或者审批；⑧按照政府采购法律法规规定发布政府采购项目信息；⑨政府采购项目信息按规定及时发布；⑩按照采购相关法律法规流程执行合理，得2分； 2. 政府采购资料部分完整，得0.1～1.9分； 3. 没有政府采购资料，得0分。		
						合同管理及执行情况	2	1. 项目人员管理、合同执行验收完善，得0.1～2分； 2. 项目人员管理、合同执行验收不完善，得0分。		

续表

一级	分值	二级	分值	三级	分值	四级指标	分值	评分标准	评价得分	专家意见
项目绩效	55	项目产出	30	产出数量	10					
				产出质量	5					
				产出时效	10					
				产出成本	5					

续表

一级	分值	二级	分值	三级	分值	四级指标	分值	评分标准	评价得分	专家意见
项目绩效	55	项目效果	25	社会效益	10					
				环境效益	5分					
				可持续影响	5					
				服务满意度	5					
合计							100			

问题：

建议：

专家签字：

年　　月　　日

绩效考评会专家费领取单

项目名称:

姓名	身份证号	金额	签字	电话

专家及评价工作组情况表

部门(项目)名称:

一、专家组情况				
姓名	工作单位	职称	专业	签字
二、评价工作组人员情况				
姓名	工作单位	职务	职称或执业资格	签字

参与评价中介机构负责人(签字):

SECTION 5.3
现场专家考评会

1. 会前发放相关资料

会前评价工作组将准备好的专家意见汇总书、专家考评书、专家及评价工作组情况表发放给各位专家（会后收回存档）。

2. 介绍参会人员

评价工作组负责人介绍专家组组长、专家组成员、被评价单位人员、其他相关人员。

3. 宣读评价工作纪律

评价工作组负责人宣读"专家绩效评价工作纪律"后，由专家组组长主持会议。

4. 专家组组长介绍会议程序

简要介绍专家考评会流程，明确汇报时间要求及评价工作注意事项等。

5. 被评价项目情况介绍

请被评价单位负责人或项目负责人汇报项目概况（要求制作 PPT，限时 30 分钟），项目介绍应简洁、客观，可借助图片、视频等手段对项目产生绩效进行说明。

6. 专家质询

专家组组长组织专家进行询问，被评价单位应当逐一解答所提问题，回答专家提问应遵循直接、精简的原则，专家组组长应尽量控制质询阶段时间，避免会议时间延长。评价工作组对专家所提问题和单位所做解答进行记录。

7. 被评价单位参会人员暂时退场

专家质询结束后，专家组组长应要求被评价单位参会人员暂时退场（回避）。

8. 专家组内部讨论

评价专家应当根据被评价单位自评报告和汇报情况进行讨论，形成统一的专家评价意见。

9. 项目情况评价总结

请被评价单位参会人员返回会场，由专家组组长做考评会总结，宣读专家评价意见，宣布项目绩效考评会结束。

10. 专家打分

专家会结束后，各位专家应遵循客观、独立、公正、全面的原则，由专家组组长根据现场情况，组织专家针对每一指标进行简要分析，确定得分档次，认真填写分值及扣分原因（满分和减分都需注明原因），出具专家评价意见和评定等级，填写《财政支出绩效评价专家评价书》。

11. 评价工作组审核

评价工作组根据现场专家讨论情况，对《财政支出绩效评价专家评价书》中的指标扣分分值、扣分原因等进行审核后，由专家签字确认。

12. 出具评价结论

专家组组长根据各位专家填写的《财政支出绩效评价专家评价书》，汇总填写《财政支出绩效评价专家意见汇总书》，出具专家组综合评价意见和建议。

13. 复核确认评价结论

评价工作组审核《财政支出绩效评价专家意见汇总书》，提交各位专家组审核同意，由专家组组长签字确认。

14. 专家评价资料回收

评价工作组应当要求各位专家退还相关评价资料，专家考评会结束。

第6章

财政预算资金
绩效管理项目
报告

SECTION 6.1
绩效评价报告概述

绩效评价报告是评价活动的产物，财政支出绩效评价报告是按照规定的格式，将评价过程中所搜集和掌握的相关信息进行分析归纳，从而对财政支出的经济性、效率性、效益性（"3E"原则）进行客观公正的判断，为决策提供依据的一种书面报告。绩效评价报告对于"实现预算和绩效管理一体化，着力提高财政资源配置效率和使用效益，改变资金分配的固化格局，提高预算管理水平和政策实施效果，为经济社会发展提供有力保障"具有重要意义。

SECTION 6.2
评价内容及重点

　　预算绩效评价对象是纳入预算管理的财政性资金。项目支出是其中为完成特定工作任务或事业发展目标，在基本支出的预算外专项安排的支出；故以项目支出为对象的绩效评价，一般以反映部门特点、行业特色和涉及重大民生、社会关注度高、政府购买公共服务等项目支出为重点。

　　从具体支出项目看，其绩效评价内容主要包括项目立项依据充分性、财政资金使用情况、项目管理制度建设及执行情况，以及预期绩效目标实现情况。其中，项目立项依据充分性主要从绩效目标与战略规划、事业发展的适应性、项目实施计划的完善度等方面考察；财政资金使用情况主要考察财务管理状况，以及资产配置、使用、处置及其收益管理情况；项目管理制度建设及执行情况主要考察项目投资、项目实施、成本控制、财务监理、政府采购、合同管理和质量控制情况等；绩效目标的实现程度，则从预计产出、效果和可持续影响三个方面考察。此项是绩效评价的核心。此外，绩效评价还需要考察项目预算编制与安排的合理性，分析项目相关政策的科学性等。

SECTION 6.3 项目支出后续评价

项目支出后续评价指对财政资金支出的经济性、效率性和效益性进行客观公正的评价，总结经验做法，分析专项资金在决策及管理中存在的问题，提出建设性的建议，进一步改进和加强财政专项资金管理，提升资金使用效益。这是需解决的核心问题。具体评价可以从以下方面着手：

（1）项目实施必要性是否回应；

（2）资金及预算投入的合理性（数量、结构）是否回应；

（3）项目管理（财务、业务）规范性是否回应；

（4）项目各项内容完成的数量、质量、时效是否回应；

（5）项目效果的目标达成度是否回应；是否可以通过项目政策或实施内容的调整来提升项目效益。

SECTION 6.4
财政支出项目绩效评价报告

绩效评价报告一般包括项目概况、绩效评价工作情况、评价结论和绩效分析、主要经验及做法、存在的问题和建议及相关附件，并就报告主要内容通过摘要予以反映。财政支出项目绩效评价报告可参考各地财政部门要求的框架，本书结合实践经验提供绩效评价参考框架，具体如下：

项目支出绩效评价报告

摘要

内容摘要是报告的重要组成部分，包括"概述"、"评价结论和绩效分析"和"主要经验、问题、建议"，其表达应做到全面完整、简洁明了、归纳准确，文字表述要严谨、顺畅、精炼，字数一般应控制在2000字以内。

一、基本情况

（一）项目概况。

包括项目背景、主要内容及实施情况、资金投入和使用情况等。

立项背景及目的：根据工作方案中的内容进行修改和完善，使内容更为准确、完整、翔实。

预算资金投入和使用情况：预算及调整情况、资金来源情况以及财政资金拨付方式一并介绍，注意与指标体系项目投入部分的评分情况和分析结论相一致。资金来源应注意预算资金的属性，包括一次性还是经常性，以及基建、修购、运维或资金补贴类等功能属性。

实施情况（项目完成情况）：从项目执行的角度出发，对执行和实现的内容等方面做出说明和介绍。应与指标体系项目产出部分的评分情况和分析结论相一致。

组织及管理（项目组织、管理流程及实际执行情况）：关注资金适用流程和项目开展流程。

（二）项目绩效目标。

绩效目标分别表述绩效总目标和具体绩效目标，具体绩效目标为各具体量化的产出目标、结果目标。

二、绩效评价工作开展情况

绩效评价工作开展情况包括评价的目的、评价工作方案制定过程、评价的原则和方法、数据采集方法及过程、评价实施过程等。其中工作方案制定过程应在重点说明方案评审后，介绍是否根据专家评审意见进行了修改，是否存在与专家意见不符的修改内容及理由。

（一）绩效评价目的、对象和范围。

通过绩效评价，全面、客观反映并科学评价项目的工作成效，对预算管理执行过程中存在的不足提出合理化建议，强化支出责任，使预算管理更加科学、完善，进而规范资金的使用管理，提高资金使用效益和效率。

（二）绩效评价原则、评价方法、评价指标体系（附表说明）、评价标准等。

1. 评价原则

（1）科学规范原则。严格执行规定的程序，按照科学可行的要求，采用定量与定性分析相结合的方法，对项目支出进行绩效评价。注重财政支出的经济性、效率性和有效性，科学制定绩效评价指标体系，运用科学的评价方法，按照规范的评价程序进行。

（2）公开公正原则。评价工作客观、公正、透明，标准统一，资料可靠，依法公开接受有关机构和公众的监督。

（3）绩效相关原则。使用与绩效目标有直接联系，能够恰当反映目标实现程度的绩效评价指标，针对具体支出及其产出绩效进行评价，评价结果能清晰反映支出和产出绩效之间的紧密对应关系。

2. 评价方法

本次评价工作根据财政局相关要求，结合实际需要，主要采用现场评价和非现场评价相结合、定性评价和定量评价相结合的方式。主要评价方法包括：①比较法，通过对绩效目标与完成情况进行比较，综合分析该项目的实施情况；②调查法，通过调查法掌握该项目的管理措施、监管情况等；③因素分析法，通过因素分析法综合分析影响绩效目标实现、实施的内外因素；④公众评价法，通过公众评价法，从社会公众角度就该项目对党政机关的影响进行调查，以评价项目的影响力及公信力；⑤专家评议法，通过专家评议法来全面评价项目绩效目标的实现程度，确保每个评价结论均有支撑依据。

3. 评价指标体系

根据《项目支出绩效评价管理办法》（财预〔2020〕10号），评价工作组结合项目的特点及资金使用的具体情况，以资金使用结果为导向，设定评价指标内容和权重，重点对项目决策、项目管理、项目绩效进行综合评价。

项目指标体系及评分情况见下表。

项目指标体系及评分情况表

一级指标	二级指标	三级指标
项目决策（15分）	绩效目标（5分）	目标内容（5分）
	决策过程（10分）	决策依据（5分）
		决策程序（5分）
项目管理（25分）	项目资金（10分）	预算管理（5分）
		资金到位（2分）
		财务管理（3分）
	项目实施（15分）	组织机构（4分）
		制度建设（5分）
		过程控制（6分）
项目绩效（60分）	项目产出（30分）	产出数量（10分）
		产出质量（10分）
		产出时效（5分）
		产出成本（5分）
	项目效果（30分）	社会效益（10分）
		可持续影响（10分）
		服务对象满意度（10分）
合计（100分）		

4. 评价标准

绩效评价结果分为4个等级。绩效等级根据项目决策、项目管理和项目绩效得分确定，其中，项目决策、项目管理和项目绩效满分分别为15分、25分和60分，三项总分为100分。绩效等级标准为：90分（含）以上为优，80（含）～90分为良，60（含）～80分为中，60分以下为差。

（三）绩效评价工作过程。

1. 前期准备

一是组建评价工作组。一般安排具有预算绩效管理工作经验的人员参与项目绩效评价工作，项目组组长应当具有专业胜任能力，熟悉绩效评价指标体系，执行能力较强。

二是编制评价方案。了解项目实施背景、立项依据、绩效目标、项目管理及完成绩效，确定评价工作重点和拟采用的评价方法，并对相关材料进行认真分析，结合绩效评价工作要求合理安排评价工作进度，形成最终评价方案。

三是开展工作培训。评价工作组结合项目具体情况，对实施单位开展了有针对性的业务培训。

2. 现场核查

一是了解绩效目标设立及完成情况。评价工作组通过查阅相关政策文件以及项目申报资料，了解项目预期绩效目标设立情况，并将反映项目完成结果的相关材料与各项预期绩效目标进行比对，评价项目绩效目标的完成情况。

二是了解项目效益实现情况。充分了解该项目的实施方式、实施成本、实施质量、实施进度、社会效益、经济效益、环境效益、可持续影响力等情况。

3. 专家评价

（1）制定指标体系。

项目评价工作组应结合项目情况，细化指标体系。充分听取专家、项目单位的意见，确定绩效指标体系的最终内容。

（2）召开专家预备会。

根据项目资料收集情况，项目评价工作组与绩效评价5位专家召开专家预备会，项目评价工作组汇报项目情况和资料收集情况，与会专家对项目资料提出质疑，进行补充完善，以备正式召开现场专家考评会。

（3）召开专家绩效评价会。

一是进行资料信息汇总。评价工作组在充分调研的基础上，对项目资料逐一进行核实，并且相关各方要签章确认。工作组按照指标体系内容和评价重点，对资料进行分类整理，形成专家资料手册，供专家审阅评议。

二是召开专家评价会。根据项目特点，评价工作组遴选5位专家（其中，业务专家2位，财务专家1位，管理专家2位），组成专家评价组，对项目资料进行审议。评价会上，针对项目在决策、管理和绩效方面的问题，专家与项目单位进行了充分讨论和沟通，最终由专家结合绩效评价指标进行打分，出具评价意见。

4.评价报告

评价工作组根据专家意见，完成绩效评价报告初稿的撰写工作。经与项目单位沟通反馈后，形成评价报告终稿。

三、综合评价情况及评价结论（附相关评分表）

评价结论包括：分值、等级、具体评分表；主要绩效，说明项目绩效目标的完成情况。

四、绩效评价指标分析

使用方案确定的综合评价表，对照项目实施情况，对各评价指标目标值与实际值的差异程度及产生原因进行分析。

（一）项目决策情况。

……

（二）项目过程情况。

……

（三）项目产出情况。

……

（四）项目效益情况。

……

五、主要经验及做法

总结已实现绩效目标的主要相关经验及做法，反映其内容和效果，并从社会调查的访谈中提炼，经验和做法要与相应的满分指标相匹配。

六、存在的问题

总结、分析影响项目绩效目标及预算资金适用效率的主要因素，以及项目管理、预算管理的问题，反映问题的表象和本质，存在的问题要与相应的扣分指标相匹配。

七、有关建议

政策建议，是对项目设立的必要性、项目设计的科学性、预算资金投入的合理性、相关专项资金管理办法的健全性和可操作性提出建议。改进措施，是针对存在的问题，提出相关改进措施，反映建议措施的内容和目的。

八、其他需要说明的问题

附件

第7章

财政预算资金
绩效管理资料
归档

SECTION 7.1

档案管理

　　档案管理也称档案工作，是档案管理部门直接对档案实体和档案信息进行管理并提供利用服务的各项业务工作的总称，也是国家档案事业最基本的组成部分。档案管理具体包括：档案收集、档案整理、档案价值鉴定、档案保管、档案编目和档案检索、档案统计、档案编辑和研究、档案提供利用。档案管理现代化的发展，还将对档案管理工作的结构产生新的影响。档案管理的最终目的是提供档案信息为相关工作实践服务，档案管理系统的结构即根据这一目的而设置。其中每项工作都必不可少，并且有一定程序。它们组成一个有机整体，为实现档案管理系统整体功能而发挥各自的作用，同时也相互关联、相互制约。

SECTION 7.2
绩效管理归档要求

评价工作组在绩效评价活动完成后,应当及时整理工作底稿并归档。评价人员应当在出具正式评价报告日后 90 日内,及时将工作底稿与评价报告等一起归入评价业务档案,并由所在评价机构按照国家有关档案管理的法律、法规的规定妥善管理。评价业务档案自出具正式评价报告之日起至少保存 10 年。国家法律、法规另有规定的,依照其规定。对于电子文档或者其他介质的评价信息档案,评价机构应当采取适当措施保证信息的完整性和有效性。评价机构不得在规定的保存期内对已完成归档的评价业务档案进行删改或者销毁。工作底稿的管理应当执行保密制度。除下列情形外,工作底稿不得对外提供:(1)司法部门按法定程序进行查询的;(2)依法有权审核评价业务的政府部门按规定程序对工作底稿进行查阅的;(3)行业协会按规定程序对执业质量进行检查的;(4)其他依法可以查阅的情形。

SECTION 7.3
绩效管理归档目录

一般情况下,绩效管理档案主要包括绩效报告、评价方案、项目资料、专家评价意见等多项内容,归档目录具体内容见《绩效考评卷内目录表》。《绩效考评卷内目录表》请见下面的参考模板。

绩效考评卷内目录表

序号	项目名称	页码
1	绩效报告	
2	绩效目标表	
3	评价方案	
4	评价会议纪要	
5	专家相关资质证明	
6	专家评价书	
7	专家承诺书	
8	评价报告意见反馈表	
9	评价工作廉政反馈意见书	
10	专家及评价工作组情况表	
11	评价过程中收集的评价资料	

编制人:　　　　　　日期:

SECTION 7.4
档案管理员职责

档案管理员的职责具体如下：

（1）档案管理员应当热爱本职工作，严守公司的机密，认真执行《中华人民共和国档案法》及有关档案工作制度。

（2）项目组完成各项专业工作后应当及时做好工作底稿的整理、修复、装订、编目和归档工作。档案管理员负责公司档案管理工作，做好项目组各类档案的接受、立卷、整理、保管和统计工作，实行集中统一管理。

（3）档案管理员负责归档资料的验收、鉴定，做到归档文件完整，签署齐全，装订整齐，分类科学，使用方便。

（4）档案管理员负责档案的借阅、复制和利用，根据需要建立《专业档案登记簿》，注意信息反馈，为项目组的档案查阅提供方便，认真做好使用记录。

（5）负责档案室（柜）内部整理，档案装具和案卷排放整齐、科学有序。

（6）做好"八防"工作，每天做好档案室的清洁工作和温湿度记录，落实防盗、防火、防高温、防尘、防虫、防霉等安全措施，对损坏或变质的档案，及时进行修补和复制。

（7）定期清查档案，及时催讨借出的档案，做到账物相符。

（8）积极开展档案知识宣传工作，增强全体员工的档案意识。对保管期限已满的档案进行鉴定并负责向主管领导汇报，编制《档案销毁清册》，按规定方法进行处理。

（9）做好档案室（柜）的安全保卫工作，室内禁止吸烟，节假日上好保险，贴好封条。定期向分管领导汇报档案工作情况，对项目组档案立卷整理进行业务指导。

第8章

财政预算资金事前绩效评估

SECTION 8.1

事前绩效评估概述

事前绩效管理是全过程预算绩效管理的重要环节,其中,绩效目标是预算绩效管理的基础和起点,贯穿预算编制、执行、调整、决策和监督的各个环节,是事前预算资金安排、事中绩效运行监控的事后绩效评价的重要依据;事前绩效评估是预算绩效管理的利刃,对项目的决策和实施具有重要的指导意义。《中共中央 国务院关于全面实施预算绩效管理的意见》明确提出,要在预算编制环节突出绩效导向,要求积极推动政策、部门、项目绩效目标管理工作,对重大政策和项目开展事前绩效评估,从源头上提高预算编制的科学性和精准性。基于此,本章将从事前绩效评估管理概述、事前绩效评估实施来进行分析。

SECTION 8.2
事前绩效评估的核心内容

1. 什么是事前绩效评估

事前绩效评估是指,在政策出台、项目立项前的预算决策阶段,由财政部门或预算主管部门自行组织或委托评价机构,按照部门战略规划、事业发展规划和项目申报书等内容,通过相应的评估机制,运用科学、合理的评估方法,对财政支出项目(政策)设立必要性、投入经济性、绩效目标合理性、实施方案可行性、筹资合规性等进行客观、公正的评估。

事前绩效评估是项目立项评审、预算评审和绩效目标评审的结合,为项目立项、预算编制、预算批复和基于绩效目标的中期跟踪和后评价提供依据。

2. 事前绩效评估的范围

新增重大政策、新设项目及新增资金项目原则上都应当开展事前绩效评估。新增重点政策和项目、基本建设项目、专业性强或技术复杂的新设项目、中期财政规划项目等优先纳入。

3. 事前绩效评估的主要内容

事前绩效评估的主要内容包括：

（1）立项必要性。主要评估项目设立是否与国家、地方政府、相关行业政策相关，是否与主管部门职能、规划及年度工作重点相关，是否有迫切的现实需求和确定的服务对象，是否属于财政资金支持范围等。

（2）投入经济性。主要评估项目投入产出比是否合理，成本测算是否充分，成本控制措施是否科学有效等。

（3）绩效目标合理性。主要评估项目绩效目标是否明确，是否与相关规划、计划相符，是否与现实需求相匹配，绩效指标是否细化、量化、可衡量，指标值是否合理、可考核等。

（4）实施方案可行性。主要评估项目实施方案是否合理可行，是否经过前期论证，是否制定有效的过程控制措施和保证项目绩效可持续发挥的配套机制等。

（5）筹资合规性。主要评估项目资金来源渠道、筹措程序是否合规，财权与事权是否匹配，财政投入方式是否合理，筹资风险是否可控等。

SECTION 8.3
事前绩效评估遵循的原则

1. 绩效导向

事前绩效评估以绩效导向和成本控制理念为出发点，以投入、产出和效果为评估重点，注重成本效益，对项目（政策）决策进行综合评估。

2. 科学规范

事前绩效评估应通过规范的程序，采用定性与定量相结合的方法，通过多种途径和手段充分收集证据资料，保证评估结论科学可信。

3. 客观公正

事前绩效评估应公开、公平、公正，评估主体要实事求是、公平合理地进行评估，利益相关方不得影响评估过程及评估结果。

4. 及时高效

事前绩效评估要讲求效率，在保证质量的前提下及时完成评估工作，做到"随申报、随评估、随入库"。

5. 权责对等

事前绩效评估要建立责任约束机制,明确各方职责,清晰界定权责边界,市财政局、市级预算部门和单位以及其他部门对其主导开展的评估工作负有管理自主权,并对评估结果负责。

SECTION 8.4
事前绩效评估的方式方法

1. 事前绩效评估方式

事前绩效评估方式包括专家咨询、现场调研、问卷调查、召开座谈会等。

（1）专家咨询。对于专业性较强、评估难度较大的项目和政策，对相关问题存在疑难点时，可邀请业务、管理、财务等专家参与评估论证和咨询工作，提供专业技术支持。

（2）现场调研。对于有一定物质基础的项目和政策，在资料收集过程中，可进行现场调研，实地勘察和了解项目真实情况。

（3）问卷调查。对于利益相关方涉及对象多、作用范围广的项目和政策，在资料收集过程中，可采用问卷调查的方式，向利益相关方了解情况或征询意见。

（4）召开座谈会。对于涉及工作主体多、人员分散的项目和政策，在入户培训、现场调研、召开评估会时，可组织特定人员开展座谈，了解项目、政策情况，集中收集各方意见和建议。

2. 事前绩效评估方法

事前绩效评估方法包括成本效益分析法、对比分析法、因素分析法、公众评判法及其他评估方法。

（1）成本效益分析法。指通过开展成本核算，并对全部成本和效益进行对比来评估项目（政策）投入价值，以实现投入最小的成本获得最大的收益为目标的分析方法。

（2）对比分析法。指通过将绩效目标与预期实施效果、历史情况、不同部门和地区同类财政支出新增安排情况进行比较，对项目（政策）进行评估的方法。

（3）因素分析法。指通过全面统计影响绩效目标实现和实施效果的内外因素，综合分析内外因素对绩效目标实现的影响程度，对项目（政策）进行评估的方法。

（4）公众评判法。指通过专家评估、抽样调查等方式，对相关情况提供咨询意见和结论支撑的评估方法。

（5）其他评估方法。指其他能为评估结论提供支撑的方法。

SECTION 8.5
事前绩效评估结果及应用

（1）事前绩效评估结果包括评估结论和评估得分两部分。

评估结论分为予以支持、部分支持和不予支持三种。

对于立项必要性充分、实施方案可行性强、绩效目标明确合理、投入产出比较高的项目（政策），应予以支持；对于项目（政策）在部分内容上，立项必要性充分、实施方案可行性强、绩效目标明确合理、投入产出比高的，可予以部分支持；对于立项必要性不够充分、实施方案可行性不强、绩效目标不够明确合理、投入产出比较低或不属于财政支持范围的项目（政策），应不予支持。

评估得分是工作组或专家组根据评估指标体系，对评估内容和要点进行评分得出的结果。评估得分是问题分析和对同类项目（政策）进行对比分析的主要依据。

（2）市级预算部门和单位组织开展事前评估，结论为"予以支持"或"部分支持"的，按照评估得分排序，纳入部门项目库管理，作为本部门本单位申报项目的参考依据；评估结论为"不予支持"的，不得纳入项目库管理，未纳入项目库管理的项目不得申请项目预算。

财政局组织开展事前绩效评估,结论为"予以支持"或"部分支持"的,纳入市级财政项目库管理,并结合评估得分,在安排年度预算时予以优先考虑;评估结论为"不予支持"的,一定程度上核减部门和单位的项目预算控制数。

其他部门组织的事前评估,评估结果应用由部门根据实际情况制定。评估结果作为安排预算的必备要件,并报财政部门备案。

SECTION 8.6
事前绩效评估程序

8.6.1 事前绩效评估的一般流程

事前绩效评估的一般流程为：

（1）评估实施主体确定评估对象，组建事前评估工作组；

（2）申报单位按要求提供相关材料；

（3）工作组对资料进行审核，开展评估论证，并出具事前绩效评估结论和报告。

（4）开展事前绩效评估，可邀请人大代表、政协委员参与评估和监督，必要时可邀请第三方机构、专家参与评估论证。

8.6.2 事前绩效评估工作

事前绩效评估工作包括事前评估准备、事前评估实施、事前评估总结和应用三个阶段。

1. 事前绩效评估准备阶段

（1）确定评估对象。各部门各单位确定纳入事前绩效评估的对象。

（2）成立评估工作组。各部门各单位组织成立事前绩效评估工作组，负责组织落实具体评估工作，确保评估工作顺利实施。

（3）制定工作方案。各部门各单位根据具体评估任务，制定事前绩效评估工作方案，明确评估目的、内容、时间安排和工作要求等具体事项。

2. 事前绩效评估实施阶段

（1）组建专家组。事前绩效评估可组织专家参与，原则上专家组成员数量为不少于5人的奇数，包括业务专家、管理专家和财政财务专家。事前绩效评估工作组应与专家签署《专家承诺书》，并适时对专家进行业务培训。

（2）收集审核资料。申报单位按要求提供相关材料；事前绩效评估工作组对资料进行审核、整理。此外，事前绩效评估工作组应通过咨询专业人士、查阅资料、问卷调查、电话采访、集中座谈等方式，多渠道获取相关信息。咨询专业人士，主要是指通过咨询行业内专业人士，了解相关背景，准确把握项目或政策特点；查阅资料，主要是指通过图书馆、电子书库、网络等多种手段，收集查阅项目或政策背景、国内外现状、同类或类似项目（政策）做法等资料，对项目（政策）进行充分了解；问卷调查、电话采访、集中座谈，主要是指通过对服务对象进行访谈，核实有关情况，了解受益对象的真实想法。

（3）进行现场调研。事前绩效评估工作组视情况开展现场调研、实地勘测、核实、了解评估对象的具体内容、申报理由和具体做法、依据等，将现场情况与上报材料进行对比，对疑点问题进行询问，听取并记录申报单位对有关问题的解释和答复。现场调研工作可组织人大代表、政协委员、专家等共同参与。

（4）开展预评估。事前绩效评估工作组视情况开展预评估工作，组织人大代表、政协委员、专家组对相关数据进行摘录、汇总、分析。对于资料不全或不符合要求的，事前绩效评估工作组应明确列出需补充的资料内容，要求申报单位在5个工作日内补充上报，逾期不提供的视同资料缺失。

（5）开展正式评估。事前绩效评估工作组在充分收集分析资料、现场调研、召开预评估会的基础上，形成《事前绩效评估非正式检查报告》，并组织申报单位、人大代表、政协委员、专家组召开正式评估会。申报单位汇报绩效目标、实施方案、预算编制等情况；事前绩效评估工作组组织人大代表、政协委员、专家组就具体问题和申报单位进行沟通交流。在此基础上，专家组对事前评估对象进行打分，讨论形成《事前绩效评估专家组评估意见》。人大代表、政协委员参与评估论证需单独出具评估意见，包括对事前绩效评估工作的意见建议、对评估对象的评估意见等，形成《事前绩效评估人大代表评估意见》和《事前绩效评估政协委员评估意见》。

3. 事前绩效评估总结及应用阶段

（1）撰写报告。事前绩效评估工作组整理专家组、人大代表、政协委员的评估意见，形成最终评估结论，并参照《事前绩效评估报告参考范本》撰写事前绩效评估报告，整理事前绩效评估资料。

（2）结果应用。各部门各单位将评估结论为"予以支持"或"部分支持"的评估对象纳入项目库管理，作为财政部门安排年度预算的依据。

事前绩效评估工作的三个阶段如图8-1所示。

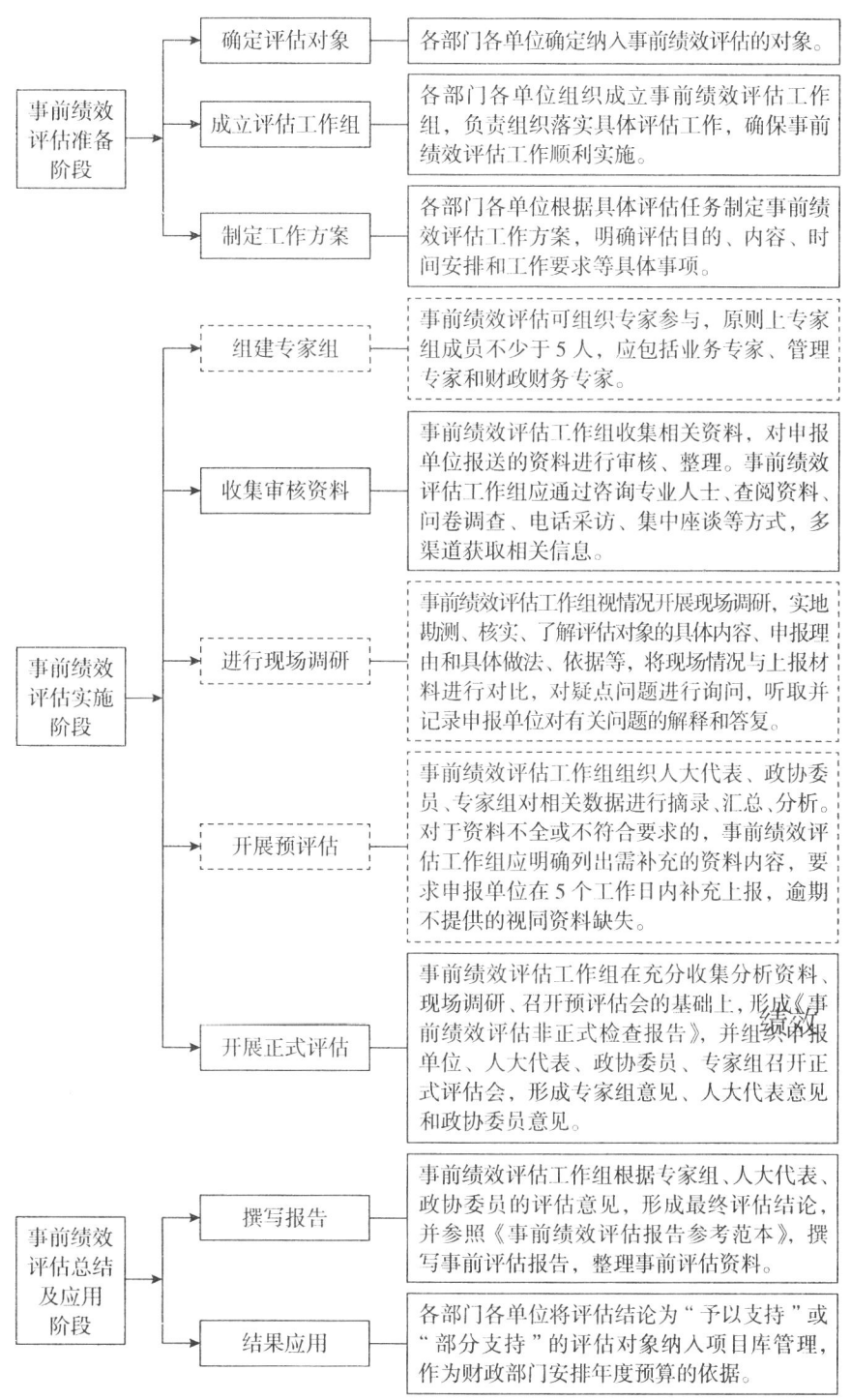

图 8-1 事前绩效评估工作的三个阶段

说明:图中虚线内容由事前绩效评估工作组视情况确定是否组织实施。

SECTION 8.7

事前绩效评估指标体系

财政支出项目事前绩效评估评分指标体系如表 8-1 所示。

表 8-1 财政支出项目事前绩效评估评分指标体系

一级指标	二级指标	评估要点	分值
立项必要性（20）	政策相关性	是否与国家、地方政府、相关行业宏观政策相关。	5
	职能相关性	是否与主管部门职能、规划及当年重点工作相关。	5
	需求相关性	①是否具有现实需求，需求是否迫切；②是否有可替代性；③是否有确定的服务对象或受益对象。	5
	财政投入相关性	是否具有公共性，是否属于公共财政支持范围。	5
投入经济性（20）	投入合理性	①项目投入资源及成本是否与预期产出及效果相匹配；②投入成本是否合理，成本测算依据是否充分；③其他渠道是否有充分投入。	10
	成本控制措施有效性	项目是否采取相关成本控制措施，成本控制措施是否有效。	10
绩效目标合理性（20）	目标明确性	①绩效目标设定是否明确；②与部门长期规划目标、年度工作目标是否一致；③项目受益群体定位是否准确；④绩效目标和指标设置是否与项目高度相关。	10

续表

一级指标	二级指标	评估要点	分值
绩效目标合理性（20）	目标合理性	①绩效目标与项目预计解决的问题是否匹配；②绩效目标与现实需求是否匹配；③绩效目标是否具有一定的前瞻性和挑战性；④绩效指标是否细化、量化，指标值是否合理、可考核。	10
实施方案有效性（20）	实施内容明确性	项目内容是否明确、具体，与绩效目标是否匹配。	6
	实施方案可行性	①项目技术路线是否完整、先进、可行、合理，与项目内容及绩效目标是否匹配；②项目组织、进度安排是否合理；③与项目有关的基础设施条件是否能够得以有效保障。	7
	过程控制有效性	①项目申报、审批、调整及项目资金申请、审批、拨付等方面已履行或计划履行的程序是否规范；②项目组织机构是否健全、职责分工是否明确、项目人员条件是否与项目有关并得以有效保障；③业务管理制度、技术规程、标准是否健全、完善，以前年度业务制度执行是否出现过问题，相关业务方面问题是否得到有效解决并配有相应的保障措施；④项目执行过程是否设立管控措施、机制等，相关措施、机制是否能够保证项目顺利实施。	7
筹资合规性（20）	资金筹措合规性	①资金来源渠道是否符合相关规定；②资金筹措程序是否科学规范，是否经过相关论证，论证资料是否齐全；③资金筹措是否体现权责对等，财权和事权是否匹配。	10
	财政投入能力	①市、区财政资金配套方式和承受能力是否科学合理；②各级财政部门和其他部门是否有类似项目资金重复投入；③财政资金支持方式是否科学合理。	5
	筹资风险可控性	①对筹资风险认识是否全面；②是否针对预期风险设定应对措施；③应对措施是否可行、有效。	5

SECTION 8.8
事前绩效评估报告

（1）事前绩效评估报告分为正文和附件两部分，具体格式由财政局统一制定。

（2）事前绩效评估报告正文包括评估对象基本情况、评估所采用的方式方法、评估的主要内容及结论、相关建议及有关问题的说明等内容。报告撰写应依据充分、真实完整、数据准确、分析透彻、逻辑清晰、客观公正。

（3）事前绩效评估报告附件应包括项目（政策）相关申报资料、预期绩效报告、评估专家意见、人大代表和政协委员意见（人大代表和政协委员的意见应单独列示）等内容。

财政支出项目事前绩效评估报告请见下面的参考模板（各标题下的具体内容略）。

财政支出项目事前绩效评估报告

项目名称：＿＿＿＿＿＿＿＿＿＿＿＿＿＿＿＿

项目单位：_____

主管部门：_____

评估机构（盖章）：_____

评估时间：_____

一、评估对象

（一）项目名称

（二）项目单位

（三）主管部门

（四）项目绩效目标

（五）项目资金总额

其中申请财政资金：……

（六）项目概况

二、评估方式和方法

（一）评估程序

（二）评估思路及方法

（三）评估方式

三、评估内容与结论

（一）立项必要性

（二）投入经济性

（三）绩效目标合理性

（四）实施方案可行性

（五）筹资合规性

（六）总体结论

四、相关建议

五、其他需要说明的问题

（阐述评估工作基本前提、假设、报告适用范围、相关责任以及需要说明的其他问题等。）

六、附件

（包括：预期绩效报告、绩效目标申报表、专家组评估意见、人大代表评估意见、政协委员评估意见、专家及工作组情况表等。）

财政支出项目预期绩效报告请见下面的参考模板。

财政支出项目预期绩效报告

项目名称：_____

项目单位（盖章）：_____

项目负责人：_____

填报时间：_____

一、项目基本情况

（介绍项目背景、项目主要内容等。）

二、项目立项必要性

（主要说明项目设立是否与国家、地方政府、相关行业政策相关，是否与主管部门职能、规划及年度工作重点相关，是否有迫切的现实需求和确定的服务对象，是否属于公共财政支持范围等。）

三、项目投入经济性

（主要说明项目投入产出比是否合理，成本测算是否充分，成本控制措施是否科学有效等。）

四、项目绩效目标合理性

（主要说明项目绩效目标是否明确，是否与相关规划、计划相符，是否与现实需求相匹配，绩效指标是否细化、量化、可衡量，指标值是否合理、可考核等。）

五、项目实施方案可行性

（主要说明项目实施方案是否合理可行、是否经过前期论证，是否制定有效的过程控制措施和保证项目绩效可持续发挥的配套机制等。）

六、项目筹资合规性

（主要说明项目资金来源渠道、筹措程序是否合规，财权与事权是否匹配，财政投入方式是否合理，筹资风险是否可控等。）

七、其他内容

（《××市市级项目支出预算管理办法》《年度部门预算编制工作方案》中规定的其他需要说明的内容。）

财政支出项目事前绩效评估资料准备清单请见下面的参考模板。

财政支出项目事前绩效评估资料准备清单

一、项目单位需填报的资料

1. 事前绩效评估项目申报书

2. 事前绩效评估绩效目标申报表

3. 事前绩效评估预期绩效报告

二、项目单位需准备的资料

1. 背景及发展规划

（1）国家及××省相关法律、法规和规章制度；

（2）国家及××省确定的大政方针、政策；

（3）部门或行业的发展规划（计划）。

2. 申请材料

（1）实施方案；

（2）可行性研究报告；

（3）立项专家论证意见；

（4）初步设计资料或总体设计、初步设计图纸。

3. 预算测算材料

（1）项目预算及明细、项目预算测算说明；

（2）主要材料、设备的名称、型号、规格品牌、生产厂家、价格及依据；

（3）工程预算定额、取费标准及行业主管部门制定的相关专业定额；

（4）反映测算依据的其他相关文件规定。

4. 与项目设立和预算有关的其他材料

财政支出事前绩效评估工作方案请见下面的参考模板。

财政支出事前绩效评估工作方案

一、事前绩效评估目的

二、事前绩效评估对象

（明确事前绩效评估项目或政策概况，包括主管部门、实施单位、项目或政策名称、预算等基本信息。）

三、事前绩效评估依据

（列示考评依据的文件和材料。）

四、事前绩效评估原则

五、事前绩效评估方式方法

（明确拟运用的评估方式和方法。）

六、事前绩效评估内容及重点

（对评估的主要内容及评估重点进行简要描述。）

七、事前绩效评估程序及时间安排

（明确本次评估的详细进度安排。）

八、评估人员及措施保障

（明确参与评估的相关人员和职责；明确评估工作的保障措施。）

专家承诺书请见下面的参考模板。

专家承诺书

根据事前绩效评估工作安排，依据聘请专家的条件，经××市财政局审核同意，本人作为聘请的20××年度事前绩效评估专家，对××项目或政策进行事前绩效评估。本人已经了解事前绩效评估的工作流程，并承诺遵守《××市财政支出事前绩效评估专家工作规则》和以下保密条款：

1. 在事前绩效评估过程中及评估结束后，应保守被评估单位的商业和技术秘密，不得将获悉的被评估单位有关文件、资料和数据以任何方式对外提供，不得利用评估工作得到的非公开科技、商业信息，为本人或者他人谋取私利。

2. 在事前绩效评估过程中及评估结束后，本人不得向事前绩效评估工作组以外的人员透露有关评估工作情况、信息；不得对外透露争议问题、评估结果等内容。

3. 评估期间对获悉的被评估单位所有资料妥善保管，评估结束后，将纸质资料及时返还，同时将相关电子文本资料进行删除。

如违反承诺书所禁止的事项，本人愿承担相应的法律责任。

承诺人：

年　月　日

人大代表（政协委员）参与事前绩效评估工作规范请见下面的参考模板。

人大代表（政协委员）参与事前绩效评估工作规范

为在预算编制阶段引入社会监督，推行科学民主决策，建立"参与式预算"机制，进一步优化公共资源配置，提高政府理财和公共服务水平，人大代表、政协委员作为预算绩效管理监督主体对被评估项目立项或政策设立提出相关意见和建议，并对事前绩效评估工作开展过程进行全面监督。人大代表、政协委员参与事前绩效评估工作应遵守以下事项：

1. 自觉回避原则。如人大代表、政协委员与被评估单位有利益关系，需主动回避。

2. 公平公正、客观独立原则。人大代表、政协委员应遵守国家法律和工作纪律，坚持实事求是、客观公正的科学态度，深入实际了解和调查项目、政策情况，在此基础上，独立出具《事前绩效评估人大代表（政协委员）评估意见》。

3. 保密原则。人大代表、政协委员应保守国家秘密和被评估单位的商业与技术秘密；评估期间不得对外透露评估会议内容、专家咨询意见、争议问题等有关情况。

如有违反本工作规范所禁止的事项或其他应遵守的工作要求，人大代表、政协委员需承担相应的法律责任。

财政支出项目事前绩效评估专家意见书请见下面的参考模板。

财政支出项目事前绩效评估专家意见书

项目名称：_____

项目单位：_____

主管部门：_____

评估时间：_____年____月____日

财政支出项目事前绩效评估专家组评估意见

评估指标及分值		专家评估计分					
评估指标	分值	专家1	专家2	专家3	专家4	专家5	平均
立项必要性	20						
政策相关性	5						
职能相关性	5						
需求相关性	5						
财政投入相关性	5						
投入经济性	20						
投入合理性	10						
成本控制措施有效性	10						
绩效目标合理性	20						
目标明确性	10						
目标合理性	10						
实施方案有效性	20						
实施内容明确性	6						
实施方案可行性	7						
过程控制有效性	7						
筹资合规性	20						
资金筹措合规性	10						
财政投入能力	5						
筹资风险可控性	5						
合计	100						
评估得分							
评估结论	予以支持□　部分支持□　不予支持□						

分项意见：
1. 立项必要性
2. 投入经济性
3. 绩效目标合理性
4. 实施方案有效性
5. 资金筹措合规性
总体意见：
其他问题和建议：
专家组组长签字： 日期：

事前绩效评估人大代表（政协委员）评估意见请见下面的参考模板。

事前绩效评估人大代表（政协委员）评估意见

×××项目事前绩效评估人大代表监督意见表

项目名称	支出经费项目	项目单位名称	区办事处	中介机构名称	会计师事务所
对项目的评估意见					
对事前绩效评估工作的监督意见	是否符合国家法律、法规和《××市××区区级项目支出事前绩效评估管理暂行办法》　是□　否□				
	是否采用了科学合理的绩效考核指标和评估方法　是□　否□				
	是否按照专家评估会流程开展　是□　否□				
	是否对项目相关资料进行了客观评估　是□　否□				
对于专家评估工作组的监督意见	是否对项目进行了深入了解和核实　是□　否□				
	是否提出客观、公正的意见和建议　是□　否□				
对事前绩效评估工作的其他建议					
监督人（签名）：			填写时间：		

×××项目事前绩效评估政协委员监督意见表

项目名称	支出经费项目	项目单位名称	区办事处	中介机构名称	会计师事务所
对项目的评估意见					
对事前绩效评估工作的监督意见	是否符合国家法律、法规和《××市××区区级项目支出事前绩效评估管理暂行办法》 是□ 否□				
	是否采用了科学合理的绩效考核指标和评估方法 是□ 否□				
	是否按照专家评估会流程开展 是□ 否□				
	是否对项目相关资料进行了客观评估 是□ 否□				
对于专家评估工作组的监督意见	是否对项目进行了深入了解和核实 是□ 否□				
	是否提出客观、公正的意见和建议 是□ 否□				
对事前绩效评估工作的其他建议					
监督人（签名）：			填写时间：		

第 9 章
项目绩效跟踪

SECTION 9.1
绩效跟踪概述

绩效跟踪是预算绩效管理的重点之一，是指根据确定的项目绩效目标，通过动态或定期采集项目管理信息和项目绩效运行信息，对项目管理的各相关内容和目标要求的完成情况进行跟踪，并在归纳分析的基础上，及时、系统地反映预算执行过程中项目绩效目标的运行情况和实现程度，纠正绩效运行偏差，确保绩效目标如期保质保量实现的管理活动。

2011年7月，财政部发布了《关于推进预算绩效管理的指导意见》（财预〔2011〕416号），提出要"逐步建立'预算编制有目标、预算执行有监控、预算完成有评价、评价结果有反馈、反馈结果有应用'的预算绩效管理机制"。2016年7月，财政部办公厅发布了《关于开展2016年度中央部门项目支出绩效目标执行监控试点工作的通知》（财办预〔2016〕85号），通知中提到"绩效目标执行监控是全过程预算绩效管理的关键环节，也是确保中央部门实现绩效目标、落实绩效主体责任的重要手段"，并对绩效目标执行监控的主要内容提出了要求。2018年9月，中共中央、国务院发布的《关于全面实施预算绩效管理的意见》提出"各级政府和各部门各单位对绩效目标实现程度和预算执行进度实行'双监控'，发现问题要及时纠正，确保绩效目标如期保质保量实现。各级财政部门建立重大政策、项目绩效跟踪机制，对存在问题严重的政策、项目要暂缓或停止预算拨款，督促及时整改落实"。随着预算绩效管理要求的不断提高，绩效跟踪内容从项目支出绩效监控扩展到了政策绩效运行监控。

SECTION 9.2
绩效跟踪对象

项目支出绩效跟踪主要针对预算部门（单位）在预算年度内实施的财政支出项目，在年初时将项目相应的年度计划及目标连同预算一同上报主管部门及财政部门，年中时主管部门或财政部门对该类项目进行绩效运行监控，主要通过对项目的产出／效果，以及为实现绩效目标所需要的保障制度、措施和工作计划等进行监控，及时、系统地反映预算执行过程中项目绩效目标的运行情况和实现程度，纠正绩效运行偏差，确保项目正常开展，完成全年既定绩效目标。

SECTION 9.3
绩效跟踪目的和意义

绩效跟踪的目的，是便于财政部门和预算部门（单位）动态了解项目预算执行及实施情况，促使实施方案落地。绩效运行监控过程主要包括：通过梳理各阶段的实施内容，明确各阶段的目标；通过比较目标实现情况，找出未达成目标的"元凶"，发现管理漏洞；通过分析目标完成情况，对项目完成的可能性进行科学判断；通过及时纠偏整改，推动项目实施回到预期的轨道，确保绩效目标的实现。由此可见，绩效跟踪是促进绩效目标实现的重要举措，越来越受到财政部门和预算部门（单位）的重视，成为预算绩效管理中的必要环节。绩效跟踪的目的和意义主要体现在以下四个方面：

1. 绩效跟踪是提高绩效目标合理性、保障绩效目标实现的重要措施

绩效跟踪与绩效目标关系密切，一方面，绩效跟踪以绩效目标为依据，紧紧围绕绩效目标开展；另一方面，规范的绩效跟踪可提高绩效目标与项目实际的契合度。在绩效运行监控实施过程中，若发现项目执行与目标存在偏差，可分析偏差情况和原因，采取纠偏措施，保障绩效目标实现，并及时消除已产生偏差造成的负面效应，防止和预防类似问题的再次发生。

2. 绩效跟踪是促进财政和预算部门（单位）绩效责任落实的重要措施

财政部门是资金监管方，但在工作开展过程中存在一定的"重分配轻管理"的情况；预算部门（单位）是资金使用方，在实际工作中存在一定的"重支出轻绩效"的情况。尽管两者在预算绩效管理中扮演的角色不同，但在预算绩效管理中均承担着相应责任。通过绩效跟踪，可以克服"问题不被发现，或者发现相对滞后导致整改问题难度增加"等弊端，有助于财政部门合理管理资金，提高部门（单位）管理及决策的能力，对打造"高效政府"有着重要的现实意义。

3. 绩效跟踪是规范资金使用、保障预算执行进度的重要举措

首先，绩效跟踪的核心体现为，监督资金拨付和使用情况，对加强预算执行、明确预算支出责任都具有促进作用，符合预算执行管理要求；其次，绩效运行监控强调在项目实施过程中进行动态跟踪，以随时了解项目实施情况、绩效目标的实现情况和纠偏措施的执行情况，强调"动态监控"。以上两方面均呼应了加强预算执行动态监控、对资金使用的安全性和合规性进行监控的要求，能够对提升资金使用效率起到促进作用。

4. 绩效跟踪是加强国库资金管理、辅助政府决策的重要举措

在现今全面推进财政国库集中支付制度改革的情况下，加强财政国库管理，建立预警高效、反馈迅速、纠偏及时、控制有力的预算执行动态监控体系是国库管理的重要内容。与单纯对资金监控相比，绩效跟踪这个项目信息，对于资金的监控管理及相关决策能形成有效的支撑，对财政国库支付各环节的支付信息进行判断、分析、处理，可及时纠正违规支付行为，强化预算支出执行监管，防范资金使用风险。

SECTION 9.4
绩效跟踪组织形式

1. 自行实施

绩效管理主体可根据本地预算绩效管理的相关要求和规定，自行实施绩效跟踪工作。预算部门（单位）是预算资金使用的主体，自行实施也应当是绩效跟踪管理的主要形式。

2. 委托第三方实施

针对重点项目和重大政策，绩效管理主体组织开展绩效运行监控可以根据需要聘用和委托中介机构等第三方实施。

通过政府采购方式选择第三方实施绩效跟踪的，要根据国家相关规定与第三方签订服务合同，明确双方的权利和义务，严格按照合同规定和要求执行。必要时，可根据项目特征在合同中明确特殊条款，确保委托工作效率。

SECTION 9.5

绩效跟踪核心内容

在项目支出绩效跟踪工作开展过程中,预算部门(单位)要建立绩效监控机制,对当年项目预算过程中通过绩效目标评审的项目和上年结转的跨年度项目,针对其预算执行过程中的项目管理情况、目标实现程度、目标偏差和纠偏情况、目标实现可能性等进行跟踪。

项目管理情况主要是指项目的投入及保障项目各阶段有效实施的各项制度的健全性和执行有效性,包括为保障项目实施所投入的人财物及项目管理制度、财务管理制度、政府采购、内部操作规程、质量监督与控制等相关制度。重点关注完成绩效目标所需要的各种资源成本消耗情况、支付标准、支付进度和政府采购程序等方面的规范性。

目标实现程度主要是指项目实施进度,包括项目产出、效果等绩效目标的阶段性完成情况。

目标偏差情况主要跟踪监控项目组织实施、项目绩效等重点目标在跟踪期内的完成情况,与项目整体计划和阶段性工作进行比对,判断跟踪期内目标的偏差情况,通过对偏差情况的分析,预计项目实现全面目标的风险。假如存在风险情况,提出纠偏意见,保证项目达到计划目标。

目标纠偏情况主要跟踪纠偏措施的制定和整改落实情况，关注预算部门（单位）是否已经采取有效纠偏措施，以及纠偏措施落实的有效性。

目标实现可能性主要通过跟踪阶段相关数据的分析和归纳总结，预测年度绩效目标完成的可能性，对年度工作计划和目标进行回应。

SECTION 9.6
绩效跟踪程序

1. 确认绩效目标

确定绩效目标是否需要修正、调整。根据项目的分析和调研情况，对项目绩效目标进行更加准确、具体、全面的描述，修正、调整原填报内容，形成准确、合理的项目绩效目标，保证绩效运行监控过程中项目绩效目标的合理性。绩效目标应当按照以下思路设定：

（1）按照"合法、合规、合理"的要求，从产出、效果、目标保障情况、影响力等维度对项目的总目标和分目标进行重新确定。

（2）确认目标值。结合预算安排、类似项目的历史数据及行业标准，对项目绩效目标的目标值进行再确认。来源主要有：计划目标——项目计划书、工作方案等；历史标准——采用历史平均水平；行业标准——行业统一标准；经验标准——结合类似项目实践及专家经验。在项目开展过程中发生内容变更的，可对绩效目标及目标值进行重新修订确认。

2. 选取指标

主要包括三个方面：确定监控指标、确定阶段性目标值和确定监控频率。

（1）确定监控指标。

监控指标就是项目考核指标。主要依据《项目支出绩效目标申报表》设定的预期目标作为监控指标。操作时要求项目组事先开展绩效目标研究，细化项目产出指标和效果指标，在项目实施过程中随时对照相关指标进行分析，及时发现问题，纠正出现的偏差，确保项目按照预期目标顺利实施。

（2）确定阶段性目标值。

项目组应当将项目产出指标和效果指标按照时间进度和支出进度两个维度进行分解，细化项目实施节点，明确项目实施阶段性目标值。根据产出进度和预算支出进度随时分析阶段性目标值完成情况，及时采取必要的措施和方法促进项目阶段性目标值的全面完成。

（3）确定监控频率。

项目组应当根据项目实施的时间长短和设定的阶段性目标值确定项目监控频率。监控频率应当重点关注监控效率和效果，既不可过少，导致出现影响阶段性目标值完成的问题时不能及时发现和处置，造成项目整体绩效目标完成质量降低；又不能安排得过密，以免干扰项目实施进度，同时也增加项目组支出成本。

3. 实施监控

开展案头和实地数据采集。依据确认的绩效目标，对项目进行调研，收集项目信息，确定项目跟踪值及跟踪期内实际完成值，填制跟踪分析表（详见"9.7 绩效跟踪报告"）。根据项目进展过程和预算执行情况，结合事先确定的关键事项和关键跟踪绩效指标，进行案头跟踪和实地跟踪，采集案头数据和实地数据，两者形成对照补充。

4. 偏差分析

分析偏差情况及原因，预测全年完成的可能性。确认好每一个指标对应的实际值之后，将实际值与目标值进行比较，若发现绩效运行偏差，分析偏差原因，填制跟踪分析表。"实际值"需要按照项目完成的实际情况进行填写，对照应完成的绩效目标描述偏差情况；若存在偏差情况，需根据偏差情况总结"偏差原因"（偏差原因一般与项目管理进行关联分析）；通过对偏差原因的归纳，分析预测项目全年绩效目标完成的可能性，以供部门（单位）进行决策。

5. 初步结论

若存在偏差，提出纠偏路径。依据偏差分析，结合项目实际，提出纠偏建议并明确纠偏措施，主要从预算执行进度、财务管理、项目管理和目标调整等方面提出与主要问题紧密结合的、具体的、可操作的改进建议和措施。

6. 纠偏落实

偏差可控，改进偏差过大，暂缓或停止拨款。绩效跟踪与设定的绩效目标要求发生较大偏离时，绩效跟踪主体应及时查找问题、分析原因、采取措施、及时纠偏。绩效跟踪有重大偏离的，绩效跟踪主体应将相关情况及时上报主管部门或财政等相关职能部门，进入整改程序，对绩效跟踪中发现的问题进行必要的改进，对偏差较大的项目采取必要的干预措施等。对绩效跟踪发现无绩效或低绩效的项目，要按规定调整执行或停止执行。此外，为保证绩效运行监控能够实现及时纠偏，在纠偏路径提出之后，预算部门（单位）应及时进行落实，以对后续的项目实施起到促进作用，最终保证项目整体开展结果达到项目设定初衷。

7. 结果公开

根据纠偏情况形成正式报告，并按要求予以公开。

SECTION 9.7
绩效跟踪报告

为了让财政部门、预算主管部门（单位）和预算单位对绩效跟踪的结果有更全面的了解，往往通过报告的形式形成绩效跟踪的结论。绩效跟踪报告主要包含以下内容：

（1）绩效跟踪工作组织实施情况；

（2）年度预算执行情况；

（3）绩效目标完成情况；

（4）存在的问题及原因分析；

（5）下一步改进的工作建议。

财政支出绩效跟踪报告请见下面的参考模板。

财政支出绩效跟踪报告

一、绩效跟踪工作组织实施情况

（包括绩效跟踪工作组织机构设置、职责分工、工作计划、计划实施情况等。）

二、年度预算执行情况

（年度预算的执行情况及分析。）

三、绩效目标情况及分析

（一）绩效目标完成情况

（部门整体支出及项目支出绩效目标完成情况，与预期完成情况的偏离程度。）

（二）原因分析

（对绩效跟踪过程中发现的问题进行原因分析。包括：绩效跟踪工作组织管理中存在的问题及原因分析；预算执行绩效与绩效目标偏离的原因分析等。）

四、意见和建议

（包括：对绩效跟踪过程中发现的问题提出整改措施，下一步改进本部门的绩效跟踪组织、管理实施方式等的思路。）

五、其他需要说明的问题

附件：×××项目支出绩效跟踪分析表

×××项目支出绩效跟踪分析表

项目名称：　　　　　　　　　　　　项目金额：

绩效跟踪分析要点	绩效跟踪分析情况	工作要点与填写说明
1.项目初始绩效目标		列出预算批复时的项目绩效目标，要明确、细化、量化。

续表

绩效跟踪分析要点	绩效跟踪分析情况	工作要点与填写说明
2. 项目调整情况		说明项目实施方案、预算等是否发生了调整及调整内容。
3. 绩效目标调整情况		对照初始绩效目标，提出需细化补充的绩效指标和应修改的绩效目标，并说明原因。
4. 项目资金到位情况及资金支出情况		（1）项目申报单位向资金使用单位拨付资金是否足额、及时。 （2）截至20××年××月××日资金支付情况。
5. 项目财务管理情况		不填。
6. 制度建设及执行		是否建立了项目管理制度和必要的实施方案，是否按制度实行。列出具体文件名称和文号，提供电子版。
7. 组织机构情况		项目管理执行机构是否健全、人员分工是否明确，列出项目实施组织架构图和职责分工。
8. 项目进度情况		说明项目实际进度与预期进度相比是否存在滞后，影响原因是什么，能否按原计划完成项目。如不能按原计划完成，说明调整方式和新的项目进度安排。
9. 阶段性完成情况（6月）		说明项目已完成的产出和已实现的效益，并分析绩效目标实现程度。
10. 预算执行与绩效目标偏离的原因分析		预算执行绩效与绩效目标偏离的原因分析。

项目负责人：　　　　　联系电话：　　　　　填写日期：

第10章
部门整体预算支出绩效评价

SECTION 10.1
部门整体预算支出绩效评价核心内容

部门整体预算支出绩效评价的核心是对部门职能职责的完成情况进行评价。通过开展部门整体预算支出绩效评价，促进部门从整体上提升预算绩效管理工作水平，强化部门支出责任，规范资金管理行为，提高财政资金使用效益，保障部门更好地履行职责。

SECTION 10.2
部门整体预算支出绩效评价程序

1. 绩效评价准备

召开绩效评价布置会，学习绩效评价相关文件并对部门总体预算支出绩效评价指标进行解读，统一评价标准，制定评价计划实施方案，确定绩效评价完成时间，成立绩效评价小组，负责评价工作的组织和具体实施。

2. 绩效评价实施阶段

根据部门整体预算支出绩效评价指标，编制资料清单并下发至被评价部门，收集和查阅相关材料，结合评价指标初步确定评价分值。绩效评价小组对单位报送的部门整体预算支出绩效自评情况进行检查核实，必要时采用适当的方式开展现场评价。

3. 撰写绩效评价报告阶段

绩效评价小组依据收集的基础资料、社会调查和现场评价情况，对单位全年预算部门整体支出情况进行分析，编写《部门整体支出绩效评价报告（初稿）》。

4. 交换意见阶段

提交《部门整体支出绩效评价报告（初稿）》征求被评价单位和有关部门意见，沟通报告内容，被评价单位无异议后报请本公司内部质量控制部门进行审核，审核批准后正式出具《××××年度部门整体支出绩效评价报告》。

SECTION 10.3
部门整体预算支出绩效评价体系

评价内容主要是部门财政支出管理情况,具体从资金的投入、过程、产出和效果这四个方面进行评价,评价得分采用百分制。

10.3.1 预算投入

预算投入板块共18分。

主要评价各部门资金分配、使用情况,从目标设定、预算配置两方面进行评价。其中,目标设定占16分,包括部门职责明确性、中期财政规划明确性、部门年度绩效目标设立合理性和部门绩效自评项目占比率4个指标;预算配置占2分,主要是在职人员控制率指标。具体包括以下内容:

1. 部门职责明确性(2分)

被评价单位职责设定是否符合"三定"方案中所赋予的职责,用以反映和评价部门工作的目的性与计划性。

评分标准：

（1）符合，得2分；

（2）不符合，得0分。

取数标准：将项目库系统中部门职责设定情况与部门"三定"方案中的职责进行比较，核对两者是否一致。如项目库系统中部门职责设定有与"三定"方案中的职责范围不相符的，则得0分。部门职责设定情况可在部门项目库中查询。

2. 中期财政规划明确性（5分）

被评价单位是否依据部门职责与工作内容编制了部门中期（三年）财政规划，规划是否完整、具体，是否能够明确反映和考核部门自身的中期发展要求。

评价要点：

（1）编制了客观的中期财政规划；

（2）设定了明确的中期目标值。

评分标准：

符合第一项得3分，符合第二项得2分。

取数标准：部门报送的部门中期（三年）财政规划材料核实。

3. 部门年度绩效目标合理性（4分）

被评价单位是否依据年度工作任务设立了年度绩效目标，绩效目标是否完整、合理、量化，能够反映和考核部门年度工作绩效的明确性与合理性。

评价要点：

（1）年度绩效目标与年度工作任务相匹配；

（2）年度绩效目标的设立全面、简洁；

(3)设立了量化的绩效目标值;

(4)绩效目标值的数据统计方法科学合理。

评分标准:

符合一项得1分。

取数标准:取政府财政管理系统(GFMIS)的职能职责绩效目标与年度工作计划。

4. 部门绩效自评项目占比率(5分)

部门绩效自评项目占比率指被评价单位自评项目在所有项目中所占的份额,用以反映和评价部门对项目自评的重视程度。

评分标准:

得分=占比率×该指标分值。

解释说明:

占比率=(自评项目个数/所有项目个数)×100%。

部门支出项目绩效自评范围:本年度列入本级财政预算安排的项目。

取数标准:"自评项目个数"以部门提供的项目自评报告为准。"所有项目个数"按项目库纳入自评的项目数量计算。

5. 在职人员控制率(2分)

在职人员控制率指被评价单位本年度实际在职人员数与编制数的比率,用以反映和评价部门对人员成本的控制程度。

评分标准:

(1)在职人员控制率小于或等于100%的,得满分;

(2)在职人员控制率大于或等于115%的,得0分;

(3)在职人员控制率在100%~115%之间的,在0分和满分之间计算确定:

得分 =[max（在职人员控制率）*- 某部门在职人员控制率**]/[max（在职人员控制率）-min（在职人员控制率）***] × 该指标分值。

解释说明：

* max（在职人员控制率）指区间内各部门在职人员控制率最高值，此处为115%。

** 某部门在职人员控制率 =（在职人员数/编制数）×100%。

在职人员数：部门实际在职人数，以财政部确定的部门决算编制口径为准，由编制部门和人劳部门批复同意的临聘人员除外。

编制数：机构编制部门核定批复的部门人员编制数。

*** min（在职人员控制率）指区间内各部门在职人员控制率最低值，此处为100%。

取数标准：取部门决算报表中在职人员数和编制数。（由组织部门批复同意的临聘人员、单位自行聘用的人员以及不带编进来的军转干部不计算在内。）

10.3.2 管理过程

管理过程板块共48分。

从预算执行、预算管理、资产管理这三方面进行评价，其中预算执行占33分，包括预算完成率、预算调整率、支付进度率、当年结转结余率、公用经费控制率、存量资金控制率、政府采购执行率7个指标；预算管理占9分，包括资金使用合规性、基础信息完善性2个指标；资产管理占6分，包括资产管理完整性和固定资产利用率2个指标。

1. 预算完成率（5分）

通过对被评价单位本年度预算完成数与年度预算数的比较，反映被评价部门预算的完成程度。

评分标准：

（1）预算完成率大于或等于95%的，得满分；

（2）预算完成率小于或等于85%的，得0分；

（3）预算完成率在85%~95%之间的，在0分和满分之间计算确定：

得分=（预算完成率-85%）/（95%-85%）×该指标分值。

某部门预算完成率=（预算完成数/预算数）×100%。

预算完成数是指部门本年度实际完成的预算数。

预算数是指财政部门批复的本年度部门预算数。

取数标准：取部门决算报表《收入支出决算总表》里面的数据，预算数取本年收入合计的调整预算数，预算完成数取本年收入合计的决算数。

2. 预算调整率（5分）

指被评价单位本年度预算调整数与预算数的比率，用以反映被评价单位预算的调整程度。

评分标准：

（1）预算调整率等于0的，得满分；

（2）预算调整率大于或等于10%的，得0分；

（3）预算调整率在0~10%之间的，在0分和满分之间确定：

得分=（10%-预算调整率）/（10%-0）×该指标分值。

预算调整率=（预算调整数/预算数）×100%。

预算调整数：部门在本年度内涉及预算的追加、追减或结构调整的资金总和（因落实国家政策、发生不可抗力、上级部门或本级党委政府临时交办而产生的调整除外）。

取数标准：预算调整数取绝对值。工资调整、财政部门年底收回不算预算调整。两个不同项目间调剂，只计算一次。

3. 支付进度率（8分）

指被评价单位季度支付率与全市平均季度支付率的比率，用以反映被评价单位预算执行的及时和均衡程度。

评分标准：

总得分 $w=\sum_{i=1}^{n}y_i$（$i=1$，2，3，4；$n=4$）

（1）x_i 大于80%时，得分 $=2\times[(x_i-80\%)/(\max(x_i)-80\%)]$；

（2）x_i 小于或等于80%时，$y_i=0$。

解释说明：

w 表示全年支付进度率累计得分，y_i 表示单季度支付进度率得分，x_i 为本部门季度支付进度率与全市季度支付进度率的比值，i 的取值为1，2，3，4，表示各个单季度。

$x_i=$（部门季度累计支付数／部门年度预算数）／（全市季度累计支付数／全市年度预算数）×100%

$\max(x_i)$ 是指当季部门支出进度与全市支出进度比值的最大值。

取数标准：取 GFMIS 系统的可执行部门年度预算数，全市进度平均分为 ＿＿，max 为 ＿＿。

4. 当年结转结余率（4分）

通过对被评价单位当年度结转结余总额与当年度支出预算数的比较，反映被评价单位该年度对结转结余资金的实际控制程度。

评分标准：

（1）当年结转结余率等于0的，得满分；

（2）当年结转结余率大于或等于50%的，得0分；

（3）当年结转结余率在0～50%之间的，在0和满分之间计算确定：

得分=（50%-当年结转结余率）/（50%-0）×该指标分值。

某部门当年结转结余率=（当年结转结余总额/当年支出预算数）×100%。

结转结余总额是指当年的结转资金与结余资金之和（以决算数为准），该数据国库可查。

支出预算数是指财政部门批复的当年度支出预算数。

取数标准：当年决算报表中的结余结转数，支出预算数取决算报表中调整预算数的本年收入总计数。

5.公用经费控制率（5分）

通过被评价单位本年度实际支出的公用经费总额与预算安排的公用经费总额之比，反映被评价单位对机构运转成本的实际控制程度。

评分标准：

（1）公用经费控制率小于或等于100%的，得满分；

（2）公用经费控制率大于或等于105%的，得0分；

（3）公用经费控制率在100%～105%之间的，在0和满分之间计算确定：

得分=（105%-某部门公用经费控制率）/（105%-100%）×该指标分值。

某部门公用经费控制率=（实际支出公用经费总额/预算安排公用经费总额）×100%。

公用经费是指行政（事业）单位为了完成工作任务而用于单位公共事务方面的费用，不涵盖人员经费。按照财政预算支出科目具体分为公务费、设备购置费、修缮费、业务费和其他支出等。

取数标准：本年度实际支出的公用经费总额取部门决算报表《一般公共预算财政拨款基本支出决算明细表》中的合计数减去工资福利支出

小计、对个人和家庭补助支出小计的差。预算安排的公用经费总额取《收入支出决算总表》中的日常公用经费的调整预算数。

6. 存量资金控制率（3分）

以被评价单位的实有资金、零余额账户的结转结余2年以上资金的本年度期末余额与上年度期末余额的变动率，进行评价。

（1）存量资金压减率大于或等于20%的，得3分；压减率小于或等于0的，得0分；

（2）压减率在0~20%之间的，按公式计算确定：

得分 = 某部门年末存量资金压减率 ÷ 20% × 分值。

某部门存量资金压减率 =〔1-（本年度存量资金期末余额 ÷ 上年度存量资金期末余额）〕× 100%。

取数标准：取部门的实有资金账户、GFMIS系统可执行指标执行明细表的权责发生制数。

7. 政府采购执行率（3分）

指本年度实际政府采购预算项目金额与政府采购预算项目金额的比较，反映被评价单位政府采购预算执行情况。

政府采购执行率 =（政府采购年初预算实际采购金额 / 政府采购预算金额）× 100%。

政府采购预算：采购单位根据事业发展计划和行政任务编制的、并经过规定程序批准的年度政府采购计划。

政府采购执行率达到95%及以上的，得3分；低于95%的，以政府采购执行率 /95% × 分值计算得分。

取数标准：实际政府采购预算项目个数以采购审批表、招标文件为准；政府采购预算项目个数取项目库系统中的数据。年中增加需要实施政府采购的项目不计算在内。评分标准改用以下公式计算：（实际政府采购预算金额/年初政府采购预算金额）× 分值，不用上述评分标准。单位年初没有政府采购项目的，按满分给分。

8. 资金使用合规性（5分）

指被评价单位使用预算资金是否符合相关的预算财务管理制度的规定，反映被评价单位预算资金的规范运行情况。

评价要点：

（1）符合国家财经法规和财务管理制度规定以及有关部门资金管理办法的规定；

（2）资金的拨付有完整的审批过程和手续；

（3）项目的重大开支经过评估论证；

（4）符合部门预算批复的用途；

（5）不存在截留情况；

（6）不存在挤占情况；

（7）不存在挪用情况；

（8）不存在虚列支出情况。

评分标准：

符合全部八项的，得5分；

符合其中七项的，得4分；

符合其中六项的，得3分；

符合其中五项的，得2分；

符合其中四项及以下的，得0分。

取数标准：取审计报告、会计信息质量检查情况或部门当年度政府财务报告核实。

9. 基础信息完善性（4分）

指部门基础信息是否完善，用以反映和评价基础信息对预算管理工作的支撑情况。

评价要点：

（1）基本财务管理制度健全；

（2）基础数据信息和会计信息资料真实；

（3）基础数据信息和会计信息资料完整；

（4）基础数据信息和会计信息资料准确。

评分标准：

符合全部四项的，得4分；

符合其中三项的，得2分；

符合其中两项的，得1分；

符合其中一项及以下的，得0分。

取数标准：取部门当年度政府财务报告或抽查部门基础信息核定。

10. 资产管理完整性（3分）

指被评价单位的资产是否保存完整、使用合规、收入及时足额上缴，用以反映被评价单位资产运行情况。

评价要点：

（1）资产保存完整；

（2）资产账实相符；

（3）资产有偿使用及处置收入及时足额上缴。

评分标准：

符合全部三项的，得3分；

符合其中两项的，得2分；

符合其中一项的，得1分；

符合零项的，得0分。

因涉密等客观原因无法造册入账的资产，不纳入该指标考核范围。

取数标准：如果资产过多，可以采取抽查的方式，抽查比例应为30%以上。

11. 固定资产利用率（3分）

指被评价单位实际在用固定资产总额与所有固定资产总额的比率，用以反映和评价被评价单位固定资产使用效率。

评分标准：

（1）固定资产利用率大于或等于95%的，得满分；

（2）固定资产利用率小于或等于85%的，得0分；

（3）固定资产利用率在85%～95%之间的，在0和满分之间计算确定：

得分=（固定资产利用率-85%）/（95%-85%）× 该指标分值。

某部门固定资产利用率=（实际在用固定资产总额/所有固定资产总额）× 100%。

取数标准：以账面固定资产和实际在用固定资产进行核算。如果固定资产数量众多，可分类别各抽检40件固定资产核算出类别固定资产利用率，再加权平均计算总体固定资产利用率。

10.3.3 运行产出

运行产出板块共24分。

产出即资金投入的结果，通过项目实际完成率、项目质量达标率、部门绩效目标完成率3个指标对被评价单位履职情况进行评价。

1. 项目实际完成率（6分）

指被评价单位实际完成的预算项目数与计划完成的预算项目数的比率，用以反映和评价被评价单位履职任务的实现程度。

评分标准：

（1）预算项目实际完成率大于或等于95%的，得满分；

（2）预算项目实际完成率小于或等于85%的，得0分；

（3）预算项目实际完成率在85%～95%之间的，在0和满分之间计算确定：

得分=（某部门预算项目实际完成率-85%）/（95%-85%）× 该指标分值。

某部门项目实际完成率=（实际完成预算项目数/计划完成预算项目数）×100%。

由于自然灾害等客观原因造成进度滞后的预算项目，提供了相关证明材料的除外。

取数标准：项目实际完成情况以项目验收为准。没有组织验收的，以项目单位报送的项目进展情况确定。如无法确定项目是否完工，以项目资金使用达到90%以上的视作项目完成。

2. 项目质量达标率（6分）

指被评价单位已完成项目中质量达标项目个数占已完成项目个数的比率，用以反映和评价被评价单位履职质量目标的实现程度。

评分标准：

（1）项目质量达标率等于100%的，得满分；

（2）项目质量达标率小于或等于99%的，得0分；

（3）项目质量达标率在99%～100%之间的，在0和满分之间计算确定：

得分=（项目质量达标率-99%）/（100%-99%）× 该指标分值。

某部门项目质量达标率=（已完成项目中质量达标项目个数/已完成项目个数）×100%。

项目质量达标是指项目验收合格。

取数标准：已完成项目中质量达标项目个数可通过验收报告或自评报告来确定，可适当抽检部分项目进行核对；如没有验收报告、自评报告，可参考部门工作总结或其他相关资料核定，但须做出必要的说明。目前暂定项目完成了就可认为质量达标。

3. 部门绩效目标完成率（12分）

指被评价单位绩效目标的完成程度，用以反映被评价单位履职的完成程度。

部门绩效目标完成率=（已完成的绩效目标数/年初设定的绩效目标数）×100%。

评分标准：

（1）部门绩效目标完成率大于或等于95%的，得满分；

（2）部门绩效目标完成率小于或等于60%的，得0分；

（3）部门绩效目标完成率在60%～95%之间的，在0和满分之间计算确定：

得分=（绩效目标完成率-60%）/（95%-60%）× 该指标分值。

此指标可依据相应部门绩效目标实现过程及结果的实际情况进行合理修正，以便客观公正地考核部门履职目标的完成情况。

取数标准：取项目库系统中填报的部门绩效目标。

10.3.4 运行效果

运行效果板块共 10 分。

开展部门预算绩效管理工作核查评价，综合反映部门对预算绩效管理工作的重视程度和取得的成效；开展社会公众满意度调查以了解部门履职效果。部门预算绩效管理工作评价和社会公众满意度各占 5 分。

1. 部门预算绩效管理工作评价（5 分）

指被评价单位开展预算绩效管理工作的评价结果，用以反映被评价单位对预算绩效管理工作的重视程度和取得的成效。

评分标准：

（1）财政部门对被评价单位绩效管理工作开展情况进行核查评价，包括绩效目标管理、绩效执行监控、绩效自评和评价结果应用等情况，按百分制。

（2）以部门为单位进行综合计算，得出各部门绩效管理工作评价结果。

综合得分 =（部门绩效管理工作评价结果 /100）×5 分。

取数标准：按财政局每年组织对部门绩效目标管理、绩效执行监控、项目绩效自评、部门整体支出绩效自评和评价结果应用等情况核查评价的结果计算。各部门当年度绩效管理工作评价结果由财政局提供给中介机构进行打分评价。

2. 社会公众满意度（5 分）

通过问卷调查了解社会公众对解决民众关心的热点问题、办事效率、工作态度、廉洁廉政等方面的满意程度，反映和评价被评价单位支出所带来的社会效益。

按照满意度调查的优秀、良好、合格、不合格给予该项指标打分：

优秀（5分）；良好（3分）；合格（1分）；不合格（0分）。

取数标准：按《××财政局关于印发部门整体支出绩效评价方案的通知》确定的满意度调查问卷份数进行。在评价报告中要体现满意度调查内容、发放人员类别、发放份数、回收份数、有效份数、各项满意度比例等情况。

SECTION 10.4

部门整体预算支出绩效评价报告

部门整体预算支出绩效评价报告请见下面的参考模板（部分标题下具体内容略）。

××××年度部门整体支出绩效评价报告

×××单位

××专字〔20××〕×××号

绩效评价结果

评价准则	分值	实际得分
投入	18分	
过程	48分	
产出	24分	
效果	10分	
总分	100分	

绩效评级：总分≥90，优；90＞总分≥80，良；80＞总分≥60，中；总分＜60，差。

评价小组：

组长：

成员：

目 录

1. 引言 ·· 1
   1.1 单位职责概述 ··· 1
   1.2 单位支出描述 ··· 3
   1.3 单位项目实施情况 ··· 4
2. 绩效评价概述 ··· 4
   2.1 绩效评价目的 ··· 4
   2.2 绩效评价实施过程 ··· 4
      2.2.1 准备阶段 ·· 4
      2.2.2 现场实施阶段 ·· 4
      2.2.3 汇总阶段 ·· 5
   2.3 绩效评价的局限性 ··· 5
3. 单位整体支出绩效评价分析 ·· 5
   3.1 投入 ·· 5
      3.1.1 部门职责明确性（2分） ··· 5
      3.1.2 中期财政规划明确性（5分） ··································· 6
      3.1.3 部门年度绩效目标合理性（4分） ···························· 6
      3.1.4 部门绩效自评项目占比率（5分） ···························· 7
      3.1.5 在职人员控制率（2分） ··· 8
   3.2 过程 ·· 9
      3.2.1 预算完成率（5分） ·· 9
      3.2.2 预算调整率（5分） ·· 10
      3.2.3 支付进度率（8分） ·· 11
      3.2.4 当年结转结余率（4分） ······································· 12
      3.2.5 公用经费控制率（5分） ······································· 13

3.2.6　存量资金控制率（3分） …………………………………… 14
3.2.7　政府采购执行率（3分） …………………………………… 15
3.2.8　资金使用合规性（5分） …………………………………… 16
3.2.9　基础信息完善性（4分） …………………………………… 16
3.2.10　资产管理完整性（3分） ………………………………… 17
3.2.11　固定资产利用率（3分） ………………………………… 18
3.3　产出 ………………………………………………………………… 20
3.3.1　项目实际完成率（6分） …………………………………… 20
3.3.2　项目质量达标率（6分） …………………………………… 21
3.3.3　部门绩效目标完成率（12分） …………………………… 22
3.4　效果 ………………………………………………………………… 23
3.4.1　部门预算绩效管理工作评价（5分） …………………… 23
3.4.2　社会公众满意度（5分） …………………………………… 24
4. 需要说明的事项 ………………………………………………………… 25
5. 绩效评价结论 …………………………………………………………… 25
5.1　绩效评价得分 ……………………………………………………… 25
5.2　存在的绩效问题 …………………………………………………… 26
6. 经验教训与建议 ………………………………………………………… 27
6.1　经验教训 …………………………………………………………… 27
6.2　建议 ………………………………………………………………… 27

附件：部门整体支出绩效评价指标体系评分表 ………………………… 30

×××单位
××××年度部门整体支出绩效评价报告

××专字〔20××〕×××号

1. 引言

1.1 单位职责概述

1.2 单位支出描述

1.3 单位项目实施情况

2. 绩效评价概述

2.1 绩效评价目的

2.2 绩效评价实施过程

2.2.1 准备阶段

2.2.2 现场实施阶段

2.2.3 汇总阶段

2.3 绩效评价的局限性

3. 单位整体支出绩效评价分析

3.1 投入

得分情况：

评价准则	分值	得分
部门职责明确性	2分	
中期财政规划明确性	5分	
部门年度绩效目标合理性	4分	
部门绩效自评项目占比率	5分	
在职人员控制率	2分	
合计	18分	

3.1.1 部门职责明确性（2分）

部门的职责设定是否符合"三定"方案中所赋予的职责，用以反映和评价部门工作的目的性与计划性。

评分标准：

符合，得2分；

不符合，得0分。

数据来源：（略）

指标得分：（略）

绩效分析：（略）

3.1.2 中期财政规划明确性（5分）

部门是否依据部门职责与工作内容编制了部门中期（三年）财政规划，规划是否完整、具体，是否能够明确反映和考核部门自身的中期发展要求。

评价要点：

（1）编制了客观的中期财政规划；

（2）设定了明确的中期目标值。

评分标准：符合第一项得3分，符合第二项得2分。

数据来源：（略）

指标得分：（略）

绩效分析：（略）

3.1.3 部门年度绩效目标合理性（4分）

部门是否依据年度工作任务设立了年度绩效目标，绩效目标是否完整、合理、量化，能够反映和考核部门年度工作绩效的明确性与合理性。

评价要点：

（1）年度绩效目标与年度工作任务相匹配；

（2）年度绩效目标的设立全面、简洁；

（3）设立了量化的绩效目标值；

（4）绩效目标值的数据统计方法科学合理。

评分标准：

符合一项得1分。

数据来源：（略）

指标得分：（略）

绩效分析：（略）

3.1.4 部门绩效自评项目占比率（5分）

指部门自评项目在所有项目中所占的份额，反映和评价部门对项目自评的重视程度。

评分标准：（略）

得分＝占比率×该指标分值。

解释说明：

占比率＝（自评项目个数/所有项目个数）×100%。

部门支出项目绩效自评范围：本年度列入本级财政预算安排的项目。

数据来源：（略）

计算过程：（略）

指标得分：（略）

绩效分析：（略）

3.1.5 在职人员控制率（2分）

指部门本年度实际在职人员数与编制数的比率，用以反映和评价部门对人员成本的控制程度。

评分标准：

（1）在职人员控制率小于或等于100%的，得满分；

（2）在职人员控制率大于或等于115%的，得0分；

(3)在职人员控制率在100%～115%之间的，在0分和满分之间计算确定：

得分=[max（在职人员控制率）*－某部门在职人员控制率**]/[max（在职人员控制率）-min（在职人员控制率）***]×该指标分值。

解释说明：

* max（在职人员控制率）指区间内各部门在职人员控制率最高值，此处为115%。

** 某部门在职人员控制率=（在职人员数/编制数）×100%。

在职人员数：部门实际在职人数，以财政部确定的部门决算编制口径为准，由编制部门和人劳部门批复同意的临聘人员除外。

编制数：机构编制部门核定批复的部门人员编制数。

*** min（在职人员控制率）指区间内各部门在职人员控制率最低值，此处为100%。

数据来源：（略）

计算过程：（略）

指标得分：（略）

绩效分析：（略）

3.2 过程

从预算执行、预算管理、资产管理这三方面进行评价，其中预算执行占33分，包括预算完成率、预算调整率、支付进度率、当年结转结余率、公用经费控制率、存量资金控制率、政府采购执行率7个指标；预算管理占9分，包括资金使用合规性、基础信息完善性2个指标；资产管理占6分，包括资产管理完整性和固定资产利用率2个指标。

得分情况（详见下表）：

评价准则	分值	得分
预算完成率	5分	
预算调整率	5分	
支付进度率	8分	
当年结转结余率	4分	
公用经费控制率	5分	
存量资金控制率	3分	
政府采购执行率	3分	
资金使用合规性	5分	
基础信息完善性	4分	
资产管理完整性	3分	
固定资产利用率	3分	
合计	48分	

3.2.1 预算完成率（5分）

通过对部门本年度预算完成数与预算数的比较，反映和评价部门预算的完成程度。

评分标准：

（1）预算完成率大于或等于95%的，得满分；

（2）预算完成率小于或等于85%的，得0分；

（3）预算完成率在85%～95%之间的，在0分和满分之间计算确定：

得分=（预算完成率-85%）/（95%-85%）×该指标分值。

某部门预算完成率=（预算完成数/预算数）×100%。

预算完成数是指部门本年度实际完成的预算数。

预算数是指财政部门批复的本年度部门预算数。

数据来源：(略)

计算过程：(略)

指标得分：(略)

绩效分析：(略)

3.2.2 预算调整率（5分）

指部门本年度预算调整数与预算数的比率，用以反映和评价部门预算的调整程度。

评分标准：

（1）预算调整率等于0的，得满分；

（2）预算调整率大于或等于10%的，得0分；

（3）预算调整率在0～10%之间的，在0分和满分之间确定：

得分=（10%-预算调整率）/（10%-0）×该指标分值。

预算调整率=（预算调整数/预算数）×100%。

预算调整数：部门在本年度内涉及预算的追加、追减或结构调整的资金总和（因落实国家政策、发生不可抗力、上级部门或本级党委政府临时交办而产生的调整除外）。

数据来源：（略）

计算过程：（略）

指标得分：（略）

绩效分析：（略）

3.2.3 支付进度率（8分）

指部门季度支付率与全市平均季度支付率的比率，用以反映和评价部门预算执行的及时和均衡程度。

评分标准：

总得分 $w=\sum_{i=1}^{n}y_i$（i=1，2，3，4；n=4）

（1）x_i 大于80%时，得分=2×[（x_i-80%）/（max（x_i）-80%）]；

（2）x_i 小于或等于80%时，y_i=0。

解释说明：

w 表示全年支付进度率累计得分，y_i 表示单季度支付进度率得分，x_i 为本部门季度支付进度率与全市季度支付进度率的比值，i 的取值为1，2，

3，4，表示各个单季度。

- x_i =（部门季度累计支付数/部门年度预算数）/（全市季度累计支付数/全市年度预算数）×100%。

$\max(x_i)$ 是指当季部门支出进度与全市支出进度比值的最大值。

数据来源：（略）

计算过程：（略）

指标得分：（略）

绩效分析：（略）

3.2.4 当年结转结余率（4分）

通过对部门当年度结转结余总额与当年度支出预算数的比较，反映和评价该年度部门对结转结余资金的实际控制程度。

评分标准：

（1）当年结转结余率等于0的，得满分；

（2）当年结转结余率大于或等于50%的，得0分；

（3）当年结转结余率在0～50%之间的，在0和满分之间计算确定：

得分=（50%-当年结转结余率）/（50%-0）×该指标分值。

某部门当年结转结余率=（当年结转结余总额/当年支出预算数）×100%。

结转结余总额是指当年的结转资金与结余资金之和（以决算数为准），该数据国库可查。

支出预算数是指财政部门批复的当年度支出预算数。

数据来源：（略）

计算过程：（略）

指标得分：（略）

绩效分析：（略）

3.2.5 公用经费控制率（5分）

通过部门本年度实际支出的公用经费总额与预算安排的公用经费总额之比，反映和评价部门对机构运转成本的实际控制程度。

评分标准：

（1）公用经费控制率小于或等于100%的，得满分；

（2）公用经费控制率大于或等于105%的，得0分；

（3）公用经费控制率在100%～105%之间的，在0和满分之间计算确定：

得分=（105%-某部门公用经费控制率）/（105%-100%）×该指标分值。

某部门公用经费控制率=（实际支出公用经费总额/预算安排公用经费总额）×100%。

公用经费是指行政（事业）单位为了完成工作任务而用于单位公共事务方面的费用，不涵盖人员经费。按照财政预算支出科目具体分为公务费、设备购置费、修缮费、业务费和其他支出等。

数据来源：（略）

计算过程：（略）

指标得分：（略）

绩效分析：（略）

3.2.6 存量资金控制率（3分）

以部门的实有资金、零余额账户的结转结余2年以上资金的本年度期末余额与上年度期末余额的变动率，进行评价。

评分标准：

（1）存量资金压减率大于或等于20%的，得3分；压减率小于或等于0的，得0分；

（2）压减率在0～20%之间的，按公式计算确定：

得分＝某部门年末存量资金压减率÷20%×分值。

某部门存量资金压减率＝[1-（本年度存量资金期末余额÷上年度存量资金期末余额）]×100%。

数据来源：（略）

计算过程：（略）

指标得分：（略）

绩效分析：（略）

3.2.7 政府采购执行率（3分）

指本年度实际政府采购预算项目金额与政府采购预算项目金额的比较，反映和评价部门政府采购预算执行情况。

评分标准：

（1）政府采购执行率＝（政府采购年初预算实际采购金额/政府采购预算金额）×100%。

（2）政府采购预算：采购单位根据事业发展计划和行政任务编制的、并经过规定程序批准的年度政府采购计划。

（3）政府采购执行率达到95%及以上的，得3分；低于95%的，以政府采购执行率/95%×分值计算得分。

数据来源：（略）

计算过程：（略）

指标得分：（略）

绩效分析：（略）

3.2.8 资金使用合规性（5分）

指部门使用预算资金是否符合相关的预算财务管理制度的规定，反映和评价部门预算资金的规范运行情况。

评价要点：

（1）符合国家财经法规和财务管理制度规定以及有关部门资金管理

办法的规定；

（2）资金的拨付有完整的审批过程和手续；

（3）项目的重大开支经过评估论证；

（4）符合部门预算批复的用途；

（5）不存在截留情况；

（6）不存在挤占情况；

（7）不存在挪用情况；

（8）不存在虚列支出情况。

评分标准：

符合全部八项的，得5分；符合其中七项的，得4分；符合其中六项的，得3分；符合其中五项的，得2分；符合其中四项及以下的，得0分。

数据来源：（略）

指标得分：（略）

绩效分析：（略）

3.2.9 基础信息完善性（4分）

指部门基础信息是否完善，用以反映和评价基础信息对预算管理工作的支撑情况。

评价要点：

（1）基本财务管理制度健全；

（2）基础数据信息和会计信息资料真实；

（3）基础数据信息和会计信息资料完整；

（4）基础数据信息和会计信息资料准确。

评分标准：

符合全部四项的，得4分；符合其中三项的，得2分；符合其中两项的，得1分；符合其中一项及以下的，得0分。

数据来源：（略）

评价过程：（略）

指标得分：（略）

绩效分析：（略）

3.2.10 资产管理完整性（3分）

指部门的资产是否保存完整、使用合规、收入及时足额上缴，用以反映和评价部门资产运行情况。

评价要点：

（1）资产保存完整；

（2）资产账实相符；

（3）资产有偿使用及处置收入及时足额上缴。

评分标准：

符合全部三项的，得3分；符合其中两项的，得2分；符合其中一项的，得1分；符合零项的，得0分。

因涉密等客观原因无法造册入账的资产，不纳入该指标考核范围。

数据来源：（略）

指标得分：（略）

绩效分析：（略）

3.2.11 固定资产利用率（3分）

指部门实际在用固定资产总额与所有固定资产总额的比率，用以反映和评价部门固定资产使用效率。

评分标准：

（1）固定资产利用率大于或等于95%的，得满分；

（2）固定资产利用率小于或等于85%的，得0分；

（3）固定资产利用率在85%~95%之间的，在0和满分之间计算确定：得分=（固定资产利用率-85%）/（95%-85%）×该指标分值。

某部门固定资产利用率=（实际在用固定资产总额/所有固定资产

总额）×100%。

数据来源：（略）

计算过程：（略）

指标得分：（略）

绩效分析：（略）

3.3 产出

产出即资金投入的结果，通过项目实际完成率、项目质量达标率、部门绩效目标完成率3个指标对部门履职情况进行评价。

得分情况：

评价准则	分值	得分
项目实际完成率	6分	
项目质量达标率	6分	
部门绩效目标完成率	12分	
合计	24分	

3.3.1 项目实际完成率（6分）

指部门实际完成的预算项目数与计划完成的预算项目数的比率，用以反映和评价部门履职任务的实现程度。

评分标准：

（1）预算项目实际完成率大于或等于95%的，得满分；

（2）预算项目实际完成率小于或等于85%的，得0分；

（3）预算项目实际完成率在85%~95%之间的，在0和满分之间计算确定：

得分=（某部门预算项目实际完成率-85%）/（95%-85%）×该指标分值。

某部门项目实际完成率=（实际完成预算项目数/计划完成预算项目数）×100%。

由于自然灾害等客观原因造成进度滞后的预算项目，提供了相关证明材料的除外。

数据来源：（略）

计算过程：（略）

指标得分：（略）

绩效分析：（略）

3.3.2 项目质量达标率（6分）

指部门已完成项目中质量达标项目个数占已完成项目个数的比率，用以反映和评价部门履职质量目标的实现程度。

评分标准：

（1）项目质量达标率等于100%的，得满分；

（2）项目质量达标率小于或等于99%的，得0分；

（3）项目质量达标率在99%～100%之间的，在0和满分之间计算确定：得分=（项目质量达标率-99%）/（100%-99%）× 该指标分值。

某部门项目质量达标率=（已完成项目中质量达标项目个数/已完成项目个数）×100%。

项目质量达标是指项目验收合格。

数据来源：（略）

计算过程：（略）

指标得分：（略）

绩效分析：（略）

3.3.3 部门绩效目标完成率（12分）

指部门绩效目标的完成程度，用以反映部门履职的完成程度。

部门绩效目标完成率=（已完成的绩效目标数/年初设定的绩效目标数）×100%。

评分标准：

（1）部门绩效目标完成率大于或等于95%的，得满分；

（2）部门绩效目标完成率小于或等于60%的，得0分；

（3）部门绩效目标完成率在60%～95%之间的，在0和满分之间计算确定：

得分=（绩效目标完成率-60%）/（95%-60%）×该指标分值。

此指标可依据相应部门绩效目标实现过程及结果的实际情况进行合理修正，以便客观公正地考核部门履职目标的完成情况。

数据来源:（略）

计算过程:（略）

指标得分:（略）

绩效分析:（略）

3.4 效果

开展部门预算绩效管理工作核查评价，综合反映部门对预算绩效管理工作的重视程度和取得的成效；开展社会公众满意度调查以了解部门履职效果。部门预算绩效管理工作评价和社会公众满意度各占5分。

得分情况：

评价准则	分值	得分
部门预算绩效管理工作评价	5分	
社会公众满意度	5分	
合计	10分	

3.4.1 部门预算绩效管理工作评价（5分）

指部门开展预算绩效管理工作的评价结果，用以反映部门对预算绩效管理工作的重视程度和取得的成效。

评分标准：

（1）财政部门对部门绩效管理工作开展情况进行核查评价，包括绩效目标管理、绩效执行监控、绩效自评和评价结果应用等情况，按百分制。

（2）以部门为单位进行综合计算，得出各部门绩效管理工作评价结果。

综合得分=(部门绩效管理工作评价结果/100)×5分。

数据来源:(略)

计算过程:(略)

指标得分:(略)

绩效分析:(略)

3.4.2 社会公众满意度(5分)

通过问卷调查了解社会公众对解决民众关心的热点问题、办事效率、工作态度、廉洁廉政等方面的满意程度,反映和评价部门支出所带来的社会效益。

按照满意度调查的优秀、良好、合格、不合格给予该项指标打分:

优秀得5分;良好得3分;合格得1分;不合格得0分。

数据来源:(略)

计算过程:(略)

指标得分:(略)

绩效分析:(略)

4. 需要说明的事项

无。

5. 绩效评价结论

5.1 绩效评价得分

本次×××单位部门整体支出绩效评价得分为×××分,评价级别为"优/良/中/差"。

评价准则	分值	得分
一、投入	18分	
1. 部门职责明确性	2分	
2. 中期财政规划明确性	5分	
3. 部门年度绩效目标合理性	4分	
4. 部门绩效自评项目占比率	5分	
5. 在职人员控制率	2分	

续表

评价准则	分值	得分
二、过程	48分	
1. 预算完成率	5分	
2. 预算调整率	5分	
3. 支付进度率	8分	
4. 当年结转结余率	4分	
5. 公用经费控制率	5分	
6. 存量资金控制率	3分	
7. 政府采购执行率	3分	
8. 资金使用合规性	5分	
9. 基础信息完善性	4分	
10. 资产管理完整性	3分	
11. 固定资产利用率	3分	
三、产出	24分	
1. 项目实际完成率	6分	
2. 项目质量达标率	6分	
3. 部门绩效目标完成率	12分	
四、效果	10分	
1. 部门预算绩效管理工作评价	5分	
2. 社会公众满意度	5分	
总分	100分	

5.2 存在的绩效问题

6. 经验教训与建议

6.1 经验教训

6.2 建议

附件：部门整体支出绩效评价指标体系评分表

中国·北京　　　　　　　中国注册会计师：_____

××××年××月××日　　中国注册会计师：_____

部门整体支出绩效评价指标体系评分表

单位名称：××××××

一级指标	二级指标	三级指标		评分标准	评价依据	得分
		指标名称	指标解释说明			
投入（18分）	目标设定（16分）	部门职责明确性（2分）	部门的职责设定是否符合"三定"方案中所赋予的职责，用以反映和评价部门工作的目的性与计划性。	符合得2分； 不符合得0分。		
		中期财政规划明确性（5分）	部门是否依据部门职责内容编制了部门中期（三年）财政规划，规划是否完整、具体，是否能够明确反映和考核部门自身的中期发展要求。 评价要点： （1）编制了客观的中期财政规划； （2）设定了明确的中期目标值。	符合第一项得3分； 符合第二项得2分。		
		部门年度绩效目标合理性（4分）	部门是否依据部门工作任务设立了年度绩效目标，绩效目标的设立是否完整、合理、量化，能够反映和考核部门年度工作绩效的明确性与合理性。 评价要点： （1）年度绩效目标与年度工作任务相匹配； （2）年度绩效目标的设立全面、简洁； （3）设立了量化的绩效目标值； （4）绩效目标值的数据统计方法科学合理。	符合一项得1分。		

续表

一级指标	二级指标	三级指标		评分标准	评价依据	得分
		指标名称	指标解释说明			
投入（18分）	目标设定（16分）	部门绩效自评项目占比率（5分）	指部门自评项目在所有项目中所占的份额，反映和评价部门对项目的重视程度。 解释说明： 占比率＝（自评项目个数／所有项目个数）×100% 部门支出项目绩效自评范围：本年度列入本级财政预算安排的项目。	得分＝占比率×该指标分值。		
	预算配置（2分）	在职人员控制率（2分）	指部门本年度实际在职人员数与编制数的比率，用以反映和评价部门对人员成本的控制程度。 解释说明： ＊max（在职人员控制率）指区间内各部门在职人员控制率最高值，此处为115%。 ＊＊某部门在职人员控制率＝（在职人员数／编制数）×100%。 在职人员数：部门实际在职人数，以财政部门决算部门批复确定的部门决算编制口径为准，由编制部门和劳动部门批复同意的临聘人员除外。 编制数：机构编制部门核定批复的部门人员编制数。 ＊＊＊min（在职人员控制率）指区间内各部门在职人员控制率最低值，此处为100%。	（1）在职人员控制率小于或等于100%的，得满分； （2）在职人员控制率大于或等于115%的，得0分； （3）在职人员控制率在100%～115%之间的，在0分和满分之间计算确定： 得分＝[max（在职人员控制率）＊－某部门在职人员控制率＊＊]／[max（在职人员控制率）＊－min（在职人员控制率）＊＊＊]×该指标分值。		

续表

一级指标	二级指标	三级指标		评分标准	评价依据	得分
		指标名称	指标解释说明			
过程（48分）	预算执行（33分）	预算完成率（5分）	通过对部门本年度预算完成数与预算数的比较，反映和评价部门预算的完成程度。某部门预算完成率=（预算完成数/预算数）×100%。预算完成数是指部门本年度实际完成的年度预算数。预算数是指财政部门批复部门本年度的年度部门预算数。	（1）预算完成率大于等于95%的，得满分；（2）预算完成率小于等于85%的，得0分；（3）预算完成率在85%～95%之间的，在0分和满分之间计算确定：得分=（预算完成率-85%）/（95%-85%）×该指标分值。		
		预算调整率（5分）	指部门本年度预算调整数与预算数的比率，用以反映和评价部门预算的调整程度。预算调整率=（预算调整数/预算数）×100%。预算调整数：部门在本年度内涉及预算的追加、追减或结构调整的资金总和（因落实国家政策、发生不可抗力、上级部门或本级党委政府临时交办而产生的调整除外）。	（1）预算调整率等于0的，得满分；（2）预算调整率大于等于10%的，得0分；（3）预算调整率在0～10%之间的，在0分和满分之间计算确定：得分=（10%-预算调整率）/（10%-0）×该指标分值。		

续表

一级指标	二级指标	三级指标		评分标准	评价依据	得分
		指标名称	指标解释说明			
过程(48分)	预算执行(33分)	支付进度率(8分)	指部门季度支付率与全市平均季度支付率的比率，用以反映和评价部门预算执行的及时性和均衡程度。解释说明：① w 表示全年支付率计算得分，y_i 表示单季度支付进度率得分，x_i 为本部门季度支付进度率与全市季度支付进度率的比值，i 的取值为 1、2、3、4，表示各个单季度。② x_i = (部门季度累计支付数/部门年度预算数)/(全市季度累计支付数/全市年度预算数) × 100%。③ max (x_i) 是指当季部门支出进度与全市支出进度比值的最大值。	按每一季度的执行情况分别进行打分，并将每季度的得分累加，总得分为 (具体计算方法详见部门整体支出绩效评价方案)。		
		当年结转结余率(4分)	通过对部门当年度结转结余总额与当年支出预算数的比较，反映和评价该部门对结转结余资金的实际控制程度。某部门当年结转结余率 = (当年结转结余总额/当年支出预算数) × 100%。结转结余总额是指当年的结转结余资金与结余资金之和 (以决算数为准)，该数据回国库可查。支出预算数是指财政部门批复的当年支出预算数。	(1) 当年结转结余率等于 0 的，得满分；(2) 当年结转结余率大于或等于 50% 的，得 0 分；(3) 当年结转结余率在 0～50% 之间的，得分和满分之间比例确定。在 0 和满分之间比例确定。得分 ≤ 50% - 当年结转结余率)(50% - 0) × 该指标分值。		

续表

一级指标	二级指标	三级指标		评价依据	得分
		指标名称	指标解释说明	评分标准	
过程（48分）	预算执行（33分）	公用经费控制率（5分）	通过部门本年度实际支出的公用经费总额与预算安排的公用经费总额之比，反映和评价部门对机构运转成本的实际控制程度。某部门公用经费控制率＝（实际支出公用经费总额/预算安排公用经费总额）×100%。公用经费是指行政（事业）单位为了完成工作任务而用于单位公共事务方面的费用，不涵盖购置费、修缮费，按照财政预算支出科目具体划分为公务费、设备购置费、业务费和其他支出等。	（1）公用经费控制率小于等于100%的，得满分；（2）公用经费控制率大于等于105%的，得0分；（3）公用经费控制率在100%～105%之间的，在0和满分之间计算确定：得分＝（105%－某部门公用经费控制率）/（105%－100%）×该指标分值。	
		存量资金控制率（3分）	以部门的实有资金、零余额账户的结转结余2年以上资金的本年度期末余额与上年度期末余额的变动率，进行评价。某部门存量资金减率＝[1－（本年度存量资金期末余额÷上年度存量资金期末余额）]×100%。	（1）存量资金压减率大于等于20%的，得3分；压减率小于等于0的，得0分；（2）压减率在0～20%之间的，按公式计算确定：得分＝某部门年末存量资金压减率÷20%×分值。	

续表

一级指标	二级指标	三级指标		评分标准	评价依据	得分
		指标名称	指标解释说明			
过程（48分）	预算执行（33分）	政府采购执行率（3分）	指本年度实际政府采购预算项目金额与政府采购预算项目金额的比较，反映和评价部门政府采购预算执行情况。	（1）政府采购执行率＝（政府采购年初预算实际采购金额／政府采购预算金额）×100%。 （2）政府采购预算：采购单位根据事业发展计划和行政任务编制的，并经过规定程序批准的年度政府采购计划。 （3）政府采购执行率达到95%及以上的，得5分；低于95%的，以政府采购执行率／95%×分值计算得分。		
	预算管理（9分）	资金使用合规性（5分）	指部门使用预算资金是否符合相关的预算财务管理制度的规定，反映和评价部门预算资金的规范运行情况。 评价要点： （1）符合国家财经法规和财务管理制度规定以及有关部门资金管理办法的规定； （2）资金的拨付有完整的审批过程和手续； （3）项目的重大开支经过评估论证； （4）符合部门预算批复的用途； （5）不存在截留情况； （6）不存在挤占情况； （7）不存在挪用情况； （8）不存在虚列支出情况。	符合全部八项的，得5分； 符合其中七项的，得4分； 符合其中六项的，得3分； 符合其中五项的，得2分； 符合其中四项及以下的，得0分。		

续表

一级指标	二级指标	三级指标		评分标准	评价依据	得分
		指标名称	指标解释说明			
过程（48分）	预算管理（9分）	基础信息完善性（4分）	部门基础信息是否完善，用以反映和评价基础信息对预算管理工作的支撑情况。 评价要点： (1) 基本财务管理制度健全； (2) 基础数据信息和会计信息资料真实； (3) 基础数据信息和会计信息资料完整； (4) 基础数据信息和会计信息资料准确。	符合全部四项的，得4分； 符合其中三项的，得2分； 符合其中两项的，得1分； 符合其中一项及以下的，得0分。		
	资产管理（6分）	资产管理完整性（3分）	部门的资产是否保存完整，使用合规、收入及时足额上缴，用以反映和评价部门资产运行情况。 评价要点： (1) 资产保存完整； (2) 资产账实相符； (3) 资产有偿使用及处置收入及时足额上缴。 因涉密等客观原因无法进册入账的资产，不纳入该指标考核范围。	符合全部三项的，得3分； 符合其中两项的，得2分； 符合其中一项的，得1分； 符合其零项的，得0分。		
		固定资产利用率（3分）	指部门实际在用固定资产总额与所有固定资产总额的比率，用以反映和评价部门固定资产使用效率。 某部门固定资产利用率=（实际在用固定资产总额/所有固定资产总额）×100%。	(1) 固定资产利用率大于或等于95%的，得满分； (2) 固定资产利用率小于等于85%的，得0分； (3) 固定资产利用率在85%~95%之间的，在0和满分之间计算确定： 得分=（固定资产利用率-85%）/（95%-85%）×该指标分值。		

续表

一级指标	二级指标	三级指标		评价依据	得分
		指标名称	指标解释说明	评分标准	
产出（24分）	职责履行（24分）	项目实际完成率（6分）	指部门实际完成的预算项目数与计划完成的预算项目数比率，用以反映和评价部门履职任务的实际完成程度。某部门项目实际完成率＝（实际完成预算项目数/计划完成预算项目数）×100%。由于自然灾害等客观原因造成进度滞后的预算项目，提供了相关证明材料的除外。	（1）预算项目实际完成率大于或等于95%的，得满分；（2）预算项目实际完成率小于或等于85%的，得0分；（3）预算项目实际完成率在85%～95%之间的，在0和满分之间计算确定：得分＝（某部门预算项目实际完成率－85%）/（95%-85%）× 该指标分值。		
		项目质量达标率（6分）	指部门已完成项目中质量达标项目个数占已完成项目数的比率，用以反映和评价部门履职质量目标的实现程度。某部门项目质量达标率＝（已完成项目中质量达标项目个数/已完成项目个数）×100%。项目质量达标是指项目验收合格。	（1）项目质量达标率等于100%的，得满分；（2）项目质量达标率小于或等于99%的，得0分；（3）项目质量达标率在99%～100%之间的，在0和满分之间计算确定：得分＝（项目质量达标率－99%）/（100%-99%）× 该指标分值。		

续表

一级指标	二级指标	三级指标		评分标准	评价依据	得分
		指标名称	指标解释说明			
产出（24分）	职责履行（24分）	部门绩效目标完成率（12分）	指部门绩效目标的完成程度，用以反映部门履职的完成程度。部门绩效目标完成率=（已完成的绩效目标数/年初设定的绩效目标数）×100%。此指标可依据相应部门绩效目标实现过程及结果的实际情况进行合理修正，以便客观公正地考核部门履职目标的完成情况。	（1）部门绩效目标完成率大于或等于95%的，得满分；（2）部门绩效目标完成率小于或等于60%的，得0分；（3）部门绩效目标完成率在60%～95%之间的，在0和满分之间计算确定：得分=（（绩效目标完成率-60%）/（95%-60%））×该指标分值。		
效果（10分）	工作成效（5分）	部门预算绩效管理工作评价（5分）	指部门开展预算绩效管理工作的评价结果，用以反映部门对预算绩效管理工作的重视程度和取得的成效。	（1）财政部门对部门预算绩效管理工作开展情况进行核查评价，包括绩效目标管理、绩效执行监控、绩效自评价，按百分制。（2）以单位进行综合计算，得出各部门预算绩效管理工作评价结果。综合得分=（部门绩效管理工作评价结果/100）×5分。		
	社会效益（5分）	社会公众满意度（5分）	通过问卷调查了解社会公众对解决民众关心的热点问题，办事效率、工作态度、廉洁廉政等方面的满意程度，反映和评价部门支出所带来的社会效益。	按照满意度调查给予该项指标打分：优秀得5分；良好得3分；合格得1分；不合格得0分。		

合计（100分）

第 11 章
财政政策绩效评价

SECTION 11.1
财政政策绩效评价核心内容

财政政策绩效评价，是指对公共政策在各个阶段、各个环节的执行过程中的政策产出和政策效果进行评价，以判断政策目标的实现程度，从而改善政策资源的有效配置，完善政策内容。

随着预算绩效管理工作的不断深化，绩效评价重点由项目支出拓展到财政政策、部门整体支出等方面，并要求将评价结果作为调整支出结构、完善财政政策和科学安排预算的重要依据。其中，作为政策设计、实施、调整、退出的重要决策工具，财政政策绩效评价不仅能够优化公共资源配置，还有助于提高政府政策制定的科学性，提升政府治理的综合绩效，因而得到了越来越多的关注，并已经在不同层次多个地区付诸实践。

SECTION 11.2
财政政策绩效评价程序

绩效评价组通过文件资料搜集、实地走访、访谈、问卷调查的方式实施绩效评价,通过抽查的方式现场调研、电话调研等获取第一手资料,评价财政扶持政策的执行和绩效情况。

SECTION 11.3
财政政策绩效评价体系

财政政策绩效评价体系见表 11-1。

表 11-1 财政政策绩效评价体系

一级指标	二级指标	三级指标
政策制定	政策设立	政策设立规范性
	政策目标	政策目标合理性
	政策内容	相关政策统一性
		政策内容完整性
		……
政策落实	政策投入	实施方案健全性
		配套机制健全性
		组织保障健全性
	政策执行	立项审核六层规范性
		动态监督机制健全性
		验收程序规范性
		档案管理规范性
	资金管理	预算执行率
		财务监控有效性
		资金使用规范性

续表

一级指标	二级指标	三级指标
政策效果	政策完成情况	市级计划完成率
		区级计划完成率
		……
	政策效益	经济效益
		社会效益
		受益方满意度

SECTION 11.4
财政政策绩效评价报告

政策评价报告请见下面的参考模板（各标题下具体内容略）。

政策评价报告

摘要

一、政策背景及实施情况

（一）政策背景及内容

（二）政策实施情况

二、政策评价情况

（一）政策评估情况

（二）评估结论

三、政策实施的主要成绩及经验做法绩效分析

（一）政策主要绩效

（二）主要经验做法

四、政策存在的主要问题及改进建议

（一）存在问题
（二）改进建议
　　附件

第12章

政府和社会资本合作（PPP）项目绩效评价

SECTION 12.1
PPP 项目绩效评价概述

（1）为规范政府和社会资本合作项目（以下简称 PPP 项目）全生命周期绩效管理工作，提高公共服务供给质量和效率，保障合作各方合法权益，根据《中华人民共和国预算法》《中共中央 国务院关于全面实施预算绩效管理的意见》《国务院办公厅转发财政部 发展改革委 人民银行关于在公共服务领域推广政府和社会资本合作模式指导意见的通知》等有关规定，开展政府和社会资本合作（PPP）项目绩效评价工作。

（2）PPP 项目绩效管理是指在 PPP 项目全生命周期开展的绩效目标和指标管理、绩效监控、绩效评价及结果应用等项目管理活动。

（3）项目实施机构应在项目所属行业主管部门的指导下开展 PPP 项目绩效管理工作，必要时可委托第三方机构协助。

各级财政部门负责 PPP 项目绩效管理制度建设、业务指导及再评价、后评价工作。

（4）本书适用于所有 PPP 项目，包括政府付费、可行性缺口补助和使用者付费项目。

（5）各参与方应当按照科学规范、公开透明、物有所值、风险分担、诚信履约、按效付费等原则开展 PPP 项目全生命周期绩效管理。

SECTION 12.2
PPP 项目绩效目标与绩效指标管理

（1）项目实施机构负责编制 PPP 项目绩效目标与绩效指标，报项目所属行业主管部门、财政部门审核。

（2）PPP 项目绩效目标包括总体绩效目标和年度绩效目标。总体绩效目标是 PPP 项目在全生命周期内预期达到的产出和效果，年度绩效目标是根据总体绩效目标和项目实际确定的具体年度预期达到的产出和效果，绩效目标应当具体、可衡量、可实现。

PPP 项目绩效目标编制应符合以下要求：

①指向明确。

绩效目标应符合区域经济、社会与行业发展规划，与当地财政收支状况相适应，以结果为导向，反映项目应当提供的公共服务，体现环境——社会——公司治理责任（ESG）理念。

②细化量化。

绩效目标应从产出、效果、管理等方面进行细化，尽量进行定量表述；不能以量化形式表述的，可采用定性表述，但应具有可衡量性。

③合理可行。

绩效目标应经过调查研究和科学论证，符合客观实际，既具有前瞻性，又具备可实现性。

④物有所值。

绩效目标应符合物有所值的理念，体现成本效益的要求。

（3）PPP项目绩效目标应包括预期产出、预期效果及项目管理等内容。

预期产出是指项目在一定期限内提供公共服务的数量、质量、时效等。

预期效果是指项目可能对经济、社会、生态环境等带来的影响情况、物有所值实现程度、可持续发展能力及各方满意程度等。

项目管理是指项目全生命周期内的预算、监督、组织、财务、制度、档案、信息公开等管理情况。

（4）PPP项目绩效指标是衡量绩效目标实现程度的工具，应按照系统性、重要性、相关性、可比性和经济性的原则，结合预期产出、预期效果和项目管理等绩效目标细化量化后合理设定。

（5）PPP项目绩效指标体系由绩效指标、指标解释、指标权重、数据来源、评价标准与评分方法构成。

①绩效指标。

绩效的基本含义是"成绩和效果"，绩效指标就是反映成绩和效果的标准，主要用于衡量项目实施结果是否达到预期目标。

②指标解释。

指标解释是对绩效指标相关内容、范围、评价标准等做的详细说明。

③指标权重。

指标权重是指标在评价体系中的相对重要程度。确定指标权重的方法通常包括专家调查法、层次分析法、主成分分析法、熵值法等。

④数据来源。

数据来源是在具体指标评价过程中获得可靠和真实数据或信息的载

体或途径。获取数据的方法通常包括案卷研究、资料收集与数据填报、实地调研、座谈会、问卷调查等。

⑤评价标准。

评价标准是指衡量绩效目标完成程度的尺度。绩效评价标准具体包括计划标准、行业标准、历史标准或其他经相关主管部门确认的标准。

⑥评分方法。

评分方法是结合指标权重，衡量实际绩效值与评价标准值的偏离程度，对不同的等级赋予不同分值的方法。

（6）PPP项目绩效目标与绩效指标各阶段管理应符合以下要求：

①PPP项目准备阶段。

项目实施机构应根据项目立项文件、历史资料，再结合PPP模式特点，在项目实施方案中编制总体绩效目标和绩效指标体系，并充分征求相关部门、潜在社会资本等相关方面的意见。财政部门应会同相关主管部门从依据充分性、设置合理性和目标实现保障度等方面进行审核。

②PPP项目采购阶段。

项目实施机构可结合社会资本响应及合同谈判情况对绩效指标体系中非实质性内容进行合理调整。PPP项目绩效目标和指标体系应在项目合同中予以明确。

③PPP项目执行阶段。

绩效目标和指标体系原则上不予调整。但因项目实施内容、相关政策、行业标准发生变化或突发事件、不可抗力等无法预见的重大变化影响绩效目标实现而确需调整的，由项目实施机构和项目公司（未设立项目公司时为社会资本，下同）协商确定，经财政部门及相关主管部门审核通过后报本级人民政府批准。

PPP项目移交完成后，财政部门应会同有关部门针对项目总体绩效目标实现情况，从全生命周期的项目产出、成本效益、物有所值实现情况、按效付费执行情况及对本地区财政承受能力的影响、监管成效、可持续性、PPP模式应用等方面编制绩效评价（即后评价）指标体系。

（7）项目公司（社会资本）对绩效目标或指标体系调整结果有异议的，可申请召开评审会，就调整结果的科学性、合理性、可行性等方面进行评审。双方对评审意见无异议的，按评审意见完善后履行报批程序；仍有异议的，按照合同约定的争议解决机制处理。

（8）编制政府付费和可行性缺口补助PPP项目年度支出预算时，应将年度绩效目标和指标连同编制的预算申报材料一并报送财政部门审核。使用者付费PPP项目参照执行。

SECTION 12.3

PPP 项目绩效监控

（1）项目实施机构应根据项目合同约定定期开展 PPP 项目绩效监控，项目公司（社会资本）负责日常绩效监控。

（2）PPP 项目绩效监控是对项目日常运行情况及年度绩效目标实现程度进行的跟踪、监测和管理，通常包括目标实现程度、目标保障措施、目标偏差和纠偏情况等。

PPP 项目绩效监控应符合以下要求：

①严格遵照国家规定、行业标准、项目合同约定，按照科学规范、真实客观、重点突出等原则开展绩效监控。重点关注最能代表和反映项目产出及效果的年度绩效目标与指标，客观反映项目运行情况和执行偏差，及时纠偏，改进绩效。

②项目实施机构应根据 PPP 项目特点，考虑绩效评价和付费时点，合理选择监控时间、设定监控计划，原则上每年至少开展一次绩效监控。

（3）PPP 项目绩效监控工作通常按照以下程序进行：

①开展绩效监控。

项目公司（社会资本）开展 PPP 项目日常绩效监控，按照项目实施机构要求，定期报送监控结果。项目实施机构应对照绩效监控目标，查找项目绩效运行偏差，分析偏差原因，结合项目实际，提出实施纠偏的路径和方法，并做好信息记录。

②反馈、纠偏与报告。

项目实施机构应根据绩效监控发现的偏差情况及时向项目公司（社会资本）和相关部门反馈，并督促其纠偏；偏差原因涉及自身的，项目实施机构应及时纠偏；偏差较大的，应撰写《绩效监控报告》报送相关主管部门和财政部门。

SECTION 12.4
PPP 项目绩效评价

（1）项目实施机构应根据项目合同约定，在执行阶段结合年度绩效目标和指标体系开展 PPP 项目绩效评价。

财政部门应会同相关主管部门、项目实施机构等在项目移交完成后开展 PPP 项目后评价。

（2）PPP 项目绩效评价应符合以下要求：

①严格按照规定程序，遵循真实、客观、公正的要求，采用定量与定性分析相结合的方法。

②结合 PPP 项目实施进度及按效付费的需要确定绩效评价时点。原则上项目建设期应结合竣工验收开展一次绩效评价，分期建设的项目应当结合各期子项目竣工验收开展绩效评价；项目运营期每年度应至少开展一次绩效评价，每 3～5 年应结合年度绩效评价情况对项目开展中期评估；移交完成后应开展一次后评价。

③绩效评价结果依法依规公开并接受监督。

（3）PPP 项目绩效评价工作通常按照以下程序进行：

①下达绩效评价通知。

项目实施机构确定绩效评价工作开展时间后，应至少提前5个工作日通知项目公司（社会资本）及相关部门做好准备和配合工作。

②制定绩效评价工作方案。

项目实施机构应根据政策要求及项目实际组织编制绩效评价工作方案，内容通常包括项目基本情况、绩效目标和指标体系、评价目的和依据、评价对象和范围、评价方法、组织与实施计划、资料收集与调查等。项目实施机构应组织专家对项目建设期、运营期首次及移交完成后绩效评价工作方案进行评审。

③组织实施绩效评价。

项目实施机构应根据绩效评价工作方案对PPP项目绩效情况进行客观、公正的评价。通过综合分析、意见征询，区分责任主体，形成客观、公正、全面的绩效评价结果。对于不属于项目公司或社会资本责任造成的绩效偏差，不应影响项目公司（社会资本）绩效评价结果。

④编制绩效评价报告。

PPP项目绩效评价报告应当依据充分、真实完整、数据准确、客观公正，内容通常包括项目基本情况、绩效评价工作情况、评价结论和绩效分析、存在问题及原因分析、相关建议、其他需要说明的问题。

⑤资料归档。

项目实施机构应将绩效评价过程中收集的全部有效资料（主要包括绩效评价工作方案、专家论证意见和建议、实地调研和座谈会记录、调查问卷、绩效评价报告等）一并归档，并按照有关档案管理规定妥善管理。

⑥评价结果反馈。

项目实施机构应及时向项目公司（社会资本）和相关部门反馈绩效评价结果。

（4）项目公司对绩效评价结果有异议的，应在5个工作日内明确提出并提供有效的佐证材料，向项目实施机构解释说明并达成一致意见。无法达成一致意见的,应组织召开评审会,双方对评审意见无异议的,根据评审意见确定最终评价结果;仍有异议的,按照合同约定的争议解决机制处理。

(5)项目实施机构应将PPP项目绩效评价报告报送相关主管部门、财政部门复核,复核重点关注绩效评价工作方案是否落实、引用数据是否真实合理、揭示的问题是否客观公正、提出的改进措施是否有针对性和可操作性等。

(6)PPP项目绩效评价结果是按效付费、落实整改、监督问责的重要依据。

①按效付费。

对于政府付费和可行性缺口补助项目,政府承担的年度运营补贴支出应与当年项目公司(社会资本)绩效评价结果完全挂钩。财政部门应按照绩效评价结果安排相应支出,项目实施机构应按照项目合同约定及时支付。

对于使用者付费项目,项目公司(社会资本)获得的项目收益应与当年项目公司(社会资本)绩效评价结果挂钩。绩效评价结果优于约定标准的,项目实施机构应执行项目合同约定的奖励条款。绩效评价结果未达到约定标准的,项目实施机构应执行项目合同约定的违约条款,可通过设置影响项目收益的违约金、项目展期限制或影响调价机制等方式实现。

绩效评价结果可作为项目期满合同是否展期的考量因素。

②落实整改。

项目实施机构应根据绩效评价过程中发现的问题统筹开展整改工作,并将整改结果报送相关主管部门和财政部门。涉及自身问题的,项目实施机构应及时整改;涉及项目公司(社会资本)或其他相关部门问题的,项目实施机构应及时督促整改。

③监督问责。

项目实施机构应及时公开绩效评价结果并接受社会监督;项目实施机构绩效评价结果应纳入其工作考核范畴。

SECTION 12.5
组织保障

（1）各级财政部门应会同相关部门，建立健全PPP项目绩效管理工作相关制度和共性指标框架，加强项目识别论证、政府采购、预算收支与绩效管理及信息披露等业务指导，切实做好项目合规性审查，确保项目全生命周期规范实施、高效运营。

各级财政部门应结合预算绩效管理要求，认真审核PPP项目财政收支预算申请及PPP项目绩效目标和指标体系，充分考虑本级财政承受能力，合理安排财政预算，加强对财政资金使用合规性和有效性的监督。

各级财政部门可结合每年工作重点，选取重大PPP项目开展绩效再评价。

（2）各级行业主管部门应按照绩效管理相关制度要求，建立健全本行业、本领域核心绩效指标体系，明确绩效标准；合规履行预算编制、申报和执行程序；加强与财政及其他相关部门的协调配合。

（3）项目实施机构、项目公司（社会资本）应严格履行合同约定，确保各项工作合法合规。

项目实施机构应做好PPP项目绩效管理具体工作，并对PPP项目实施规范性、财政资金使用的合规性和有效性负责。

项目公司（社会资本）应做好项目投资、建设、运营、维护、移交等工作的日常管理和信息记录；积极配合开展PPP项目绩效管理工作，并对所提供资料和信息的真实性、完整性、有效性负责。

（4）各级财政部门应会同相关主管部门依托PPP综合信息平台，加强PPP项目信息管理。项目实施机构、项目公司（社会资本）应根据项目实际进展及时提供和更新PPP项目绩效管理相关信息，做好信息公开，接受社会监督。

SECTION 12.6
PPP 项目绩效评价相关资料模板

PPP 项目绩效评价相关资料主要包括：
- PPP 项目全生命周期绩效管理导图；
- PPP 项目绩效评价工作方案；
- PPP 项目绩效评价报告；
- PPP 项目建设期绩效评价共性指标框架；
- PPP 项目运营期绩效评价共性指标框架。

上述文件请见下面的参考模板。

PPP 项目全生命周期绩效管理导图

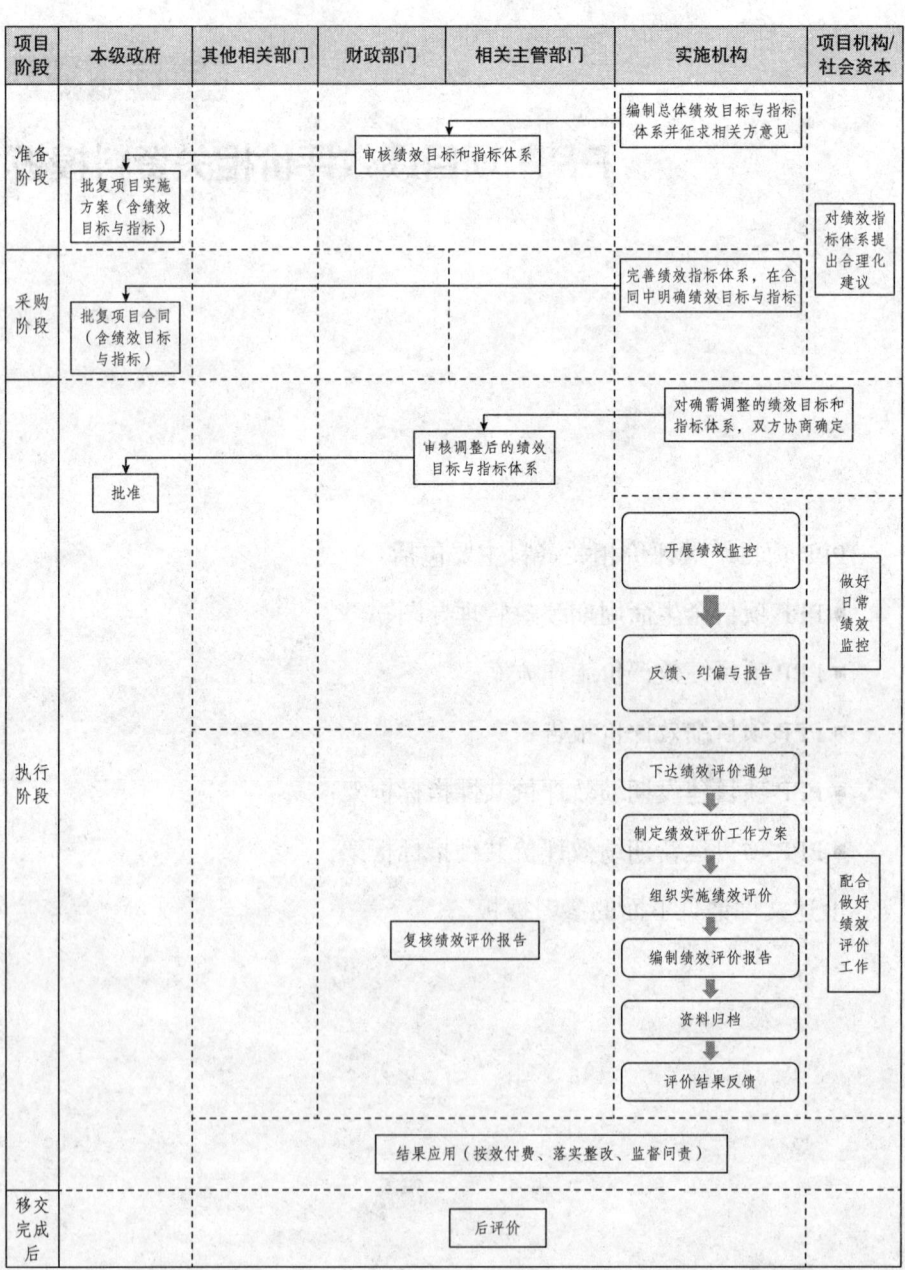

PPP 项目绩效评价工作方案

一、项目基本情况

（一）项目概况。

（二）项目产出说明。

（三）绩效目标和指标体系。

说明 PPP 项目合同约定的绩效目标与指标体系、年度绩效目标与指标体系及调整情况。

（四）项目主要参与方。

说明项目主要参与方职责及参与情况，主要参与方通常包括项目公司（社会资本）、项目实施机构、相关主管部门及其他相关政府部门，项目服务对象及社会公众等其他相关方。

（五）项目实施情况。

说明项目实施进展情况、实施内容调整及变更情况等。

二、绩效评价思路

（一）绩效评价目的和依据。

确定评价工作基本导向，明确绩效评价工作开展所要达到的目标和结果。

评价依据通常包括 PPP 项目合同，项目相关法律、法规和规章制度，相关行业标准及专业技术规范等。

（二）绩效评价对象和范围。

评价对象为 PPP 项目，评价范围包括项目产出、项目实施效果和项目管理等。

（三）绩效评价时段。

说明项目本次被评价的时间范围，应明确具体的起止时间。

（四）绩效评价方法。

明确开展绩效评价所选用的相关评价方法及原因。

三、绩效评价组织与实施

（一）明确项目负责人及项目团队的职责与分工。

（二）明确各个环节及各项工作的时间节点及工作计划。

（三）明确绩效评价工作质量控制措施。

四、资料收集与调查

明确开展绩效评价工作所需的资料收集与调查方案，包括资料收集内容与途径、数据资料来源以及具体的调查方法。

调查方法通常包括案卷研究、实地调研、座谈会及问卷调查等，应当尽可能明确调查对象、调查方法、调查内容、调查时间及地点等。如果调查对象涉及抽样，应当说明调查对象总体情况、样本总数、抽样方法及抽样比例。

五、相关附件

通常包括资料清单、数据填报格式、访谈提纲及调查问卷等。

PPP 项目绩效评价报告

一、项目基本情况

（一）项目概况。

简述项目背景、PPP 模式基本安排，包括基本信息、运作模式、回报机制、交易结构等内容。

（二）项目绩效目标。

（三）项目主要参与方。

（四）项目实施情况。

包括项目实施的具体内容、范围、计划及进展情况等。如果项目内容在实施期内发生变更，应当说明变更的内容、依据及变更程序。

（五）资金来源和使用情况。

包括项目资金来源与使用情况、投融资管理情况、财务管理状况、预算情况等。

二、绩效评价工作情况

（一）绩效评价目的。

（二）绩效评价对象、范围与时段。

（三）绩效评价工作方案制定过程。

（四）绩效评价原则与方法。

（五）绩效评价实施过程。

（六）数据收集方法。

（七）绩效评价的局限性（如有）。

三、评价结论和绩效分析

（一）评价结论。

（二）绩效分析。

对项目产出、效果和管理指标进行分析和评价。

在对绩效指标进行分析和评价时，要充分利用评价工作中所收集的数据，做到定量分析和定性分析相结合。绩效指标评分应当依据充分、数据使用合理恰当，确保绩效评价结果的公正性、客观性、合理性。

四、存在问题及原因分析

通过分析各指标的评价结果，总结项目存在的不足及原因，明确责任主体，为提出相关建议奠定基础。

五、相关建议

通过综合考虑各指标的评价结果，有针对性地对项目存在的不足提出改进措施和建议。措施或建议应当具有较强的可行性、前瞻性及科学性，有利于促进和提高项目绩效水平。

六、绩效评价报告使用限制等其他需要说明的问题

七、评价主体签章

绩效评价报告应当由评价主体加盖公章。

八、相关附件

通常包括主要评价依据、实地调研和座谈会相关资料、调查问卷汇总信息及其他支持评价结论的相关资料。

PPP项目建设期绩效评价共性指标框架

一级指标		二级指标	指标解释
项目公司（社会资本）绩效评价（100分）	产出	竣工验收	评价项目是否通过竣工验收及竣工验收情况。
	效果	社会影响	评价项目建设活动对社会发展所带来的直接或间接的正负面影响情况，如新增就业、社会荣誉、重大诉讼、公众舆情与群体性事件等。
		生态影响	评价项目建设期间对生态环境所带来的直接或间接的正负面影响情况，如节能减排、环保处罚等。
		可持续性	评价项目公司或社会资本是否做好项目运营准备工作，如资源配置、潜在风险及沟通协调机制等。
		满意度	政府相关部门、项目实施机构、社会公众（服务对象）对项目公司或社会资本建设期间相关工作的满意程度。

续表

一级指标		二级指标	指标解释
项目公司（社会资本）绩效评价（100分）	管理	组织管理	评价项目公司组织架构是否健全、人员配置是否合理，能否满足项目日常运作需求。
		资金管理	评价社会资本项目资本金及项目公司融资资金的到位率和及时性。
		档案管理	评价项目建设相关资料的完整性、真实性以及归集整理的及时性。
		信息公开	评价项目公司或社会资本履行信息公开义务的及时性与准确性。
项目实施机构绩效评价（100分）	产出	履约情况	评价项目实施机构是否及时、有效履行PPP项目合同约定的义务。
		成本控制	评价项目实施机构履行项目建设成本监督管控责任的情况。（注：PPP项目合同对建设成本进行固定总价约定的不适用本指标。）
	效果	满意度	社会公众、项目公司或社会资本对项目实施机构工作开展的满意程度。
		可持续性	评价项目实施机构是否为项目可持续性建立有效的工作保障和沟通协调机制。
	管理	前期工作	评价项目实施机构应承担的项目前期手续及各项工作的落实情况。
		资金（资产）管理	评价项目实施机构股权投入、配套投入等到位率和及时性。
		监督管理	评价项目实施机构是否按照PPP项目合同约定履行监督管理职能，如质量监督、财务监督及日常管理等。
		信息公开	评价项目实施机构是否按照信息公开相关要求及时、准确公开信息。

说明：应根据项目行业特点与实际情况等适当调整二级指标，细化形成三级指标。

PPP 项目运营期绩效评价共性指标框架

一级指标	二级指标	指标解释	说明
项目公司（社会资本）绩效评价（100分）	产出 - 项目运营	评价项目运营的数量、质量与时效等目标完成情况，如完成率、达标率与及时性等。	1."产出"指标应作为按效付费的核心指标，指标权重不低于总权重的80%，其中"项目运营"与"项目维护"指标不低于总权重的60%； 2. 原则上不低于80分才可全额付费。
	产出 - 项目维护	评价项目设施设备等相关资产维护的数量、质量与时效等目标完成情况，如设施设备维护频次、完好率与维护及时性等。	
	产出 - 成本效益	评价项目运营维护的成本情况，如成本构成合理性、实际成本与计划成本对比情况、成本节约率、投入产出比等。（注：PPP项目合同中未对运营维护成本控制进行约定的项目适用本指标。）	
	产出 - 安全保障	评价项目公司（或社会资本）在提供公共服务过程中的安全保障情况，如重大事故发生率、安全生产率、应急处理情况等。	
	效果 - 经济影响	评价项目实施对经济发展所带来的直接或间接的正负面影响情况，如对产业带动及区域经济影响等。	
	效果 - 生态影响	评价项目实施对生态环境所带来的直接或间接的正负面影响情况，如节能减排、环保处罚等。	
	效果 - 社会影响	评价项目实施对社会发展所带来的直接或间接的正负面影响情况，如新增就业、社会荣誉、重大诉讼、公众舆情与群体性事件等。	
	效果 - 可持续性	评价项目在发展、运行管理及财务状况等方面的可持续性情况。	
	效果 - 满意度	政府相关部门、项目实施机构、社会公众（服务对象）对项目公司或社会资本提供公共服务质量和效率的满意程度。	
	管理 - 组织管理	评价项目运营管理实施及组织保障等情况，如组织架构、人员管理及决策审批流程等。	
	管理 - 财务管理	评价项目资金管理、会计核算等财务管理内容的合规性。	
	管理 - 制度管理	评价内控制度的健全程度及执行效率。	
	管理 - 档案管理	评价项目运营、维护等相关资料的完整性、真实性以及归集整理的及时性。	
	管理 - 信息公开	评价项目公司或社会资本履行信息公开义务的及时性与准确性。	

续表

一级指标	二级指标	指标解释	说明
项目实施机构绩效评价（100分） 产出	按效付费	评价项目实施机构是否及时、充分按照PPP项目合同约定履行按效付费义务。	"物有所值"指标可结合中期评估等工作定期开展。
产出	其他履约情况	评价项目实施机构是否及时、有效履行PPP项目合同约定的其他义务。	
效果	满意度	社会公众、项目公司或社会资本对项目实施机构工作开展的满意程度。	
效果	可持续性	评价项目实施机构是否为项目可持续性建立有效的工作保障和沟通协调机制。	
效果	物有所值	评价项目物有所值实现程度。	
管理	预算编制	评价项目实施机构是否及时、准确将PPP项目支出责任纳入年度预算。	
管理	绩效目标与指标	评价项目实施机构是否编制合理、明确的年度绩效目标和绩效指标。	
管理	监督管理	评价项目实施机构是否按照PPP项目合同约定履行监督管理职能，如质量监督、财务监督及日常管理等。	
管理	信息公开	评价项目实施机构是否按照信息公开相关要求及时、准确公开信息。	

说明：应根据项目行业特点与实际情况等适当调整二级指标，细化形成三级指标。

第13章
单位简易评价

SECTION 13.1
单位简易评价核心内容

简易评价主要是针对所实施的项目进行简单的评价,基本掌握项目的实施进度及成效。其核心内容主要是通过现场核查及资料的收集汇总来评价分析项目的实施进度以及成果。

SECTION 13.2
单位简易评价程序

简易评价程序分为前期准备工作、现场核查工作、资料信息汇总、评价分析、沟通反馈、出具报告及其他内容等。

具体工作程序如下：

1. 前期准备工作

评价工作组根据项目单位和本单位合同有关要求，拟定项目绩效考评需要准备的资料清单及项目单位需要书写的自评报告模板，约定日期组织项目单位召开绩效考评工作现场培训布置会，讲述绩效考评工作开展的流程及注意事项，并就考评指标体系及要点向项目单位进行详细讲解，印发并详细讲解绩效考评资料清单及自评报告模板。

2. 现场核查工作

一是了解绩效目标设立及完成情况。评价工作组通过查阅相关政策文件以及项目单位评价年度项目申报文本等资料，了解预期绩效目标设立情况，并将反映项目完成结果的相关材料与各项预期绩效目标进行比对,评价项目绩效目标完成情况。

二是了解项目效益实现情况。在社会效益方面,主要是通过查阅相关文件及相关数据统计资料,对项目的社会效益和可持续性进行分析。

3. 资料信息汇总

评价工作组在与被评价单位多次、充分沟通的基础上,陆续搜集和整理与项目相关的资料并确认项目资料是否齐备。

4. 评价分析

评价工作组制定指标体系。结合项目情况,细化指标体系。充分听取专家、项目单位的意见,确定绩效指标体系最终内容。

5. 沟通反馈

绩效考评工作现场布置会后,评价工作组应当深入到被评价单位,了解被考评项目自评报告的书写情况和收集资料,并就项目绩效评价自评报告、预算执行情况表及项目绩效资料准备情况提出具体要求,进一步完善实施过程中的有关考评资料;按照双方约定时间,项目单位补充资料,项目评价工作组整理考评资料(装订成册),并根据项目单位提供资料设定考评指标;在合同约定日前项目评价工作组协助项目单位修改自评报告并最后定稿。

6. 出具报告及其他内容

评价工作组应当结合项目单位的自评报告及项目资料,实施绩效评价报告的书写工作。注意根据项目单位绩效评价的资料、项目单位绩效报告,反映项目概况、项目资金情况及项目绩效目标三方面内容;根据项目绩效考评的具体工作实施,反映项目的评价工作简述及绩效评价分析。最终由项目评价工作组进行报告的定稿并出具报告。

SECTION 13.3
单位简易评价体系

简易评价的体系大致分为三部分,即项目经济性分析、项目效率性分析和项目效益性分析。

项目经济性分析主要是指该项目实施后给社会带来的经济效益;项目效率性分析主要是指项目的实施进度和项目的完成质量;项目效益性分析主要是指项目预期完成的情况、项目实施对社会和经济的影响以及服务对象满意度。

SECTION 13.4

单位简易评价报告

简易评价报告是反映项目完成情况的说明报告。报告内容主要分为项目概述、评价工作、绩效评价分析、评价结论、问题和建议。

项目概述：项目的实施主体、内容、背景，项目的资金情况以及项目的绩效目标等。

评价工作：评价工作的基本情况和评价工作的组织实施。

绩效评价分析：项目绩效目标评价分析、项目绩效控制评价分析、项目产出及效果评价分析等。

评价结论：评价项目的得分情况。

问题和建议：针对评价项目的评价过程中所发现的问题提出合理化建议。

SECTION 13.5
单位简易评价体系的指标权重与评价结果

单位简易评价指标的权重由各单位根据项目实际情况确定。原则上预算执行率和一级指标权重统一设置为：预算执行率10%、产出指标50%、效益指标30%、服务对象满意度指标10%。如有特殊情况，一级指标权重可做适当调整。二级、三级指标应当根据指标重要程度、项目实施阶段等因素综合确定，准确反映项目的产出和效益。

绩效评价结果采取评分和评级相结合的方式，具体分值和等级可根据不同评价内容设定。总分一般设置为100分，等级一般划分为四档：90（含）～100分为优，80（含）～90分为良，60（含）～80分为中，60分以下为差。

SECTION 13.6
单位简易评价报告案例

某市级财政支出项目绩效评价报告请见下面的参考模板。

×××市级财政支出项目
绩效评价报告

主管部门　×××单位
项目单位　×××单位
项目名称　×××项目
评价机构　×××
参与评价
中介机构　×××

×××财政局
××年××月

目　录

一、项目概述 …………………………………………………………… 1

　（一）项目概况 ………………………………………………………… 1

　　1. 项目实施主体 …………………………………………………… 1

　　2. 项目主要内容 …………………………………………………… 1

　　3. 项目立项依据 …………………………………………………… 2

　　4. 项目背景 ………………………………………………………… 2

　（二）项目资金情况 …………………………………………………… 2

　　1. 项目预算安排 …………………………………………………… 2

　　2. 预算执行情况 …………………………………………………… 3

　　3. 预算执行结果 …………………………………………………… 3

　（三）绩效目标 ………………………………………………………… 3

　　1. 总目标 …………………………………………………………… 3

　　2. 阶段性目标 ……………………………………………………… 3

二、评价工作简述 ……………………………………………………… 4

　（一）基本情况 ………………………………………………………… 4

　　1. 评价目的 ………………………………………………………… 4

　　2. 评价原则 ………………………………………………………… 4

　　3. 评价方法 ………………………………………………………… 4

　（二）评价组织实施 …………………………………………………… 4

　　1. 前期准备情况 …………………………………………………… 4

　　2. 现场核查情况 …………………………………………………… 5

　　3. 资料信息汇总 …………………………………………………… 5

　　4. 评价分析 ………………………………………………………… 5

　　5. 沟通反馈 ………………………………………………………… 5

6. 出具报告及其他内容……………………………………………… 5
三、绩效评价分析……………………………………………………………… 6
　（一）项目绩效目标评价分析………………………………………………… 6
　　1. 目标明确性分析…………………………………………………… 6
　　2. 目标合理性分析…………………………………………………… 6
　　3. 目标细化程度分析………………………………………………… 6
　（二）项目绩效控制评价分析………………………………………………… 6
　　1. 资金使用及管理情况……………………………………………… 6
　　2. 项目组织情况……………………………………………………… 7
　　3. 项目管理情况……………………………………………………… 8
　（三）项目产出及效果评价分析……………………………………………… 8
　　1. 项目经济性分析…………………………………………………… 8
　　2. 项目效率性分析…………………………………………………… 8
　　3. 项目效益性分析…………………………………………………… 8
四、评价结论…………………………………………………………………… 10
五、问题………………………………………………………………………… 10
　（一）数量指标反映不充分…………………………………………………… 10
　（二）效益指标制定不够细化………………………………………………… 10
　（三）部分制度需要修订……………………………………………………… 10
六、建议………………………………………………………………………… 10
　（一）对项目绩效目标的制定进行培训……………………………………… 10
　（二）用制度规范项目管理和资金管理……………………………………… 11
　（三）对项目绩效指标的制定进行培训……………………………………… 11
七、附件………………………………………………………………………… 11
　附件　项目支出绩效自评表………………………………………………… 11

财政支出项目绩效评价报告

一、项目概述

(一)项目概况

1. 项目实施主体

根据×××机构编制委员会审核,×××人民政府办公厅《关于印发××主要职责内设机构和人员编制规定的通知》(×政办发〔20××〕××号)批准,××单位内设处室×个,分别为××、××、××、××。

"××项目"实施主体为××。

2. 项目主要内容

完成"名中医身边工程"服务点位×××个重点补助;完成"名中医身边工程"×××个社区中心补助;打造"互联网+名中医服务基层"创新模式,建立名中医扎根基层服务的创新机制;"名中医身边工程"督查评估。

"××项目"包括三个子项目:

(1)"名中医身边工程"服务点位重点补助;

(2)"名中医身边工程"资料印刷;

(3)"名中医身边工程"督查评估。

分配至相关单位具体实施:

(1)"名中医身边工程"服务点位重点补助项目的实施单位为×××。

(2)"名中医身边工程"资料印刷项目的实施单位为×××。

(3)"名中医身边工程"督查评估项目的实施单位为×××。

3. 项目立项依据

落实党的十九大"传承发展中医药事业"精神和习近平总书记对中医药的新思想、新论断和新要求，推动优质中医药资源下沉基层和社区，整合全市名院、名科、名医资源，依托互联网、物联网技术，统筹布局×××地区优质中医专家资源，组织名中医每周到全市××个社区卫生服务中心（乡镇卫生院）坐诊，创建×××名中医身边服务地图系统，使基层百姓一键选择在家门口看名医，并得到慢病危险因素祛除提示单（中医药个体化解决方案），打造"互联网＋名中医服务基层"创新模式，建立名中医扎根基层服务的创新机制，为基层百姓提供全过程的中医药服务。

4. 项目背景

项目单位将深入贯彻落实党的十九大精神，按照市委市政府要求和部署，持续推进"××项目"，提升基层中医药服务能力，提升基础百姓的中医药服务获得感。

（二）项目资金情况

1. 项目预算安排

"××项目"批复预算资金为××万元，用于"名中医身边工程"服务点位重点补助费、"名中医身边工程"资料印刷费、"名中医身边工程"督查评估经费。

2. 预算执行情况

截至目前，该项目支出××万元，预算执行率××%，项目无结余资金。

3. 预算执行结果

"××项目"20××年财政预算资金总额为××万元，财政拨款到位资金××万元，实际支出资金××万元，本年支出进度××%，项目无结余资金。

（三）绩效目标

1. 总目标（依据绩效目标申报表填写）

"××项目"总体目标为：

目标1：完成"名中医身边工程"服务点位××个重点补助；

目标2：完成"名中医身边工程"××个社区中心补助；

目标3：打造"互联网＋名中医服务基层"创新模式，建立名中医扎根基层服务的创新机制；

目标4：完成"名中医身边工程"督查评估。

2. 阶段性目标（依据绩效目标申报表填写）

（1）数量指标：工程重点点位补助××个；名中医服务中心点位补助××个；制定××个"名中医身边工程"2.0版方案。

（2）质量指标：名中医社区卫生服务中心服务到位率≥××%；基层为名中医开展服务提供的条件≥××%；名中医开具治未病处方率≥××%。

（3）进度指标：工程重点点位补助20××年××月底完成；名中医服务中心点位补助20××年××月底完成；制定"名中医身边工程"2.0版方案20××年××月完成。

（4）成本指标：控制在预算数内。

（5）效益指标：提高基层群众享受名中医服务的便捷性。

（6）服务对象满意度指标：群众满意率≥××%；名中医满意率≥××%。

二、评价工作简述

（一）基本情况

1. 评价目的

通过绩效评价，全面、客观反映并科学评价项目的工作成效，对预算管理执行过程中存在的不足提出合理化建议，强化支出责任，使预算管理更加科学、完善，进而规范资金的使用管理，提高资金使用效益和效率。

2. 评价原则

本次绩效评价工作遵循"科学规范原则、公正公开原则、分级分类原则、绩效相关原则"。

3. 评价方法

本次评价工作根据实施单位相关要求，结合实际需要，主要采用以下方法：（1）通过比较法对绩效目标与完成情况进行比较，综合分析该项目的实施情况；（2）通过调查法掌握该项目的管理措施、监管情况等；（3）通过因素分析法综合分析影响绩效目标实现、实施的内外因素；（4）通过公众评价法，从社会公众角度就该项目对党政机关的影响进行调查，以评价项目的影响力及公信力。

（二）评价组织实施

1. 前期准备情况

项目评价工作组根据项目单位和第三方评价机构合同有关要求，拟定项目绩效考评需要准备的资料清单及项目单位需要书写的自评报告模板，××年××月××日组织项目单位召开绩效考评工作现场培训布置会，介绍绩效考评工作开展的流程及注意事项，并就考评指标体系及要点向项目单位进行详细讲解，印发并详细讲解绩效考评资料清单及自评报告模板。

2. 现场核查情况

一是了解绩效目标设立及完成情况。评价工作组通过查阅×××相关政策文件以及项目单位20××年度项目申报文本等资料，了解预期绩效目标设立情况，并将反映项目完成结果的相关材料与各项预期绩效目标进行比对，评价项目绩效目标完成情况。

二是了解项目效益实现情况。在社会效益方面，主要是通过查阅相关文件及相关数据统计资料，对项目的社会效益和可持续性进行分析。

3. 资料信息汇总

评价工作组在与评价对象充分、多次沟通的基础上，陆续搜集和整理与项目相关的资料并确认资料是否齐备。

4. 评价分析

制定指标体系：结合项目情况，细化指标体系。充分听取专家、项目单位的意见，确定绩效指标体系最终内容。

5. 沟通反馈

绩效考评工作现场布置会后，项目评价工作组于20××年××月××日到项目单位，了解被考评项目自评报告的书写情况和收集资料，并就项目绩效评价自评报告、预算执行情况表及项目绩效资料准备情况提出具体要求，进一步完善实施过程中的有关考评资料；20××年××月××日至20××年××月××日期间，项目单位补充资料，项目评价工作组整理考评资料并装订成册，并根据项目单位提供资料设定考评指标；20××年××月××日之前项目评价工作组协助项目单位修改自评报告并最后定稿。

6. 出具报告及其他内容

结合项目单位的自评报告及项目资料，实施绩效评价报告的书写工作。根据项目单位的绩效评价资料、项目单位绩效报告，反映项目概况、项目资金情况及项目绩效目标三方面内容；根据项目绩效考评的具体工作实施，反映项目的评价工作简述及绩效评价分析。最终由项目评价工作组进行报告的定稿并出具报告。

三、绩效评价分析

（一）项目绩效目标评价分析

1. 目标明确性分析

项目单位确立了"完成'名中医身边工程'服务点位××个重点

补助；完成'名中医身边工程'××个社区中心补助；打造'互联网+名中医服务基层'创新模式，建立名中医扎根基层服务的创新机制；完成'名中医身边工程'督查评估"的总体绩效目标，并确立了三个阶段性目标，绩效目标符合项目单位"××项目"的发展规划要求，并与相应的财政支出范围、方向紧密相关，具有可实现性。

2. 目标合理性分析

项目单位为实现绩效目标开展的工作内容符合实际需求，绩效目标与工作职能相符。

3. 目标细化程度分析

项目单位设定的绩效目标整体比较明确，但效益指标不够细化，仅设置社会效益指标，缺少可持续影响指标等。

（二）项目绩效控制评价分析

1. 资金使用及管理情况

（1）项目资金管理制度、办法的制定。

依据《中华人民共和国会计法》《中华人民共和国预算法》《政府会计制度》《医疗卫生机构财务会计内部控制规定》等相关法律、法规，制定《预算管理制度》《收入管理制度》《支出管理制度》《经费支出审批制度》《专项资金管理制度》《项目管理制度》等，做到职位职责分工明确，确保了内部控制和监督有效；财政专项项目执行过程中必须遵循专款专用、合理安排、讲求实效的原则，力求做到当年拨款、当年使用；在内部控制方面，严格履行资金审批程序，每笔支出事前进行资金使用申请、事后逐级审核后再报销的办法。

（2）项目资金使用情况分析。

截至目前，该项目支出××万元，用于"名中医身边工程"服务点位重点补助费、"名中医身边工程"资料印刷费、"名中医身边工程"

督查评估经费，本年支出进度×××%，项目无资金结余。

2. 项目组织情况

（1）开展市级区级二级联动。

组建市级、区级专家组，充分发挥市级、区级中医药主管部门的力量，筛选充实专家团队力量，引领基层中医药发展，丰富服务形式，发掘政策潜力，不断提升服务成效。团队组成：团队负责人为国医大师、全国名中医、×××国医名医、名老中医工作室负责人、国家重点专科负责人、全国优秀人才、×××优秀人才、×××中青年名中医、国家和×××中医药专家学术经验继承指导老师。团队组建以医院为单位，组织相关专业高水平中医医师组成专家团队，满足基层中医药服务需求。

（2）建立名中医身边工程信息平台。

将互联网思维充分运用到名中医身边工程中，建立"名中医身边工程"信息服务平台，充分考虑线上线下服务、宣传、带教、培训各类场景，通过信息平台进行综合管理。

（3）制作名中医基层服务电子地图以及一键就医功能。

按照社区百姓对于中医药服务的需要，将遴选的名中医专家团队与×××个社区卫生服务中心进行匹配，通过信息平台互联互通，将名中医团队全年出诊时间按专科、专病、专家等多维度建立数据表，以便社区患者可以多维度查询专家出诊信息。设置一键选择就医功能，患者可在信息平台患者端（微信公众号）选择名医，一键预约，凭预约到医院就诊。

（4）举办×××"名中医身边工程"基层医师培训会。

邀请"名中医身边工程"中临床经验丰富的名老专家举办基层医师培训会，就基层常见疾病进行深入细致的讲解，提高基层中医医师对常见病的中医诊疗水平。

3. 项目管理情况

通过项目单位《项目管理制度》对本项目进行监管。

（三）项目产出及效果评价分析

1. 项目经济性分析

不适用。

2. 项目效率性分析

（1）项目的实施进度。

项目单位认真落实市政府重要民生实事，扎实推进名中医身边工程，在全市××区开展名中医身边工程，组建了由两院院士、国医大师、中医首席技术官为主的治未病××级专家组和××支名中医团队，积极开展"名中医身边工程"。名中医专家团队在百姓身边的基层医疗卫生机构出诊、带教、培训，给周边居民进行中医药健康科普知识宣教，既提高了基层医疗机构的中医药服务水平，也提高了百姓的中医药服务获得感，深受基层医疗卫生服务机构、百姓欢迎。

（2）项目完成质量。

截至20××年××月，共出诊××天，接诊患者××人，开具处方××个，开具治未病处方××张，为基层百姓提供了优质中医药服务。

3. 项目效益性分析

（1）项目预期目标完成情况。

①应完成：工程重点点位补助××个；名中医服务中心点位补助××个；制定××个名中医身边工程2.0版方案。

实际完成：完成工程重点点位补助××个；全市共组织××个专家团队在××家社区服务中心每周出诊一次，完成名中医服务中心点位补助××个；完成制定××个名中医身边工程2.0版方案。

②应完成：名中医社区卫生服务中心服务到位率≥××%；基层为名中医开展服务提供的条件≥××%；名中医开具治未病处方率≥××%。

实际完成：全市共组织××个专家团队在××家社区服务中心每

周出诊一次,名中医社区卫生服务中心服务到位率≥××%;基层为名中医开展服务提供的条件≥××%;名中医开具治未病处方率≥××%。

③应完成:工程重点点位补助20××年××月底完成;名中医服务中心点位补助20××年××月底完成;制定名中医身边工程2.0版方案20××年××月完成。

实际完成:工程重点点位补助20××年××月底完成;名中医服务中心点位补助20××年××月底完成;制定名中医身边工程2.0版方案20××年××月完成。

④控制预算数内完成项目。

⑤基层群众享受名中医服务的便捷性得到提升。

患者们都说在家门口就享受到了大医院专家的诊疗服务,免去了跑远路、排长队的不便,令大家十分感动。两位专家还不定期在××站举办中医养生大课堂,指导辖区百姓及广大患者应用传统中医药知识进行防病保健,受到患者们的一致好评。

⑥应完成:群众满意率≥××%;名中医满意率≥××%。

实际完成:群众满意率××%;名中医满意率××%。

(2)项目实施对经济和社会的影响。

名中医专家团队在百姓身边的基层医疗卫生机构出诊、带教、培训,给周边居民进行中医药健康科普知识宣教,既提高了基层医疗机构的中医药服务水平,也提高了百姓的中医药服务获得感,深受基层医疗卫生服务机构、百姓欢迎。

(3)服务对象满意度。

针对本项目进行了满意度调查,群众满意度调查表抽查××份,群众满意率××%;名中医满意度调查表抽查××份,名中医满意率××%。整体活动达到绩效目标。

四、评价结论

"名中医身边工程"项目综合得分××分,其中:项目资金××分,项目产出××分,项目效果××分,其他指标××分,项目综合绩效级别评定结论为"××"。

五、问题

(一)数量指标反映不充分

项目数量指标为完成工程重点点位补助××个,实际该指标已完成,除结题报告外,无材料可以证明。

(二)效益指标制定不够细化

项目仅设置社会效益指标,缺少环境效益指标和可持续影响指标,效益指标不够细化。

(三)部分制度需要修订

专项资金管理制度中支出没有明确审批权限,合同管理制度中缺少授权委托规定等内容。

六、建议

(一)对项目绩效目标的制定进行培训

组织培训,对如何设定绩效目标以及具体指标的方法进行讲解,使执行的可操作性、科学性、合理性以及事后评价得到可量改善。

(二)用制度规范项目管理和资金管理

结合项目单位的实际情况,修订操作性强的专项资金管理制度和合同管理制度等相关制度，使项目管理更加规范。

（三）对项目绩效指标的制定进行培训

完善绩效指标设置，覆盖长效机制的可持续影响效益指标。

七、附件

附件　项目支出绩效自评表（见下页）

项目支出绩效自评表

（×××年度）

项目名称	"名中医身边工程"项目					
主管部门及代码	项目单位		实施单位：×××、×××			
项目资金（万元）		年初预算数（A）	全年执行数（B）	执行率（B/A）		
	年度资金总额：	××	××	××%		
	其中：财政拨款	××	××	××%		
	其他资金					
年度总体目标	年初设定目标： 目标1："名中医身边工程"服务点位××个重点补助经费； 目标2："名中医身边工程"××个社区中心补助经费； 目标3：打造"互联网+名中医服务基层"创新模式，建立名中医扎根基层服务的创新机制； 目标4："名中医身边工程"督查评估。		年度总体目标完成情况综述：完成了"名中医身边工程"服务点位××个重点补助；完成了"名中医身边工程"××个社区中心补助，打造了"互联网+名中医服务基层"创新模式，建立了名中医扎根基层服务的创新机制；完成了"名中医身边工程"督查评估。			
绩效指标	一级指标	二级指标	三级指标	分值	年度指标值（A）	全年实际值（B）	得分计算方法
	产出指标（45分）	数量指标	工程重点补助服务中心点补助××个；名中医服务点补助××个；名中医身边工程2.0版方案。	××	××	××	完成值达到指标值，记满分；未达到指标值，按B/A×该指标分值计分。
				分值		得分	得分计算方法	未完成原因分析
				（10分）		××	执行率×该指标分值，最高不得超过分值上限。	
				××		××	或A/B×该指标分值××。	

绩效指标					
产出指标（45分）	质量指标	名中医社区卫生服务中心服务到位率≥××%；基层为名中医开展服务提供条件为××%；名中医开具治未病处方率≥××%。	××	××	1.若为定性指标，则根据"四档"原则分别按照指标分值的90%（含）~100%、75%（含）~90%、60%（含）~75%、0~60%末达到指标值，记满分；未达到指标值，按B/A或A/B×该指标分值计分。
	进度指标	工程重点点位补助20××年××月底完成；名中医服务中心点位补助20××年××月底完成；制定"名中医身边工程2.0版"方案20××年××月完成。	××	××	
	成本指标	控制预算数内。	××	××	
效果指标（40分）	效益指标	提高基层群众享受名中医服务的便捷性。	××	××	1.若为定性指标，则根据"四档"原则分别按照指标分值的90%（含）~100%、75%（含）~90%、60%（含）~75%、0~60%末达到指标值，记满分；未达到指标值，按B/A或A/B×该指标分值计分。
	服务对象满意度指标	群众满意率≥××%；名中医满意率××%。	××	××	同效益指标得分计算方式。

第 13 章 单位简易评价

绩效指标	其他指标（5分）	项目是否经过事前绩效评估	项目经过事前绩效评估的，计满分。否则不计分。 ××
	××		××
总分：			

说明：1. 得分一档最高不能超过该指标分值上限。

2. 定性指标根据指标完成情况分为：达成预期指标，基本达成预期指标且具有一定效果，部分达成预期指标且效果较好，未达成预期指标且效果较差四档，分别按照该指标对应分值区间 90%（含）～100%、75%（含）～90%、60%（含）～75%、0～60% 合理确定分值。

3. 定量指标若为正向指标，则得分计算方法应用全年实际值（B）/年度指标值（A）× 该指标分值；若定量指标为反向指标，则得分计算方法应用年度指标值（A）/全年实际值（B）× 该指标分值。

4. 请在"未完成原因分析"中说明偏离目标，不能完成目标的原因及拟采取的措施。

第14章

成本预算绩效分析

SECTION 14.1
成本预算绩效分析概述

1. 成本预算绩效分析的概念

成本绩效是指依照项目管理计划中设定的期望值即成本基准对项目进行测量所得出的资金花费的有效性。

成本预算绩效分析是指运用科学合理可行的成本核算方法，按照绩效目标、投入成本、产出质量与效益匹配对应的原则，设置成本、质量和效益等方面的绩效目标和监督考核指标，对投入成本进行科学测算、全面分析，得出结论的过程。

2. 成本预算绩效分析的意义

党的十九大对加快建立现代财政制度做出重要部署，明确提出"建立全面规范透明、标准科学、约束有力的预算制度，全面实施绩效管理"。十三届人大三次会议通过的预算报告提出"研究开展成本效益分析，为优化预算编制提供依据"。

成本预算绩效分析是全面实施预算绩效管理的重要组成部分，是各级政府、各部门、各单位将成本理念和方法贯穿预算管理各环节,在成本定额标准、财政支出标准和公共服务标准相统一的基础上安排预算,并设置成本、质量和效益等方面的绩效目标和监督考核指标,以实现预算安排核成本、资金使用有规范、综合考评讲绩效的预算管理模式。在成本核算中求绩效,在绩效管理中谋发展,从而化解收支矛盾,转变发展方式。

成本预算绩效分析将成为深化预算绩效管理改革的重大举措和"循证决策"的重要支撑,通过科学的成本预算绩效分析,达到预算绩效管理的规范化、制度化、标准化。

3. 成本预算绩效分析应当遵循的基本原则

(1)客观公正原则。以相关法律、法规、规章以及财政部、地方政府有关文件等为依据,按照"公开、公平、公正"的原则进行。做到主动向同级人大报告、向社会公开,自觉接受人大和社会各界监督。

(2)科学规范原则。通过规范的程序,采用定性与定量相结合的分析方法,科学、合理地进行,做到标准科学、程序规范、方法合理、结果可信。

(3)依据充分原则。收集足够的相关文件及资料,并通过资料收集、调查论证、咨询座谈等方式为分析结论提供充分的依据支持。

(4)绩效相关原则。成本预算绩效分析应当针对具体成本效益和指标体系进行,评价结果应当清晰反映成本和效益之间的紧密对应关系。

SECTION 14.2
成本预算绩效分析准备

1. 接受业务委托

成本预算绩效分析业务是各级财政部门或主管业务部门委托有资质和有能力的会计师事务所来完成的，接受委托的事务所在接到业务委托后，按如下流程完成接受委托初期工作：

（1）确定成本预算绩效分析对象。

根据财政局或预算部门的委托协议确定成本预算绩效分析对象。

（2）与相关财政部门、预算部门沟通。

沟通成本预算绩效分析工作目标、任务、时间安排和工作要求等。

（3）制定总体工作方案和工作计划。

2. 总体工作方案

成本预算绩效分析总体工作方案包括如下内容：

（1）成本预算绩效分析工作目的。

为深入贯彻落实《中共中央 国务院关于全面实施预算绩效管理的意

见》精神,根据《财政部关于印发〈项目支出绩效评价管理办法〉的通知》（财预〔2020〕10号）的要求,以及××区拟施行的××管理及××方案等相关法规政策,运用科学、合理的成本与绩效评价指标、评价标准和评价方法,全面评价实施单位项目支出的合理性、规范性、安全性、经济性和有效性,达到有效提高财政资金使用效率和效果,促进实施单位建立和健全专项资金管理制度,提升实施单位××管理项目管理水平,为××区财政局合理有效使用财政预算资金提供决策依据做出我们的努力。

（2）成本预算绩效工作范围。

主要包括项目涵盖范围和项目时间范围两个部分。

（3）项目受托方情况简介。

××会计师事务所有限公司（以下简称××事务所）系经财政局批准成立的会计师事务所,企业性质为有限责任公司,注册资本××万元。经营范围:审计企业会计报表,出具审计报告;验证企业资本,出具验资报告;办理企业合并、分立、清算事宜中的审计业务,出具有关的报告;基本建设年度财务决算审计;代理记账;会计咨询、税务咨询、管理咨询、会计培训;以及法律法规不禁止的其他业务等。

××事务所长期致力于为政府部门以及行政事业单位提供专业的鉴证、咨询服务,连续多年为政府部门及行政事业单位提供专业的绩效评价服务。如××单位发展资金绩效评价项目连续几年全国评比名列前茅,××项目绩效评价报告单位领导极为满意。

××事务所为了更好地为行政事业单位提供优质的服务,聘请了多位在市属大型企业和行政事业单位有过较高任职经历的专业人士担任咨询专家;同时聘请了一批具有深厚专业知识与丰富管理经验的行业专家在本所担任专业委员会成员,如××大学××学院院长、博士生导师以及若干大中型企业的高级管理人员,可以为客户提供各类财务咨询及绩效评价、绩效评估、预算审核、内部控制制度建设、管理制度升级等服务。

（4）项目组人员安排。

该项目预期配备7人参加，包括事务所高级合伙人、中国注册会计师、高级会计师、注册税务师等。为保证项目绩效评价质量，该项目实施过程将严格执行××事务所质量控制制度作为保障措施。针对××区××管理项目的特点，及时对项目组人员开展必要的专业培训，以期更好地完成委托要求，提高业务胜任能力，高质量地完成财政局的委托，提交满意的绩效评价报告。××事务所承诺：根据财政局的要求和项目的实际需要，可随时增加项目组人员，按期、保质完成项目绩效评价工作。

（5）工作任务及主要工作进程安排可参考表14-1。

表14-1

序号	工作任务	工作内容	时间安排
1	确立绩效预算工作方案	成立××管理绩效成本项目预算工作小组。	20××年××月××日
		拟定工作方案并讨论通过。	20××年××月××日
		召开内部绩效工作小组布置会。	20××年××月××日
2	项目动员	参加财政局召开的项目启动会。	20××年××月××日
		获取客户名单及联系方式，预约进场时间，发放需提供资料清单。	20××年××月××日启动会后即时执行
3	集中现场调研	入户主管部门调研，全面调研规范性文件等，充分听取项目意见，做真实性核实，形成调研底稿。	20××年××月××日—××月××日
		入户基层调研，结合从预算部门了解的情况，全面调研试点单位与本项目相关的涉及"全成本"支出的各类事项，做真实性、完整性核实，形成调研底稿。	20××年××月××日—××月××日
4		整理调研资料，形成初步意见，视情况向城管委和试点单位发放补充资料清单，完善调研程序。	20××年××月××日—××月××日

续表

序号	工作任务	工作内容	时间安排
5	报告撰写	根据调研底稿，形成书面报告。	20××年××月××日—××月××日
6	专家评议	事务所召集专家委员会开展评议，出具评议意见。	20××年××月××日
7	交换意见	与财政局、主管部门、基层单位分别交换意见并修改完善报告内容。	20××年××月××日—××月××日
8	出具正式报告	履行事务所内部审核程序，签发正式报告。	20××年××月××日
9	资料归档	项目组整理项目绩效评价资料，移交事务所进行归档。	20××年××月××日—××月××日

（6）保密措施。

①根据财政局规定，××事务所承诺将严守国家相关法律法规、《中国注册会计师职业道德基本准则》、委托方制定的规章制度，遵守委托方提出的"服务商对服务过程中知悉的有关资料负有保密责任，除法律另有规定者外，未经项目单位同意，不得将项目单位提供的资料泄露给项目单位及主管部门以外的第三者，严格保守项目单位机密"。

②对项目组全体人员事前开展保密教育，提高保密自觉性，对服务期间取得的各类资料妥善保管，合理使用，不允许任何项目资料流出项目组之外。如因××事务所原因导致保密信息泄露纠纷，××事务所将依法承担相应后果。

③根据该方案，××事务所承诺在协议有效期内，不得向第三方转让因中标该项目而获得的政府采购定点服务资格，不使任何与本次招标活动无关的第三方知悉任何与本次招标活动后续相关的业务信息和客户资料。

④根据该方案，××事务所承诺所有参加定点服务项目组成员严格遵守工作纪律和职业道德，坚决拒绝各种不正之风等违法、违纪、违规问题。

⑤××事务所已经与项目组员工分别签署了保密协议书，并持续

关注保密事宜，杜绝可能在未来发生泄密问题。

⑥严格按照具体签订的委托协议的服务内容制定实施方案，保证服务工作按期完成。在服务过程中终止受聘或服务项目完成后，在规定的时间前将委托方所需的重要资料及时报送，并根据委托方需要，将实施服务过程中收集和形成的重要资料（包括纸质、电子介质）及时移交。

（7）廉洁自律。

①项目组成员、××事务所注册会计师、××事务所管理层均不得收取客户任何形式的赠送礼品或给予的款待，避免对职业道德基本原则产生不利影响。

②除非法律法规允许或要求，不得提供财政局委托业务之外的其他服务。

③保持执业独立性，如存在项目组重要成员或××事务所高级管理人员在客户中拥有经济利益，或者与客户在职人员存在家庭和私人关系或商业关系，应当确定是否对客观和公正原则产生不利影响。在提供专业服务时，对客观和公正原则的不利影响确实存在的，××事务所主动退出承接该业务，并向委托方主动告知。

④在执行审计和审阅业务以及其他鉴证业务时，为了达到保持独立性的要求，注册会计师分别遵守《中国注册会计师职业道德守则第4号——审计和审阅业务对独立性的要求》和《中国注册会计师职业道德守则第5号——其他鉴证业务对独立性的要求》。

SECTION 14.3

成本预算绩效分析实施

我们以某区生活垃圾分类管理项目的成本预算绩效分析为例说明如下。

14.3.1 制作并发放所要收集的资料清单

1. 制作并发放给主管部门的资料清单

根据成本预算绩效分析项目需要,应分别向主管部门及基层单位收取与项目有关的相关资料。收取主管部门资料前发放的资料清单请见下面的参考模板。

资料清单

1. 单位基本情况简介、生活垃圾管理事务基本情况介绍。

2. ××区对生活垃圾分类管理项目的执行要求、标准的全部指导性、规范性文件。

3. ××区对生活垃圾分类管理项目已经做出的可行性分析、专家意见、工作方案等与预算相关的资料、事前评估报告。

4. 20××—20××年对生活垃圾分类管理相关项目的预算申报的汇总及明细材料、预算审核报告等。

5. 20××—20××年生活垃圾分类管理相关项目的专项支出会计账簿、原始凭证、审计报告、检查报告及其他资料。

6. 20××—20××年生活垃圾分类管理相关项目的财务决算资料，近年来关于项目的工作总结、汇报材料；与项目相关的市场调研、课题研究报告或论文等。

7. 其他与本项目相关的资料。

××会计师事务所

项目组联系人：××

联系电话：

20××年××月××日

2. 制作并发放给基层单位的资料清单

收取基层单位资料前发放的资料清单请见下面的参考模板。

需提供资料清单

1. 本单位基本情况简介、生活垃圾管理事务基本情况介绍，前期为生活垃圾分类管理所做准备工作形成的书面材料、管理表格、分析数据等。

2. 本单位根据政府指导要求制定、转发的各类生活垃圾分类指导性、规范性文件。

3. 本单位对生活垃圾分类管理新要求做出的工作方案、工作计划、人员配备等相关资料。

4. 本单位20××—20××年对生活垃圾分类管理相关项目的预算申报材料、预算审核报告等。

5. 本单位20××—20××年生活垃圾分类管理相关项目的专项支出会计账簿、原始凭证及审计报告、检查报告等资料。

6. 本单位20××—20××年生活垃圾分类管理相关项目的财务决算资料。

7. 本单位与参与生活垃圾分类管理服务的其他单位（如环卫部门）、外包、购买服务等第三方签订的合同、协议，收费标准等。

8. 第三方为本单位生活垃圾分类管理所做出的费用测算、分析性材料及报价书等。

9. 其他与本项目相关的资料。

××会计师事务所

项目组联系人：××

联系电话：

20××年××月××日

14.3.2 入户调研和收集资料

1. 入户主管部门调研和收集资料

项目组到项目主管部门开展调研，了解项目内容或历年预算安排情况，听取项目预算安排意见。

项目组在调研的同时收集审核项目资料，到项目现场进行调研。通过查阅资料、实地勘测，核实、了解项目具体内容、申报理由和项目实施的具体做法、依据等，将现场情况与上报材料进行对比，对项目疑点问题进行询问，听取并记录项目单位对有关问题的解释和答复，取得预算部门与该项目有关的全成本核算财务数据。

2. 到项目单位开展入户调研和收集资料

项目组到项目实施单位了解项目的具体内容，以及项目的可研论证、实施方案和预算安排等内容；按照发放的资料清单收集资料，如项目单位尚未准备好资料，提出提交资料的时间要求，并指导项目单位填报相关材料。

3. 多方获取项目信息

项目组通过咨询专业人士、查阅资料、问卷调查、电话采访、集中座谈等方式，多渠道获取项目信息。咨询专业人士，主要是咨询行业内专业人士，了解项目背景，准确把握项目特点；查阅资料，主要是通过图书馆、电子书库、网络等多种手段，收集查阅项目的背景、国内外现状、同类或类似项目做法等资料，对项目进行充分了解；问卷调查、电话采访、集中座谈，主要是通过对服务对象进行访谈，核实有关情况，了解基层或项目受益对象的真实想法。

4. 深入生活小区实际测量

为验证垃圾投放人均数量，项目组到某生活小区实地蹲守调研，获取第一手真实资料。

（1）小区住户数量统计请见下面的参考模板。

小区户数统计

序号	楼号	户数
1	1号楼	60
2	2号楼	60

续表

序号	楼号	户数
3	3号楼	36
4	4号楼	36
5	××东路5号院5号楼	108
6	甲4号楼	84
7	7号楼	24
8	××东路5号楼1中楼	64
9	平房十二排	6
10	平房五排	4
11	平房四排	4
12	××东路5号楼2中楼16层	96
13	6号楼	54
14	平三排	4
15	平二排	4
16	平十排	4
17	××地5号楼	24
18	平一排	4
19	平房无6—9及11排	0
20	8号楼	36
21	9号楼	30
22	10号楼	36
23	11号楼	30
24	16号楼	108
25	15号楼	60
26	14号楼	60
27	13号楼	60
28	17号楼	48
29	12号楼	36
30	合计	1180

（2）小区厨余垃圾量统计请见下面的参考模板。

小区厨余垃圾量统计明细表

单位：公斤（kg）

序号	桶型号	毛重（kg）	皮重（kg）	净重（kg）	垃圾产生时间
1	小桶	59.3	8.2	51.1	晚 7:00 前
2	小桶	41.5	8.2	33.3	晚 7:00 前
3	小桶	43.6	8.2	35.4	晚 7:00 前
4	小桶	41.8	8.2	33.6	晚 7:00 前
5	小桶	74.5	8.2	66.3	晚 7:00 前
6	小桶	76.5	8.2	68.3	晚 7:00 前
7	小桶	30.5	8.2	22.3	晚 7:00 后
8	小桶	74.6	8.2	66.4	晚 7:00 后
9	小桶	22.3	8.2	14.1	晚 7:00 后
10	小桶	48.1	8.2	39.9	晚 7:00 后
11	小桶	35.8	8.2	27.6	晚 7:00 后
12	小桶	44.4	8.2	36.2	晚 7:00 后
13	小桶	40.0	8.2	31.8	晚 7:00 后
14	大桶	64.5	13.7	50.8	晚 7:00 前
15	大桶	81.3	13.7	67.6	晚 7:00 前
16	大桶	57.8	13.7	44.1	晚 7:00 前
17	大桶	114.5	13.7	100.8	晚 7:00 前
18	大桶	104.1	13.7	90.4	晚 7:00 前
19	大桶	56.9	13.7	43.2	晚 7:00 前
20	大桶	21.4	13.7	7.7	晚 7:00 前
21	合计	1 133.4		930.9	

（3）小区其他垃圾量统计请见下面的参考模板。

小区其他垃圾量统计明细表

单位：公斤（kg）

序号	桶型号	毛重（kg）	皮重（kg）	净重（kg）	垃圾产生时间
1	大桶	53.6	13.7	39.9	晚 7:00 前
2	大桶	56.0	13.7	42.3	晚 7:00 前
3	大桶	54.5	13.7	40.8	晚 7:00 前
4	大桶	53.6	13.7	39.9	晚 7:00 前
5	大桶	53.0	13.7	39.3	晚 7:00 前
6	大桶	62.3	13.7	48.6	晚 7:00 前
7	大桶	59.0	13.7	45.3	晚 7:00 前
8	大桶	56.7	13.7	43.0	晚 7:00 前
9	大桶	53.9	13.7	40.2	晚 7:00 前
10	大桶	51.3	13.7	37.6	晚 7:00 前
11	大桶	54.8	13.7	41.1	晚 7:00 前
12	大桶	55.1	13.7	41.4	晚 7:00 前
13	大桶	55.3	13.7	41.6	晚 7:00 前
14	大桶	53.1	13.7	39.4	晚 7:00 前
15	大桶	54.2	13.7	40.5	晚 7:00 前
16	大桶	55.9	13.7	42.2	晚 7:00 前
17	大桶	53.5	13.7	39.8	晚 7:00 前
18	大桶	56.7	13.7	43.0	晚 7:00 前
19	大桶	53.3	13.7	39.6	晚 7:00 前
20	大桶	54.8	13.7	41.1	晚 7:00 前
21	大桶	54.3	13.7	40.6	晚 7:00 前
22	大桶	56.8	13.7	43.1	晚 7:00 前
23	大桶	60.6	13.7	46.9	晚 7:00 前
24	大桶	59.4	13.7	45.7	晚 7:00 前
25	大桶	54.5	13.7	40.8	晚 7:00 前

续表

序号	桶型号	毛重（kg）	皮重（kg）	净重（kg）	垃圾产生时间
26	大桶	49.4	13.7	35.7	晚 7:00 前
27	大桶	52.8	13.7	39.1	晚 7:00 前
28	大桶	53.4	13.7	39.7	晚 7:00 前
29	大桶	53.3	13.7	39.6	晚 7:00 前
30	大桶	54.9	13.7	41.2	晚 7:00 前
31	大桶	52.2	13.7	38.5	晚 7:00 前
32	大桶	57.5	13.7	43.8	晚 7:00 前
33	大桶	54.9	13.7	41.2	晚 7:00 前
34	大桶	55.9	13.7	42.2	晚 7:00 前
35	大桶	56.2	13.7	42.5	晚 7:00 前
36	大桶	52.0	13.7	38.3	晚 7:00 后
37	大桶	50.5	13.7	36.8	晚 7:00 后
38	大桶	47.7	13.7	34.0	晚 7:00 后
39	大桶	51.0	13.7	37.3	晚 7:00 后
40	大桶	63.8	13.7	50.1	晚 7:00 后
41	大桶	53.6	13.7	39.9	晚 7:00 后
42	大桶	49.2	13.7	35.5	晚 7:00 后
43	大桶	57.5	13.7	43.8	晚 7:00 后
44	大桶	63.7	13.7	50.0	晚 7:00 后
45	大桶	56.2	13.7	42.5	晚 7:00 后
46	大桶	65.0	13.7	51.3	晚 7:00 后
47	大桶	55.2	13.7	41.5	晚 7:00 后
48	大桶	50.8	13.7	37.1	晚 7:00 后
49	大桶	66.1	13.7	52.4	晚 7:00 后
50	大桶	60.4	13.7	46.7	晚 7:00 后
51	大桶	65.7	13.7	52.0	晚 7:00 后
52	大桶	47.9	13.7	34.2	晚 7:00 后
53	大桶	56.7	13.7	43.0	晚 7:00 后
54	大桶	60.6	13.7	46.9	晚 7:00 后
合计		3 000.3		2 260.5	

（4）小区垃圾桶及桶站情况统计请见下面的参考模板。

小区垃圾桶及桶站分布明细表

序号	桶站地理位置	厨余垃圾桶数	其他垃圾桶数
1	3号楼甲门	1	2
2	5号楼甲门	1	2
3	9号楼甲门	1	4
4	11号楼甲门	1	5
5	16号楼甲门	1	2
6	17号楼丁门	1	2
7	18号楼丁门	1	2
8	新1号楼2单元	1	2
9	新2号楼1单元	1	5
10	新5号楼4单元	1	5
11	平房3排	1	2
12	合计	11	33

（5）小区参与垃圾分类工作人员统计：

20××年××月××日对参与小区垃圾分类工作人员相关情况进行统计，结果如下：

管理人员：2人；

指导员兼垃圾清扫员、厨余垃圾清运：6人；

专职清运其他垃圾：1人。

（6）小区生活垃圾运输情况统计：

20××年××月××日生活垃圾运输情况为：厨余垃圾收集，由6名保洁人员靠人力将桶站处的厨余垃圾送到垃圾屋，再将空桶送回桶站，每天收集两次，上午一次，晚上一次，汇集到垃圾屋的厨余垃圾再由大型厨余垃圾运输车拉走进行处理，每天清运1次。其他垃圾由第三方出资购买的三轮电瓶车负责将其运送到垃圾转运站。

（7）运输车配置情况：

外聘的第三方公司在该小区配置1辆三轮四桶电瓶车，上午6：00—10：30，下午1：30—4：00不间断运送，由小区到中转站距离为675米，中转站在小区外，出小区大门，走正规大路，过红绿灯才能到。

运输车运送一趟耗时情况如下：在小区内需15～20分钟，出小区后往返需23～30分钟不等，上午运送8～9趟，下午运送6～7趟。

按小区内平均运行距离200米，小区外运行1次1350米，总计运送1次距离为1550米，即：1.55千米。

（8）通过查阅相关资料了解情况。

为确认垃圾桶的使用寿命，项目组人员查询大量塑料及塑料制品国标，对塑料制品制定的国标主要是卫生标准和技术标准，关于使用寿命的标准在GB18191—2008中第8条"标志、运输和贮存"8.4款规定："危塑桶应遮篷储存，避免曝晒。自生产之日起，危塑桶贮存保质期为2年"。

（9）通过询问了解情况。

项目组通过电话调查询问相关环卫部门业务人员，环卫部门对垃圾桶更新情况回答是：针对垃圾桶的更换年头目前没有明文规定，环卫部门采用随坏随更换的办法。

在实际调研中询问：项目组在下户调研中，与相关街、乡镇负责生活垃圾分类人员沟通，在询问垃圾桶的更新情况时，相关人员均表示无更新记录，随坏随换。

14.3.3　对调研获取信息及收集得到材料展开分析

项目组对取得的各种信息和资料运用科学合理可行的成本核算方法，对项目支出的历史成本进行分析，摸清成本核算与分摊方法，分析影响成本的关键因素和成本变动趋势。

1. 成本预算绩效分析方法

（1）成本效益分析法。

成本效益分析是通过比较项目的全部成本和效益来分析项目价值的一种方法。该方法主要是结合预算支出确定的绩效目标，提出若干实现该目标的方案，运用一定的技术方法，计算出每种方案的成本和收益，通过比较，选择成本最小效益最大的实施方案。

（2）作业成本法。

作业成本法是成本计算与成本管理的有机结合。作业成本计算法基于资源耗用的因果关系进行成本分配：根据作业活动耗用资源的情况，将资源耗费分配给作业；再根据成本对象消耗作业的情况，把作业成本分配给成本对象。

（3）最低成本法。

最低成本法是指对预期效益不易计量的项目，通过综合分析测算其最低实施成本，对项目进行分析。

（4）净现值法。

净现值法是指利用净现金效益量的总现值与净现金投资量算出净现值，然后根据净现值的大小来分析项目是否可行。净现值越大，项目方案越好。

（5）比较法。

比较法是指通过对绩效目标与预期实施效果、历史情况、不同部门和地区同类预算支出（项目）安排的比较，对项目进行分析。

（6）因素分析法。

因素分析法是指通过综合分析影响项目绩效目标实现、实施效果的内外因素，对项目进行分析。

（7）公众评判法。

公众评判法是指通过专家评估、公众问卷及抽样调查等方式，对项目进行分析。

另外，也可使用其他科学合理的分析方法。

2. 开展综合分析

对得到的信息及资料整合，运用以上方法进行分析。

（1）召开相关项目组专家及工作人员会议，分析确定与生活垃圾分类日常运维相关的主要因素，包括：指导员费用、宣传费、垃圾桶更换费用及垃圾运输费等。

（2）对基层单位以上相关费用历史成本进行统计，同时剔除不相干因素，得出历史成本相关费用，如表14-2所示。

表 14-2

单位：元

序号	被调研单位	指导员费用	宣传费用	垃圾桶更换费用	运输费用	累计费用
1	××街道	4 329 223.30	544 146.01	49 630.32	2 180 718.60	7 103 718.23
2	××街道	2 509 694.67	184 776.46	28 771.20	367 829.26	2 906 295.13
3	××乡	2 697 921.77	574 994.00	33 086.88	1 233 156.47	3 964 165.12
4	××街道	125 484.73	59 214.51	3 956.04	265 709.97	395 150.75
5	合计	9 662 324.47	1 363 130.98	115 444.44	4 047 414.30	13 825 183.22

3. 建立成本绩效分析指标体系

（1）设计项目成本预算绩效分析指标体系表。

项目组根据国家相关法律法规的要求，考虑生活垃圾分类对环境保护和可持续发展的重大作用，以及工作的长期性、复杂性、困难程度等因素，从投入成本、产出质量、效益效果三个维度，建立项目（政策）成本预算绩效分析指标体系，对项目（政策）进行成本效益分析，测算成本要素及预算定额，提交财政部门审核，以便后期更加有效地开展绩效评价。

项目成本预算绩效分析指标体系表请见下面的参考模板。

XXX项目成本预算绩效分析指标体系表

投入成本指标			产出质量指标			效益效果指标		
一级指标	二级指标	指标说明	一级指标	二级指标	指标说明	一级指标	二级指标	指标说明
当期成本	人力支出	反映各类人员的劳务报酬，以及各项社会保险费用。	当期产出质量	数量指标	反映预期提供的公共产品和服务数量。	当期效益	经济效益	反映相关产出对经济发展带来的影响和效果。
	商品和服务支出	反映单位购买商品和服务的支出（不包括用于购置固定资产的支出等）。					社会效益	反映相关产出对社会发展带来的影响和效果。
	资本性支出	反映用于购买固定资产以及构建基础设施、大型修缮和改造等的支出。		质量指标	反映预期提供的公共产品和服务达到的标准、水平和质量。		生态效益	反映相关产出对自然环境带来的影响和效果。
	债务利息和费用支出	反映偿还债务利息的支出。					可持续影响	反映相关产出带来影响的可持续期限。
	对企业补助	反映对各类企事业及民间非营利组织的补贴。		进度指标	反映预期提供公共产品和服务的及时程度和效率情况。		服务对象满意度	反映服务对象或项目受益人对相关产出及影响的认可程度。
	其他支出	不能反映上述经济科目的其他支出。						

续表

投入成本指标			产出质量指标			效益效果指标		
一级指标	二级指标	指标说明	一级指标	二级指标	指标说明	一级指标	二级指标	指标说明
远期成本	人力支出	反映各类人员的劳务报酬，以及各项社会保险费用。	远期产出质量	数量指标	反映预期提供的公共产品和服务数量。	远期效益	经济效益	反映相关产出对经济发展带来的影响和效果。
	商品和服务支出	反映单位购买商品和服务的支出（不包括用于购置固定资产的支出等）。					社会效益	反映相关产出对社会发展带来的影响和效果。
	资本性支出	反映用于购买固定资产以及构建基础设施、大型修缮和改造等的支出。		质量指标	反映预期提供的公共产品和服务达到的标准、水平和质量。		生态效益	反映相关产出对自然环境带来的影响和效果。
	债务利息和费用支出	反映偿还债务利息的支出。					可持续影响	反映相关产出带来影响的可持续期限。
	对企业补助	反映对各类企事业及民间非营利组织的补贴。		进度指标	反映预期提供公共产品和服务的及时程度和效率情况。		服务对象满意度	反映服务对象或项目受益人对相关产出及影响的认可程度。
	其他支出	不能反映上述经济科目的其他支出。						

填报人：　　　　　　　　　填报日期：

根据项目实施的历史成本、上级要求、发展规划、物价指数等因素，项目组测算完成了《××区生活垃圾分类运行经费定额标准（建议稿）》及《生活垃圾分类运行经费成本预算绩效分析报告》，经专家论证出具意见，提交财政部门审核。

生活垃圾分类运行经费定额标准表请见下面的参考模板。

生活垃圾分类运行经费定额标准表

投入成本指标				产出质量指标				效益效果指标			
一级指标	二级指标	三级指标	指标值（元÷户·月）	指标说明	一级指标	二级指标	三级指标	指标说明	一级指标	二级指标	三级指标	指标说明
运维成本	生活垃圾分类单位成本	指导员费用	7.3	加强桶边指导、监督，需要对投放垃圾人员进行宣传指导监督。	产出质量	数量指标	指导员数量	每个桶站1～2名指导员，每天值守时间8小时。	实施效益	社会效益	落实相关法律法规规定	促进《生活垃圾分类管理条例》的落实，确保在垃圾投放时间内指导员桶站值守。
							垃圾桶更新数量	每年按50%更换垃圾桶。			督促居民源头分类	促使投放垃圾在源头分类，解决投放容器不足及破损问题。
		垃圾桶更新	0.08	因垃圾桶在使用过程中易损坏，为维持垃圾分类工作正常进行，需要满足对桶完好无损的要求。			清运次数	厨余垃圾每天2次，其他垃圾每天2次。		生态效益	形成习惯，对垃圾进行无害化处理	加强分类投放、收集、运输、处理，减少污染。

续表

投入成本指标			产出质量指标			效益效果指标		
运维成本	生活垃圾分类运维单位成本	垃圾清运	2.11	按相关文件及要求定期定点将生活垃圾分类运输。	产出质量指标	制度建设	执行预算制度,制定监管理制度,制定监管制度并落实。	实施效益	环境效益	减少投放、合理投放	反映相关产出对自然环境带来的影响和效果。
		厨余垃圾中转站值守	0.13	按相关文件及要求设立垃圾中转站,需要值守人员。		落实监督检查	要按制度执行监督检查考核,要建立合账,要有记录人员及检查人员签字。		可持续影响	增强居民分类意识,加大资源再利用	实现生活垃圾减量化、资源化、无害化的目标。
		宣传费用	3.35	入户宣传、发放宣传品、积分奖励。		完成生活垃圾分类	合理设置桶站,合理配置指导员,按要求运输。		服务对象满意度	投放桶站干净,指导员配备合理	居民满意度达90%以上。

4. 召开专家论证会

项目组完成生活垃圾分类运行经费成本绩效分析工作，事务所及时聘请具有丰富实践经验、专业素养高、熟悉绩效评价工作的专家召开专家论证会。专家论证会充分肯定了项目组的工作，一致认为《生活垃圾分类运行经费成本预算绩效分析报告》历史成本数据真实，分析测算有效，报告整体质量较高，圆满完成了财政部门的委托任务；《××区生活垃圾分类运行经费定额标准（建议稿）》测算依据充分，计算准确，指导性较强，建议财政部门采用，列为"生活垃圾分类运行经费预算定额"，作为下年度各个实施单位编制项目预算的标准。

专家评审表请见下面的参考模板。

专家评审表

一、项目的基本情况

项目名称	生活垃圾分类运行经费成本绩效分析		
项目单位	××区××委员会	主管部门（单位）	
项目负责人	××	职务：	联系电话：
项目类型	服务类		
项目起止时间	开始时间 20××年××月	截止时间	20××年××月
项目总投入金额	××××万元	其中：财政拨款	××××万元
项目实际到位金额	××××万元	其中：财政拨款	××××万元
项目实际支出金额	××××万元	其中：财政拨款	××××万元

项目概况	1.项目实施目的： 将生活垃圾分类作为城市精细化管理的重要抓手，以减量化、资源化、无害化为目标，突破难点，落实责任，建立互信，持之以恒，加快建立分类投放、分类收集、分类运输、分类处理的垃圾处理系统，形成以法治为基础，政府推动、全民参与、城乡统筹、因地制宜的垃圾分类制度，全面提高垃圾分类工作水平。 2.项目实施背景： 对生活垃圾分类项目开展成本绩效分析，确认合理的生活垃圾分类支出类别，测算保障生活垃圾分类长期运行的定额标准，为加强预算管理提供参考数据，确定预期效益和监督考核指标，有利于进一步提高财政资金使用效益。 3.项目目标： 落实垃圾分类管理责任人管理责任和居住小区"一长四员"责任；负责加强对居民的宣传教育，组织街乡镇和社区（村）干部入户面对面宣传培训，做好居住小区以及其他单位等垃圾分类工作，组织指导居民正确分类、正确投放垃圾。

二、项目绩效专家考评表

生活垃圾分类运行经费成本绩效分析

一级指标	分值	二级指标	分值	三级指标	分值	四级指标	分值	评分标准	评价得分	专家意见
项目决策	15	绩效目标	5	目标内容	5	绩效目标明确性	2	1.绩效目标明确，得1～2分； 2.绩效目标较为明确，得0～1分； 3.绩效目标过于笼统、不够明确，得0分。		
						绩效目标合理性	3	1.绩效目标合理，得2～3分； 2.绩效目标较为合理，得1～2分； 3.绩效目标不够合理得0～1分。		
		决策过程	10	决策依据	5	决策依据的充分性	5	1.项目立项程序规范，内容科学合理，得2～4分； 2.项目立项程序较为规范，内容较合理，得1～2分； 3.项目立项程序不规范，内容不合理，得0～1分。		

续表

一级指标	分值	二级指标	分值	三级指标	分值	四级指标	分值	评分标准	评价得分	专家意见
项目决策	15	决策过程	10	决策程序	5	项目申报程序的规范性	3	1. 项目申报、批复程序符合相关规定，论证充分，得3分； 2. 项目申报、批复程序符合相关规定，论证比较充分，得1～2分； 3. 项目批复程序无立项或论证不充分，得0分。		
						项目调整的规范性	2	1. 项目无调整或经有关项目批准按规定程序调整，得1～2分； 2. 项目无调整或经有关项目批准基本按照规定程序执行，得0～1分； 3. 随意调整或未经批准也没按规定程序调整，得0分。		
项目管理	30	项目资金	15	预算管理	5	预算编制的细化、准确程度	2	1. 预算编制详细、具体、准确，预算与批复基本一致，得1～2分； 2. 预算编制不够详细、不够具体、准确，预算与批复基本一致，得0～1分； 3. 项目编制无预算、项目不准确，得0分。		
						预算执行与预算编制、计划的一致性	3	1. 制定并依据实施方案进行决策，得2～3分； 2. 预算执行与预算编制、计划基本一致，得1分； 3. 预算执行与预算编制、计划不一致，得0分。		
				资金到位	4	资金到位情况	2	1. 资金到位及时、满足项目需求，得1～2分； 2. 资金到位基本满足项目支出，得0～1分； 3. 资金到位不及时，得0分。		

续表

一级指标	分值	二级指标	分值	三级指标	分值	四级指标	分值	评分标准	评价得分	专家意见
项目管理	30	项目资金	15	资金到位	4	审批程序规范性	2	1.审批程序规范、符合制度要求，得1~2分； 2.审批程序基本规范，得0~1分； 3.审批程序不规范，得0分。		
				财务管理	6	财务制度是否健全	2	1.财务制度和稽核责任机制健全，符合单位特点及日常管理需求，得1~2分； 2.制度基本满足日常管理需要，得0.5~1分； 3.制度存在明显漏洞或不足，得0~0.5分。		
						记账依据充分性	2	1.依据充分，得1~2分； 2.依据基本充分，得0.5~1分； 3.依据不充分，得0~0.5分。		
						会计核算规范性	2	1.核算方法科学、合理，结果准确，得1~2分； 2.核算方法基本准确，结果基本准确，得0.5~1分； 3.核算方法存在问题，结果有偏差，得0~0.5分。		
		项目实施		组织机构	4	组织机构设置健全性	2	1.组织机构健全，满足项目需求，得1~2分； 2.组织机构基本健全，基本满足项目需求，得0.5~1分； 3.组织机构不健全，不满足项目需求，得0分。		
						职能分工	2	1.职能分工明确，得1~2分； 2.职能分工基本明确，得0.5~1分； 3.职能分工不明确，得0分。		
				制度建设	5	制度建设	5	1.项目制度和管理文件完善、健全，得4~5分； 2.项目制度基本完善、基本健全，得2~3分； 3.项目制度不完善、不健全，得0~1分。		

续表

一级指标	分值	二级指标	分值	三级指标	分值	四级指标	分值	评分标准	评价得分	专家意见
项目管理	30	项目实施	15	过程控制	6	项目执行与实施方案的一致性	3	1. 项目执行与实施方案完全一致，得2～3分； 2. 项目执行与实施方案基本一致，得1～2分； 3. 项目执行与实施方案差异较大，得0～1分。		
						项目实施程序规范、合理、科学	3	1. 项目实施规范，执行程序科学合理，得1～3分； 2. 项目实施规范，执行程序基本科学合理，得0～1分； 3. 项目实施不规范、不合理、不科学，得0分。		
项目绩效	55	项目产出	30	产出数量	10	配置垃圾分类户外桶、桶站、指导员数量	10	1. 每个桶站2名指导员，每天值守时间8小时，得8～10分； 2. 每个桶站1名指导员，每天值守时间4小时，得4～7分； 3. 每个桶站未配置指导员，得0分。		
				产出质量	10	垃圾桶更新数量及质量	5	1. 符合要求，得5分； 2. 不符合要求，得0分；		
						第三方公司符合招标文件要求	5	1. 符合招标文件要求，得5分； 2. 不符合招标文件要求，得0分；		
						垃圾清运	5	1. 清运及时，得5分； 2. 清运不及时，得0～4分。		
				产出成本	5	按照预算执行	5	1. 项目成本控制水平高，无资金占用现象，得5分； 2. 项目控制水平一般，存在部分资金占用现象，得3～4分； 3. 项目控制水平低，得0～2分。		

续表

一级指标	分值	二级指标	分值	三级指标	分值	四级指标	分值	评分标准	评价得分	专家意见
项目绩效	55	项目效果	25	社会效益	10	对调动居民源头分类的积极性的影响	5	1.居民源头分类积极性得到调动,得4~5分; 2.对调动居民源头分类积极性的影响不明显,得1~3分。		
						落实监督检查	5	1.按制度执行监督检查考核,建立台账,有记录人及检查人员签字,得4~5分; 2.未按制度执行监督检查考核,未及时建立台账,也没有记录人及检查人员签字,得1~3分。		
				环境效益	5	对减少居民混合投放生活垃圾,并通过技术处理,使资源二次利用的影响	5	1.有效减少居民混合投放生活垃圾,促进资源二次利用,得4~5分; 2.对减少居民混合投放生活垃圾,并通过技术处理,使资源二次利用的影响不明显,得1~3分。		
				可持续影响	10	对增强群众垃圾分类意识的影响	5	1.通过宣传增强群众垃圾分类意识具有可持续影响,得4~5分; 2.对增强群众垃圾分类意识可持续影响不明显,得1~3分。		
						服务对象满意度	5	1.居民满意度达90%以上,4~5分; 2.居民满意度小于90%,得1~3分。		
合计							100			

一、分项意见
（一）成本指标
（二）质量指标
（三）效益指标

二、总体意见

三、其他问题和建议

专家签字：

20××年××月××日

SECTION 14.4
总结及应用

1. 撰写报告

成本预算绩效分析工作组根据专家意见、财政部门和主管部门（单位）意见，按照规定的文本格式和要求，撰写财政支出成本预算绩效分析报告，整理成本预算绩效分析资料。

撰写的报告请见下面的参考模板。

生活垃圾分类运行经费成本绩效分析报告

一、项目背景

（一）立项原因

为落实中央、×××对生活垃圾分类工作的要求，将生活垃圾分类作为城市精细化管理的重要抓手，以减量化、资源化、无害化为目标，突破难点，落实责任，建立互信，持之以恒，加快建立分类投放、分类收集、分类运输、分类处理的垃圾处理系统，形成以法治为基础，政府推动、全民参与、城乡统筹、因地制宜的垃圾分类制度，全面提高垃圾分类工作水平。

对生活垃圾分类项目开展成本绩效分析，确认合理的生活垃圾分类支出类别，测算保障生活垃圾分类长期运行的定额标准，为加强预算管理提供参考数据，确定预期效益和监督考核指标，有利于进一步发挥财政资金使用效益。

（二）政策导向

本项目主要依据以下法律法规和规章制度：

1.《关于全面推进生活垃圾处理工作的意见》；

2.《城市环境建设委员会××精神文明建设委员会关于在全市600个试点小区建立垃圾减量垃圾分类指导员队伍的指导意见》；

3.《国务院办公厅关于转发国家发展改革委 住房城乡建设部生活垃圾分类制度实施方案的通知》（国办发〔2017〕26号）；

4.《×××政府办公厅关于加快推进生活垃圾分类工作的意见》；

5.《×××垃圾分类治理行动计划（2017—2020年）》；

6.《×××生活垃圾分类管理条例》；

7.《×××生活垃圾分类示范片区创建验收考评办法》；

8.《×××生活垃圾分类日常运行管理检查考评办法》；

9.《×××生活垃圾分类工作行动方案》；

10.《城市环境建设管理委员会办公室关于印发生活垃圾分类三个指引的通知》；

11.《城市环境建设管理委员会办公室关于做好2020年生活垃圾分类投放站点、密闭式清洁站新建改造提升和收集运输车辆涂装工作的通知》等。

二、项目实施现状

1. ××区生活垃圾分类工作前后分为三个阶段：以市政府《关于全面推进生活垃圾处理工作的意见》为标志开展的"达标小区"建设阶段；以《×××政府办公厅关于加快推进生活垃圾分类工作的意见》为标志开展的"垃圾分类示范区"创建阶段（开展"垃圾分类示范区"创建工作后，原建设的"达标小区"逐步转为"垃圾分类示范区"，预计20××年××月完成全部转换工作）；以市人大常委会重新修订颁布的《×××生活垃圾分类管理条例》（以下简称《条例》）于20××年××月××日正式实施为标志，生活垃圾分类工作将进入规范性、日常化管理阶段。

2. 由于生活垃圾分类工作多年来处于创建阶段，项目资金主要投入到基础设施建设（如垃圾桶配备、桶站建设、清运工具、垃圾分拣员招聘）、小区宣传等方面，在精细化、定额化管理方面存在一些不足。

3. 20××年以前生活垃圾分类没有预算定额标准，××区根据自有财力保障能力安排预算资金。实际工作中财政部门预算安排"心中没底"，无法准确掌握项目到底需要多少资金保障；项目实施单位反映强烈，都在抱怨"资金不够用"，需要挪用其他项目资金补充支出，造成违反财政预算管理制度的问题。

三、分析对象

1. 项目名称。

2. 项目单位。

3. 主管部门。

4. 项目概况：说明项目实施主体，项目单位组织、服务对象情况、年度预算总额、预算标准等。

5. 项目资金：说明项目资金投入方式、资金来源以及省市级财政资金、区级财政资金、其他资金各占比多少。

6. 项目运行模式。

为统一服务标准，确保生活垃圾分类工作质量，预算主管部门通过考察资质、参考服务业绩，确定5家专业公司推荐各街道乡镇采用竞争性磋商方式选择聘用。各街乡镇除宣传、垃圾桶购置以外的工作全部交由第三方公司承担。支付第三方公司的服务费用约占总经费支出的70%以上。

四、分析方式和方法

1. 分析程序。

我公司接受××财政局委托，成立项目组，聘请业内专家，研究生活垃圾分类法律法规和相关规章制度，制定《工作方案》和《工作计划》；赴现场×个被调研单位了解项目管理情况，收集相关资料，深入社区、小区、平房区核对垃圾桶站、垃圾桶、指导员人数、垃圾清运工具、次数、确认居民垃圾投放量；对被调研单位20××年项目经费实际支出进行历史成本测算；对《条例》实施及市区领导新要求、考核指标进行因素分析，确定成本要素，调整历史成本支出标准……

2. 论证思路及方法。

生活垃圾分类经费项目成本预算绩效研究是以历史数据为测算依据，对支出项目进行用途分析，按照"保质量、保运行、可持续"的原则确定各项成本要素。按照因素分析法对成本要素逐项分析确认支出定额和总成本定额。

3. 分析方式。

为做好生活垃圾分类经费项目成本预算绩效研究，项目组聘请原××市财政局调研员、高级会计师、中国注册会计师担任项目专家。要求项目组每天将调研情况归纳整理并发给项目专家,第二天项目专家提出指导意见,项目组再补充调研;每周五上午,项目组与专家召开专题会对本周情况进行研究,形成"周报",下午报送区财政局。

五、成本效益分析

1. 成本指标。

根据指导员费用、垃圾桶更新费用、垃圾清运费用、厨余垃圾中转站值守人员费用和宣传费用5项成本要素测算的最终结果,生活垃圾分类运行维护预算总成本定额为××元/户。具体测算见下表:

序号	费用项目	单位定额	占总费用的百分比(%)
1	指导员费用	×××	56.28
2	垃圾桶更新费用	×××	0.62
3	垃圾清运费用	×××	16.26
4	厨余垃圾中转站值守人员费用	×××	1.00
5	宣传费用	×××	25.84
	总成本定额	×××	100.00

2. 质量指标。产出质量指标具体见下表:

产出质量指标

一级指标	二级指标	三级指标	指标说明
产出质量	数量指标	指导员数量	每个桶站1~2名指导员,每天值守时间8小时
		垃圾桶更新数量	每年按50%更换垃圾桶
		清运次数	厨余垃圾每天2次,其他垃圾每天2次
	质量指标	制度建设	执行预算制度,制定管理制度,制定监管制度并落实
		落实监督检查	按制度执行监督检查考核,建立台账,有记录人及检查人员签字
		完成生活垃圾分类	合理设置桶站、合理配置指导员,按要求运输

3. 效益指标。效益效果指标具体见下表：

效益效果指标

一级指标	二级指标	三级指标	指标说明
远期效益	社会效益	落实相关法律法规规定	促进《×××生活垃圾分类管理条例》的落实（20××年××月××日执行）
		督促居民源头分类	促使投放垃圾在源头分类，解决投放容器不足及破损问题
	生态效益	形成习惯，对垃圾进行无害化处理	加强分类投放、收集、运输、处理，减少污染
	环境效益	减少投放、合理投放	反映相关产出对自然环境带来的影响和效果
	可持续影响	增强居民分类意识，加大资源再利用	实现生活垃圾减量化、资源化、无害化的目标
	服务对象满意度	投放桶及桶站干净、指导员配备合理	居民满意度达90%以上

4. 成本因素分析。

项目组对相关成本因素进行分析。

（1）测算依据。

《×××生活垃圾分类管理条例》第十条规定，"本市采取有效措施，加强生活垃圾源头减量、全程分类管理、资源化利用、无害化处理的宣传教育，强化单位和个人的生活垃圾分类意识，推动全社会共同参与垃圾分类"。

（2）测算内容。

20××年××月××日项目组邀请区城管委及××家项目实施单位召开专题研讨会，最终确定项目中宣传教育经费的内容为宣传海报、宣传折页、横幅（硬质或软质）、宣传展板、宣传品5项。根据上级指挥部要求，再增加社会大讲堂培训费和积分兑换费用，共计7项具体费用。

（3）测算定额成本。

由于20××—20××年项目实施单位没有开展大讲堂培训和积分兑换，项目组无法根据历史成本进行测算，也无法准确预测此项费用将来的支出金额。研究确定采用比较分析法对××个单位20××—20××年户均宣传费用进行测算，具体测算见下表：

比较分析法户均宣传费用

序号	单位名称	年度户均（元/户）			年平均数
		20××年	20××年	20××年	
1	××街道	6.85	0.73	0.72	2.77
2	××街道	1.33	5.84	0.00	3.58
3	××乡	1.43	21.16	0.00	11.30
4	××街道	6.21	2.18	0.94	3.11

去掉一个最高年户均金额，去掉一个最低年户均金额，取剩余年户均平均数=（3.58+3.11）÷2=3.35（元）。

项目组最终确定宣传费用月户均建议定额为3.35元。

（4）制定定额标准，提升预算管理。

通过标杆分析和趋势分析，剔除历史成本中的不合理因素，对所有确认的成本要素逐个进行测算，测算出各成本要素"月户均建议定额"，进一步测算出"年户均建议分项定额和总定额"，提交财政部门审核批准。生活垃圾分类运行经费成本（预算）定额建立后，各预算单位可以直接按照成本定额乘以辖区居民户数计算出生活垃圾分类运行经费项目预算进行申报，财政部门只需核实各个项目实施单位辖区内居民户数即可准确批复预算，达到及时、准确、有效管理预算的目的。

六、问题及建议

（一）项目管理中存在的主要问题

1. 项目管理体制存在脱节问题。

根据区政府规定，生活垃圾分类工作由区城管委作为主管部门，各街道、乡镇作为具体实施单位，调研发现各街道、乡镇在生活垃圾分类工作的管理上并不一致。对于项目资金的拨付、到位率、支出进度、支出内容、会计核算、项目管理制度建设、项目实施效果和质量等情况，区城管委掌握不全面，影响项目整体实施效果。

2. 项目监督检查不到位。

项目主管部门未制定对选择推荐的第三方公司服务内容和质量要求的考核制度，定期检查不足，未开展年度综合考核，考核结果未在全区通报，奖优罚劣，未实行有效的诫勉谈话和退出机制。致使第三方公司服务质量存在一些不足，还存在垃圾乱扔、清运不及时、垃圾桶不干净、垃圾桶标识不规范等现象。

3. 项目资金预算编制不科学。

由于财政部门缺乏预算定额，未能实现"精细化管理"，各项目单位无法对生活垃圾分类运行经费项目预算实行细化编制，相关管理制度不健全，工作记录不完整，不符合《中华人民共和国预算法》的相关规定。

4. 部分小区垃圾分类设施有待完善。

部分小区及平房区的重点点位因为历史原因或其他原因，未按生活垃圾分类要求设置桶站；部分老旧小区、平房区域由于环境限制桶站设置不规范，未设置分类桶架和公示宣传标识，有的垃圾桶没有张贴标识。

5. 部分小区宣传力度不够，项目执行效果不好。

居民生活垃圾分类投放应做到源头控制，分类投放准确，但由于项目单位宣传力度不够，横幅、展板、标识、海报、宣传册投放不足，居民的生活垃圾分类意识薄弱，分类投放的自觉性明显不高。

（二）下一步工作建议

1. 强化生活垃圾分类的绩效评价。

根据《中共中央 国务院关于全面实施预算绩效管理的意见》（中发〔2018〕34号）的要求，在财政部门审核确定"生活垃圾分类运行经费成本定额"后，对生活垃圾分类财政资金支出实行"全程跟踪绩效评价"和"事后绩效评价"。

2. 建立监督检查机制。

生活垃圾分类项目主管和主责部门应当建立健全项目管理制度，强化监督检查机制，选择专业公司对提供生活垃圾分类服务的企业实行监督检查。检查结果作为年度考核的检查数据，奖勤罚懒，优胜劣汰。

3. 完善服务标准。

生活垃圾分类项目主管和主责部门应当依据《条例》及相关规定制定详细的服务标准和质量要求，切实保障生活垃圾分类工作取得良好效果。

4. 科学设定绩效考核指标。

根据《财政支出成本预算绩效分析操作流程》规定，财政支出成本预算绩效分析要从投入成本、产出质量、效益效果三个维度，建立项目（政策）成本预算绩效分析指标体系和标准体系，对项目（政策）进行成本效益分析。

5. 优化项目资金管理体制。

由于生活垃圾分类事关城市绿色可持续发展，项目需要长期运行，财政部门应当研究项目资金申报、审核、批复、执行、考核、评价体制建设，促进项目资金管理水平提升。

6. 项目实行预算定额管理。

生活垃圾分类是各级政府应当履行的管理职责，也是城市可持续发展的基础性保障条件，作为公共财政资金长期、固定的保障支出，必须将以项目管理的财政资金保障方式转变为预算定额保障方式。财政部门要测算确定生活垃圾分类长期运行维护各项指标定额，以行政区域小区数量、居民户数、生活垃圾清运数量、管理费用等计算财政资金实际需求金额，适当参考物价指数确定年度预算。

七、其他需要说明的问题

阐述工作基本前提、假设、报告适用范围、相关责任以及需要说明的其他问题等。

2. 提交正式报告

项目工作组完成《生活垃圾分类运行经费成本绩效分析报告》，提交内部质量控制部门进行审核。项目工作组根据审核意见对报告内容进行修改完善，按照规定装订打印，正式将报告纸质版和电子版报送财政部门（委托单位）。

3. 整理归档

项目工作组完成《生活垃圾分类运行经费成本绩效分析报告》全部工作后，应当及时整理《项目工作底稿》，按照《档案管理办法》规定进行"立卷"，送交办公室归档、保管，以方便其他专业人员学习、研究、借鉴。

4. 业务培训

项目工作组组长应当针对"生活垃圾分类运行经费成本绩效分析"

项目实施过程进行研究归纳，制作业务培训课件（PPT），对全体业务人员进行专业培训，扩大专项工作效果。

5. 项目注意事项

（1）在下户前一定要先对所实施项目进行充分了解，掌握绩效成本内容及有无具体标准；

（2）根据成本内容及具体标准有的放矢进行入户调研；

（3）如有具体标准，注意收集与标准息息相关的信息和资料；

（4）对历史数据进行分析，剔除干扰因素，与具体标准比较，形成结论。

附　录

中共中央关于全面深化改革若干重大问题的决定

（节选）

（2013年11月12日中国共产党第十八届中央委员会第三次全体会议通过）

五、深化财税体制改革

财政是国家治理的基础和重要支柱，科学的财税体制是优化资源配置、维护市场统一、促进社会公平、实现国家长治久安的制度保障。必须完善立法、明确事权、改革税制、稳定税负、透明预算、提高效率，建立现代财政制度，发挥中央和地方两个积极性。

（17）改进预算管理制度。实施全面规范、公开透明的预算制度。审核预算的重点由平衡状态、赤字规模向支出预算和政策拓展。清理规范重点支出同财政收支增幅或生产总值挂钩事项，一般不采取挂钩方式。建立跨年度预算平衡机制，建立权责发生制的政府综合财务报告制度，建立规范合理的中央和地方政府债务管理及风险预警机制。

完善一般性转移支付增长机制，重点增加对革命老区、民族地区、边疆地区、贫困地区的转移支付。中央出台增支政策形成的地方财力缺口，原则上通过一般性转移支付调节。清理、整合、规范专项转移支付项目，逐步取消竞争性领域专项和地方资金配套，严格控制引导类、救济类、应急类专项，对保留专项进行甄别，属地方事务的划入一般性转移支付。

中共中央关于全面推进依法治国若干重大问题的决定

(节选)

(2014年10月23日中国共产党第十八届中央委员会第四次全体会议通过)

（五）强化对行政权力的制约和监督。加强党内监督、人大监督、民主监督、行政监督、司法监督、审计监督、社会监督、舆论监督制度建设，努力形成科学有效的权力运行制约和监督体系，增强监督合力和实效。

加强对政府内部权力的制约，是强化对行政权力制约的重点。对财政资金分配使用、国有资产监管、政府投资、政府采购、公共资源转让、公共工程建设等权力集中的部门和岗位实行分事行权、分岗设权、分级授权，定期轮岗，强化内部流程控制，防止权力滥用。完善政府内部层级监督和专门监督，改进上级机关对下级机关的监督，建立常态化监督制度。完善纠错问责机制，健全责令公开道歉、停职检查、引咎辞职、责令辞职、罢免等问责方式和程序。

完善审计制度，保障依法独立行使审计监督权。对公共资金、国有资产、国有资源和领导干部履行经济责任情况实行审计全覆盖。强化上级审计机关对下级审计机关的领导。探索省以下地方审计机关人财物统一管理。推进审计职业化建设。

决胜全面建成小康社会 夺取新时代中国特色社会主义伟大胜利

(十九大报告,节选)

(五)加快完善社会主义市场经济体制。经济体制改革必须以完善产权制度和要素市场化配置为重点,实现产权有效激励、要素自由流动、价格反应灵活、竞争公平有序、企业优胜劣汰。要完善各类国有资产管理体制,改革国有资本授权经营体制,加快国有经济布局优化、结构调整、战略性重组,促进国有资产保值增值,推动国有资本做强做优做大,有效防止国有资产流失。深化国有企业改革,发展混合所有制经济,培育具有全球竞争力的世界一流企业。全面实施市场准入负面清单制度,清理废除妨碍统一市场和公平竞争的各种规定和做法,支持民营企业发展,激发各类市场主体活力。深化商事制度改革,打破行政性垄断,防止市场垄断,加快要素价格市场化改革,放宽服务业准入限制,完善市场监管体制。创新和完善宏观调控,发挥国家发展规划的战略导向作用,健全财政、货币、产业、区域等经济政策协调机制。完善促进消费的体制机制,增强消费对经济发展的基础性作用。深化投融资体制改革,发挥投资对优化供给结构的关键性作用。加快建立现代财政制度,建立权责清晰、财力协调、区域均衡的中央和地方财政关系。建立全面规范透明、标准科学、约束有力的预算制度,全面实施绩效管理。深化税收制度改革,健全地方税体系。深化金融体制改革,增强金融服务实体经济能力,提高直接融资比重,促进多层次资本市场健康发展。健全货币政策和宏观审慎政策双支柱调控框架,深化利率和汇率市场化改革。健全金融监管体系,守住不发生系统性金融风险的底线。

财政部关于印发
《政府采购竞争性磋商采购方式管理暂行办法》的通知

（财库〔2014〕214号）

为了深化政府采购制度改革，适应推进政府购买服务、推广政府和社会资本合作（PPP）模式等工作需要，根据《中华人民共和国政府采购法》和有关法律法规，财政部制定了《政府采购竞争性磋商采购方式管理暂行办法》。现印发给你们，请遵照执行。

附件：政府采购竞争性磋商采购方式管理暂行办法

财政部

2014年12月31日

政府采购竞争性磋商采购方式管理暂行办法

第一章 总 则

第一条 为了规范政府采购行为，维护国家利益、社会公共利益和政府采购当事人的合法权益，依据《中华人民共和国政府采购法》（以下简称政府采购法）第二十六条第一款第六项规定，制定本办法。

第二条 本办法所称竞争性磋商采购方式，是指采购人、政府采购代理机构通过组建竞争性磋商小组（以下简称磋商小组）与符合条件的供应商就采购货物、工程和服务事宜进行磋商，供应商按照磋商文件的要求提交响应文件和报价，采购人从磋商小组评审后提出的候选供应商名单中确定成交供应商的采购方式。

第三条 符合下列情形的项目，可以采用竞争性磋商方式开展采购：

（一）政府购买服务项目；

（二）技术复杂或者性质特殊，不能确定详细规格或者具体要求的；

（三）因艺术品采购、专利、专有技术或者服务的时间、数量事先不能确定等原因不能事先计算出价格总额的；

（四）市场竞争不充分的科研项目，以及需要扶持的科技成果转化项目；

（五）按照招标投标法及其实施条例必须进行招标的工程建设项目以外的工程建设项目。

第二章　磋商程序

第四条　达到公开招标数额标准的货物、服务采购项目，拟采用竞争性磋商采购方式的，采购人应当在采购活动开始前，报经主管预算单位同意后，依法向设区的市、自治州以上人民政府财政部门申请批准。

第五条　采购人、采购代理机构应当按照政府采购法和本办法的规定组织开展竞争性磋商，并采取必要措施，保证磋商在严格保密的情况下进行。

任何单位和个人不得非法干预、影响磋商过程和结果。

第六条　采购人、采购代理机构应当通过发布公告、从省级以上财政部门建立的供应商库中随机抽取或者采购人和评审专家分别书面推荐的方式邀请不少于3家符合相应资格条件的供应商参与竞争性磋商采购活动。

符合政府采购法第二十二条第一款规定条件的供应商可以在采购活动开始前加入供应商库。财政部门不得对供应商申请入库收取任何费用，不得利用供应商库进行地区和行业封锁。

采取采购人和评审专家书面推荐方式选择供应商的，采购人和评审专家应当各自出具书面推荐意见。采购人推荐供应商的比例不得高于推荐供应商总数的50%。

第七条　采用公告方式邀请供应商的，采购人、采购代理机构应当在省级以上人民政府财政部门指定的政府采购信息发布媒体发布竞争性磋商公告。竞争性磋商公告应当包括以下主要内容：

（一）采购人、采购代理机构的名称、地点和联系方法；

（二）采购项目的名称、数量、简要规格描述或项目基本概况介绍；

（三）采购项目的预算；

（四）供应商资格条件；

（五）获取磋商文件的时间、地点、方式及磋商文件售价；

（六）响应文件提交的截止时间、开启时间及地点；

（七）采购项目联系人姓名和电话。

第八条 竞争性磋商文件（以下简称磋商文件）应当根据采购项目的特点和采购人的实际需求制定，并经采购人书面同意。采购人应当以满足实际需求为原则，不得擅自提高经费预算和资产配置等采购标准。

磋商文件不得要求或者标明供应商名称或者特定货物的品牌，不得含有指向特定供应商的技术、服务等条件。

第九条 磋商文件应当包括供应商资格条件、采购邀请、采购方式、采购预算、采购需求、政府采购政策要求、评审程序、评审方法、评审标准、价格构成或者报价要求、响应文件编制要求、保证金交纳数额和形式以及不予退还保证金的情形、磋商过程中可能实质性变动的内容、响应文件提交的截止时间、开启时间及地点以及合同草案条款等。

第十条 从磋商文件发出之日起至供应商提交首次响应文件截止之日止不得少于10日。

磋商文件售价应当按照弥补磋商文件制作成本费用的原则确定，不得以营利为目的，不得以项目预算金额作为确定磋商文件售价依据。磋商文件的发售期限自开始之日起不得少于5个工作日。

提交首次响应文件截止之日前，采购人、采购代理机构或者磋商小组可以对已发出的磋商文件进行必要的澄清或者修改，澄清或者修改的内容作为磋商文件的组成部分。澄清或者修改的内容可能影响响应文件编制的，采购人、采购代理机构应当在提交首次响应文件截止时间至少5日前，以书面形式通知所有获取磋商文件的供应商；不足5日的，采购人、采购代理机构应当顺延提交首次响应文件截止时间。

第十一条 供应商应当按照磋商文件的要求编制响应文件，并对其提交的响应文件的真实性、合法性承担法律责任。

第十二条 采购人、采购代理机构可以要求供应商在提交响应文件截止时间之前交纳磋商保证金。磋商保证金应当采用支票、汇票、本票或者金融机构、担保机构出具的保函等非现金形式交纳。磋商保证金数额应当不超过采购项目预算的2%。供应商未按照磋商文件要求提交磋商保证金的，响应无效。

供应商为联合体的，可以由联合体中的一方或者多方共同交纳磋商保证金，其交纳的保证金对联合体各方均具有约束力。

第十三条 供应商应当在磋商文件要求的截止时间前，将响应文件密封送达指定地点。在截止时间后送达的响应文件为无效文件，采购人、采购代理机构或者磋商小组应当拒收。

供应商在提交响应文件截止时间前，可以对所提交的响应文件进行补充、修改或者撤回，并书面通知采购人、采购代理机构。补充、修改的内容作为响应文件的组成部分。补充、修改的内容与响应文件不一致的，以补充、修改的内容为准。

第十四条 磋商小组由采购人代表和评审专家共3人以上单数组成，其中评审专家人数不得少于磋商小组成员总数的2/3。采购人代表不得以评审专家身份参加本部门或本单位采购项目的评审。采购代理机构人员不得参加本机构代理的采购项目的评审。

采用竞争性磋商方式的政府采购项目，评审专家应当从政府采购评审专家库内相关专业的专家名单中随机抽取。符合本办法第三条第四项规定情形的项目，以及情况特殊、通过随机方式难以确定合适的评审专家的项目，经主管预算单位同意，可以自行选定评审专家。技术复杂、专业性强的采购项目，评审专家中应当包含1名法律专家。

第十五条 评审专家应当遵守评审工作纪律，不得泄露评审情况和评审中获悉的商业秘密。

磋商小组在评审过程中发现供应商有行贿、提供虚假材料或者串通等违法行为的，应当及时向财政部门报告。

评审专家在评审过程中受到非法干涉的，应当及时向财政、监察等部门举报。

第十六条 磋商小组成员应当按照客观、公正、审慎的原则，根据磋商文件规定的评审程序、评审方法和评审标准进行独立评审。未实质性响应磋商文件的响应文件按无效响应处理，磋商小组应当告知提交响应文件的供应商。

磋商文件内容违反国家有关强制性规定的，磋商小组应当停止评审并向采购人或者采购代理机构说明情况。

第十七条 采购人、采购代理机构不得向磋商小组中的评审专家作倾向性、误导性的解释或者说明。

采购人、采购代理机构可以视采购项目的具体情况,组织供应商进行现场考察或召开磋商前答疑会,但不得单独或分别组织只有一个供应商参加的现场考察和答疑会。

第十八条 磋商小组在对响应文件的有效性、完整性和响应程度进行审查时,可以要求供应商对响应文件中含义不明确、同类问题表述不一致或者有明显文字和计算错误的内容等作出必要的澄清、说明或者更正。供应商的澄清、说明或者更正不得超出响应文件的范围或者改变响应文件的实质性内容。

磋商小组要求供应商澄清、说明或者更正响应文件应当以书面形式作出。供应商的澄清、说明或者更正应当由法定代表人或其授权代表签字或者加盖公章。由授权代表签字的,应当附法定代表人授权书。供应商为自然人的,应当由本人签字并附身份证明。

第十九条 磋商小组所有成员应当集中与单一供应商分别进行磋商,并给予所有参加磋商的供应商平等的磋商机会。

第二十条 在磋商过程中,磋商小组可以根据磋商文件和磋商情况实质性变动采购需求中的技术、服务要求以及合同草案条款,但不得变动磋商文件中的其他内容。实质性变动的内容,须经采购人代表确认。

对磋商文件作出的实质性变动是磋商文件的有效组成部分,磋商小组应当及时以书面形式同时通知所有参加磋商的供应商。

供应商应当按照磋商文件的变动情况和磋商小组的要求重新提交响应文件,并由其法定代表人或授权代表签字或者加盖公章。由授权代表签字的,应当附法定代表人授权书。供应商为自然人的,应当由本人签字并附身份证明。

第二十一条 磋商文件能够详细列明采购标的的技术、服务要求的,磋商结束后,磋商小组应当要求所有实质性响应的供应商在规定时间内提交最后报价,提交最后报价的供应商不得少于3家。

磋商文件不能详细列明采购标的的技术、服务要求,需经磋商由供应商提供最终设计方案或解决方案的，磋商结束后，磋商小组应当按照少数服从多数的原则投票推荐3家以上供应商的设计方案或者解决方案，并要求其在规定时间内提交最后报价。

最后报价是供应商响应文件的有效组成部分。符合本办法第三条第四项情形的，提交最后报价的供应商可以为2家。

第二十二条 已提交响应文件的供应商，在提交最后报价之前，可以根据磋商情况退出磋商。采购人、采购代理机构应当退还退出磋商的供应商的磋商保证金。

第二十三条 经磋商确定最终采购需求和提交最后报价的供应商后，由磋商小组采用综合评分法对提交最后报价的供应商的响应文件和最后报价进行综合评分。

综合评分法，是指响应文件满足磋商文件全部实质性要求且按评审因素的量化指标评审得分最高的供应商为成交候选供应商的评审方法。

第二十四条 综合评分法评审标准中的分值设置应当与评审因素的量化指标相对应。磋商文件中没有规定的评审标准不得作为评审依据。

评审时，磋商小组各成员应当独立对每个有效响应的文件进行评价、打分，然后汇总每个供应商每项评分因素的得分。

综合评分法货物项目的价格分值占总分值的比重（即权值）为30%至60%，服务项目的价格分值占总分值的比重（即权值）为10%至30%。采购项目中含不同采购对象的，以占项目资金比例最高的采购对象确定其项目属性。符合本办法第三条第三项的规定和执行统一价格标准的项目，其价格不列为评分因素。有特殊情况需要在上述规定范围外设定价格分权重的，应当经本级人民政府财政部门审核同意。

综合评分法中的价格分统一采用低价优先法计算，即满足磋商文件要求且最后报价最低的供应商的价格为磋商基准价，其价格分为满分。其他供应商的价格分统一按照下列公式计算：

磋商报价得分＝（磋商基准价／最后磋商报价）× 价格权值 ×100

项目评审过程中，不得去掉最后报价中的最高报价和最低报价。

第二十五条 磋商小组应当根据综合评分情况，按照评审得分由高到低顺序推荐3名以上成交候选供应商，并编写评审报告。符合本办法第二十一条第三款情形的,可以推荐2家成交候选供应商。评审得分相同的,按照最后报价由低到高的顺序推荐。评审得分且最后报价相同的,按照技术指标优劣顺序推荐。

  第二十六条 评审报告应当包括以下主要内容:
  (一)邀请供应商参加采购活动的具体方式和相关情况;
  (二)响应文件开启日期和地点;
  (三)获取磋商文件的供应商名单和磋商小组成员名单;
  (四)评审情况记录和说明,包括对供应商的资格审查情况、供应商响应文件评审情况、磋商情况、报价情况等;
  (五)提出的成交候选供应商的排序名单及理由。

  第二十七条 评审报告应当由磋商小组全体人员签字认可。磋商小组成员对评审报告有异议的,磋商小组按照少数服从多数的原则推荐成交候选供应商,采购程序继续进行。对评审报告有异议的磋商小组成员,应当在报告上签署不同意见并说明理由,由磋商小组书面记录相关情况。磋商小组成员拒绝在报告上签字又不书面说明其不同意见和理由的,视为同意评审报告。

  第二十八条 采购代理机构应当在评审结束后2个工作日内将评审报告送采购人确认。

  采购人应当在收到评审报告后5个工作日内,从评审报告提出的成交候选供应商中,按照排序由高到低的原则确定成交供应商,也可以书面授权磋商小组直接确定成交供应商。采购人逾期未确定成交供应商且不提出异议的,视为确定评审报告提出的排序第一的供应商为成交供应商。

  第二十九条 采购人或者采购代理机构应当在成交供应商确定后2个工作日内,在省级以上财政部门指定的政府采购信息发布媒体上公告成交结果,同时向成交供应商发出成交通知书,并将磋商文件随成交结果同时公告。成交结果公告应当包括以下内容:
  (一)采购人和采购代理机构的名称、地址和联系方式;
  (二)项目名称和项目编号;
  (三)成交供应商名称、地址和成交金额;
  (四)主要成交标的的名称、规格型号、数量、单价、服务要求;

（五）磋商小组成员名单。

采用书面推荐供应商参加采购活动的，还应当公告采购人和评审专家的推荐意见。

第三十条　采购人与成交供应商应当在成交通知书发出之日起30日内，按照磋商文件确定的合同文本以及采购标的、规格型号、采购金额、采购数量、技术和服务要求等事项签订政府采购合同。

采购人不得向成交供应商提出超出磋商文件以外的任何要求作为签订合同的条件，不得与成交供应商订立背离磋商文件确定的合同文本以及采购标的、规格型号、采购金额、采购数量、技术和服务要求等实质性内容的协议。

第三十一条　采购人或者采购代理机构应当在采购活动结束后及时退还供应商的磋商保证金，但因供应商自身原因导致无法及时退还的除外。未成交供应商的磋商保证金应当在成交通知书发出后5个工作日内退还，成交供应商的磋商保证金应当在采购合同签订后5个工作日内退还。

有下列情形之一的，磋商保证金不予退还：

（一）供应商在提交响应文件截止时间后撤回响应文件的；

（二）供应商在响应文件中提供虚假材料的；

（三）除因不可抗力或磋商文件认可的情形以外，成交供应商不与采购人签订合同的；

（四）供应商与采购人、其他供应商或者采购代理机构恶意串通的；

（五）磋商文件规定的其他情形。

第三十二条　除资格性检查认定错误、分值汇总计算错误、分项评分超出评分标准范围、客观分评分不一致、经磋商小组一致认定评分畸高、畸低的情形外，采购人或者采购代理机构不得以任何理由组织重新评审。采购人、采购代理机构发现磋商小组未按照磋商文件规定的评审标准进行评审的，应当重新开展采购活动，并同时书面报告本级财政部门。

采购人或者采购代理机构不得通过对样品进行检测、对供应商进行考察等方式改变评审结果。

第三十三条　成交供应商拒绝签订政府采购合同的，采购人可以按照本办法第二十八条第二款规定的原则确定其他供应商作为成交供应商并签订政府采购合同,也可以重新开展采购活动。拒绝签订政府采购合同的成交供应商不得参加对该项目重新开展的采购活动。

第三十四条 出现下列情形之一的,采购人或者采购代理机构应当终止竞争性磋商采购活动,发布项目终止公告并说明原因,重新开展采购活动:

(一)因情况变化,不再符合规定的竞争性磋商采购方式适用情形的;

(二)出现影响采购公正的违法、违规行为的;

(三)除本办法第二十一条第三款规定的情形外,在采购过程中符合要求的供应商或者报价未超过采购预算的供应商不足3家的。

第三十五条 在采购活动中因重大变故,采购任务取消的,采购人或者采购代理机构应当终止采购活动,通知所有参加采购活动的供应商,并将项目实施情况和采购任务取消原因报送本级财政部门。

第三章 附 则

第三十六条 相关法律制度对政府和社会资本合作项目采用竞争性磋商采购方式另有规定的,从其规定。

第三十七条 本办法所称主管预算单位是指负有编制部门预算职责,向同级财政部门申报预算的国家机关、事业单位和团体组织。

第三十八条 本办法自发布之日起施行。

中共中央 国务院关于全面实施预算绩效管理的意见

（中发〔2018〕34号）

全面实施预算绩效管理是推进国家治理体系和治理能力现代化的内在要求，是深化财税体制改革、建立现代财政制度的重要内容，是优化财政资源配置、提升公共服务质量的关键举措。为解决当前预算绩效管理存在的突出问题，加快建成全方位、全过程、全覆盖的预算绩效管理体系，现提出如下意见。

一、全面实施预算绩效管理的必要性

党的十八大以来，在以习近平同志为核心的党中央坚强领导下，各地区各部门认真贯彻落实党中央、国务院决策部署，财税体制改革加快推进，预算管理制度持续完善，财政资金使用绩效不断提升，对我国经济社会发展发挥了重要支持作用。但也要看到，现行预算绩效管理仍然存在一些突出问题，主要是：绩效理念尚未牢固树立，一些地方和部门存在重投入轻管理、重支出轻绩效的意识；绩效管理的广度和深度不足，尚未覆盖所有财政资金，一些领域财政资金低效无效、闲置沉淀、损失浪费的问题较为突出，克扣挪用、截留私分、虚报冒领的问题时有发生；绩效激励约束作用不强，绩效评价结果与预算安排和政策调整的挂钩机制尚未建立。

当前，我国经济已由高速增长阶段转向高质量发展阶段，正处在转变发展方式、优化经济结构、转换增长动力的攻关期，建设现代化经济体系是跨越关口的迫切要求和我国发展的战略目标。发挥好财政职能作用，必须按照全面深化改革的要求，加快建立现代财政制度，建立全面规范透明、标准科学、约束有力的预算制度，以全面实施预算绩效管理为关键点和突破口，解决好绩效管理中存在的突出问题，推动财政资金聚力增效，提高公共服务供给质量，增强政府公信力和执行力。

二、总体要求

（一）指导思想。以习近平新时代中国特色社会主义思想为指导，全面贯彻党的十九大和十九届二中、三中全会精神，坚持和加强党的全面领导，坚持稳中求进工作总基调，坚持新发展理念，紧扣我国社会主要矛盾变化，按照高质量发展的要求，紧紧围绕统筹推进"五位一体"总体布局和协调推进"四个全面"战略布局，坚持以供给侧结构性改革为主线，创新预算管理方式，更加注重结果导向、强调成本效益、硬化责任约束，力争用3—5年时间基本建成全方位、全过程、全覆盖的预算绩效管理体系，实现预算和绩效管理一体化，着力提高财政资源配置效率和使用效益，改变预算资金分配的固化格局，提高预算管理水平和政策实施效果，为经济社会发展提供有力保障。

（二）基本原则。

坚持总体设计、统筹兼顾。按照深化财税体制改革和建立现代财政制度的总体要求，统筹谋划全面实施预算绩效管理的路径和制度体系。既聚焦解决当前最紧迫问题，又着眼健全长效机制；既关注预算资金的直接产出和效果，又关注宏观政策目标的实现程度；既关注新出台政策、项目的科学性和精准度，又兼顾延续政策、项目的必要性和有效性。

坚持全面推进、突出重点。预算绩效管理既要全面推进，将绩效理念和方法深度融入预算编制、执行、监督全过程，构建事前事中事后绩效管理闭环系统，又要突出重点，坚持问题导向，聚焦提升覆盖面广、社会关注度高、持续时间长的重大政策、项目的实施效果。

坚持科学规范、公开透明。抓紧健全科学规范的管理制度，完善绩效目标、绩效监控、绩效评价、结果应用等管理流程，健全共性的绩效指标框架和分行业领域的绩效指标体系，推动预算绩效管理标准科学、程序规范、方法合理、结果可信。大力推进绩效信息公开透明，主动向同级人大报告、向社会公开，自觉接受人大和社会各界监督。

坚持权责对等、约束有力。建立责任约束制度，明确各方预算绩效管理职责，清晰界定权责边界。健全激励约束机制，实现绩效评价结果与预算安排和政策调整挂钩。增强预算统筹能力，优化预算管理流程，调动地方和部门的积极性、主动性。

三、构建全方位预算绩效管理格局

（三）实施政府预算绩效管理。将各级政府收支预算全面纳入绩效管理。各级政府预算收入要实事求是、积极稳妥、讲求质量，必须与经济社会发展水平相适应，严格落实各项减税降费政策，严禁脱离实际制定增长目标，严禁虚收空转、收取过头税费，严禁超出限额举借政府债务。各级政府预算支出要统筹兼顾、突出重点、量力而行，着力支持国家重大发展战略和重点领域改革，提高保障和改善民生水平，同时不得设定过高民生标准和擅自扩大保障范围，确保财政资源高效配置，增强财政可持续性。

（四）实施部门和单位预算绩效管理。将部门和单位预算收支全面纳入绩效管理，赋予部门和资金使用单位更多的管理自主权，围绕部门和单位职责、行业发展规划，以预算资金管理为主线，统筹考虑资产和业务活动，从运行成本、管理效率、履职效能、社会效应、可持续发展能力和服务对象满意度等方面，衡量部门和单位整体及核心业务实施效果，推动提高部门和单位整体绩效水平。

（五）实施政策和项目预算绩效管理。将政策和项目全面纳入绩效管理，从数量、质量、时效、成本、效益等方面，综合衡量政策和项目预算资金使用效果。对实施期超过一年的重大政策和项目实行全周期跟踪问效，建立动态评价调整机制，政策到期、绩效低下的政策和项目要及时清理退出。

四、建立全过程预算绩效管理链条

（六）建立绩效评估机制。各部门各单位要结合预算评审、项目审批等，对新出台重大政策、项目开展事前绩效评估，重点论证立项必要性、投入经济性、绩效目标合理性、实施方案可行性、筹资合规性等，投资主管部门要加强基建投资绩效评估，评估结果作为申请预算的必备要件。各级财政部门要加强新增重大政策和项目预算审核，必要时可以组织第三方机构独立开展绩效评估，审核和评估结果作为预算安排的重要参考依据。

（七）强化绩效目标管理。各地区各部门编制预算时要贯彻落实党中央、国务院各项决策部署，分解细化各项工作要求，结合本地区本部门实际情况，全面设置部门和单位整体绩效目标、政策及项目绩效目标。绩效目标不仅要包括产出、成本，还要包括经济效益、社会效益、生态效益、可持续影响和服务对象满意度等绩效指标。各级财政部门要将绩效目标设置作为预算安排的前置条件，加强绩效目标审核，将绩效目标与预算同步批复下达。

（八）做好绩效运行监控。各级政府和各部门各单位对绩效目标实现程度和预算执行进度实行"双监控"，发现问题要及时纠正，确保绩效目标如期保质保量实现。各级财政部门建立重大政策、项目绩效跟踪机制，对存在严重问题的政策、项目要暂缓或停止预算拨款，督促及时整改落实。各级财政部门要按照预算绩效管理要求，加强国库现金管理，降低资金运行成本。

（九）开展绩效评价和结果应用。通过自评和外部评价相结合的方式，对预算执行情况开展绩效评价。各部门各单位对预算执行情况以及政策、项目实施效果开展绩效自评，评价结果报送本级财政部门。各级财政部门建立重大政策、项目预算绩效评价机制，逐步开展部门整体绩效评价，对下级政府财政运行情况实施综合绩效评价，必要时可以引入第三方机构参与绩效评价。健全绩效评价结果反馈制度和绩效问题整改责任制，加强绩效评价结果应用。

五、完善全覆盖预算绩效管理体系

（十）建立一般公共预算绩效管理体系。各级政府要加强一般公共预算绩效管理。收入方面，要重点关注收入结构、征收效率和优惠政策实施效果。支出方面，要重点关注预算资金配置效率、使用效益，特别是重大政策和项目实施效果，其中转移支付预算绩效管理要符合财政事权和支出责任划分规定，重点关注促进地区间财力协调和区域均衡发展。同时，积极开展涉及一般公共预算等财政资金的政府投资基金、主权财富基金、政府和社会资本合作（PPP）、政府采购、政府购买服务、政府债务项目绩效管理。

（十一）建立其他政府预算绩效管理体系。除一般公共预算外，各级政府还要将政府性基金预算、国有资本经营预算、社会保险基金预算全部纳入绩效管理，加强四本预算之间的衔接。政府性基金预算绩效管理，要重点关注基金政策设立延续依据、征收标准、使用效果等情况，地方政府还要关注其对专项债务的支撑能力。国有资本经营预算绩效管理，要重点关注贯彻国家战略、收益上缴、支出结构、使用效果等情况。社会保险基金预算绩效管理，要重点关注各类社会保险基金收支政策效果、基金管理、精算平衡、地区结构、运行风险等情况。

六、健全预算绩效管理制度

（十二）完善预算绩效管理流程。围绕预算管理的主要内容和环节，完善涵盖绩效目标管理、绩效运行监控、绩效评价管理、评价结果应用等各环节的管理流程，制定预算绩效管理制度和实施细则。建立专家咨询机制，引导和规范第三方机构参与预算绩效管理，严格执业质量监督管理。加快预算绩效管理信息化建设，打破"信息孤岛"和"数据烟囱"，促进各级政府和各部门各单位的业务、财务、资产等信息互联互通。

（十三）健全预算绩效标准体系。各级财政部门要建立健全定量和定性相结合的共性绩效指标框架。各行业主管部门要加快构建分行业、分领域、分层次的核心绩效指标和标准体系，实现科学合理、细化量化、可比可测、动态调整、共建共享。绩效指标和标准体系要与基本公共服务标准、部门预算项目支出标准等衔接匹配，突出结果导向，重点考核实绩。创新评估评价方法，立足多维视角和多元数据，依托大数据分析技术，运用成本效益分析法、比较法、因素分析法、公众评判法、标杆管理法等，提高绩效评估评价结果的客观性和准确性。

七、硬化预算绩效管理约束

（十四）明确绩效管理责任约束。按照党中央、国务院统一部署，财政部要完善绩效管理的责任约束机制，地方各级政府和各部门各单位是预算绩效管理的责任主体。地方各级党委和政府主要负责同志对本地区预算绩效负责，部门和单位主要负责同志对本部门本单位预算绩效负责，项目责任人对项目预算绩效负责，对重大项目的责任人实行绩效终身责任追究制，切实做到花钱必问效、无效必问责。

（十五）强化绩效管理激励约束。各级财政部门要抓紧建立绩效评价结果与预算安排和政策调整挂钩机制，将本级部门整体绩效与部门预算安排挂钩，将下级政府财政运行综合绩效与转移支付分配挂钩。对绩效好的政策和项目原则上优先保障，对绩效一般的政策和项目要督促改进，对交叉重复、碎片化的政策和项目予以调整，对低效无效资金一律削减或取消，对长期沉淀的资金一律收回并按照有关规定统筹用于亟需支持的领域。

八、保障措施

（十六）加强绩效管理组织领导。坚持党对全面实施预算绩效管理工作的领导，充分发挥党组织的领导作用，增强把方向、谋大局、定政策、促改革的能力和定力。财政部要加强对全面实施预算绩效管理工作的组织协调。各地区各部门要加强对本地区本部门预算绩效管理的组织领导，切实转变思想观念，牢固树立绩效意识，结合实际制定实施办法，加强预算绩效管理力量，充实预算绩效管理人员，督促指导有关政策措施落实，确保预算绩效管理延伸至基层单位和资金使用终端。

（十七）加强绩效管理监督问责。审计机关要依法对预算绩效管理情况开展审计监督，财政、审计等部门发现违纪违法问题线索，应当及时移送纪检监察机关。各级财政部门要推进绩效信息公开，重要绩效目标、绩效评价结果要与预决算草案同步报送同级人大、同步向社会主动公开，搭建社会公众参与绩效管理的途径和平台，自觉接受人大和社会各界监督。

（十八）加强绩效管理工作考核。各级政府要将预算绩效结果纳入政府绩效和干部政绩考核体系，作为领导干部选拔任用、公务员考核的重要参考，充分调动各地区各部门履职尽责和干事创业的积极性。各级财政部门负责对本级部门和预算单位、下级财政部门预算绩效管理工作情况进行考核。建立考核结果通报制度，对工作成效明显的地区和部门给予表彰，对工作推进不力的进行约谈并责令限期整改。

全面实施预算绩效管理是党中央、国务院作出的重大战略部署，是政府治理和预算管理的深刻变革。各地区各部门要更加紧密地团结在以习近平同志为核心的党中央周围，把思想认识和行动统一到党中央、国务院决策部署上来，增强"四个意识"，坚定"四个自信"，提高政治站位，把全面实施预算绩效管理各项措施落到实处，为决胜全面建成小康社会、夺取新时代中国特色社会主义伟大胜利、实现中华民族伟大复兴的中国梦奠定坚实基础。

财政部关于贯彻落实《中共中央 国务院关于全面实施预算绩效管理的意见》的通知

(财预〔2018〕167号)

为深入贯彻落实《中共中央 国务院关于全面实施预算绩效管理的意见》(以下简称《意见》),加快建成全方位、全过程、全覆盖的预算绩效管理体系,提高财政资源配置效率和使用效益,增强政府公信力和执行力,现就有关事项通知如下:

一、充分认识全面实施预算绩效管理的重要意义

全面实施预算绩效管理是推进国家治理体系和治理能力现代化的内在要求,是深化财税体制改革、建立现代财政制度的重要内容,是优化财政资源配置、提升公共服务质量的关键举措,是推动党中央、国务院重大方针政策落地见效的重要保障。《意见》以习近平新时代中国特色社会主义思想为指导,全面贯彻党的十九大和十九届二中、三中全会精神,按照高质量发展要求,紧紧围绕统筹推进"五位一体"总体布局和协调推进"四个全面"战略布局,坚持以供给侧结构性改革为主线,聚焦解决当前预算绩效管理中存在的突出问题,对全面实施预算绩效管理进行统筹谋划和顶层设计,是新时期预算绩效管理工作的根本遵循。

全面实施预算绩效管理是政府治理方式的深刻变革,是一项长期的系统性工程,涉及面广、难度大。各地区各部门要切实把思想认识行动统一到党中央、国务院决策部署上来,深刻学习领会《意见》的精神实质,准确把握核心内涵,进一步增强责任感和紧迫感,把深入贯彻落实《意见》要求、全面实施预算绩效管理作为当前和今后一段时期财政预算工作的重点,真抓实干、常抓不懈,确保全面实施预算绩效管理各项改革任务落到实处,不断提高财政资源配置效率和使用效益。

二、结合实际制定贯彻落实方案

各地区各部门要深入分析本地区本部门预算绩效管理工作实际，对照《意见》要求，准确查找存在的差距和突出问题，抓紧研究制定具体、有针对性、可操作的贯彻落实方案，明确下一步全面实施预算绩效管理的时间表和路线图，着力抓重点、补短板、强弱项、提质量，确保贯彻落实党中央、国务院决策部署不跑偏、不走样。各级财政部门要抓紧完善预算绩效管理制度办法，组织指导本级部门、单位和下级财政部门全面实施预算绩效管理工作，重点关注预算收支总量和结构，加强预算执行监管，推动财政预算管理水平明显提升。各部门各单位要切实履行预算绩效管理主体责任，健全预算绩效管理操作规范和实施细则，建立上下协调、部门联动、层层抓落实的工作责任制，将绩效管理责任分解落实到具体预算单位、明确到具体责任人，确保每一笔资金花得安全、用得高效。

到2020年底中央部门和省级层面要基本建成全方位、全过程、全覆盖的预算绩效管理体系，既要提高本级财政资源配置效率和使用效益，又要加强对下转移支付的绩效管理，防止财政资金损失浪费；到2022年底市县层面要基本建成全方位、全过程、全覆盖的预算绩效管理体系，做到"花钱必问效、无效必问责"，大幅提升预算管理水平和政策实施效果。

三、抓好预算绩效管理的重点环节

（一）预算编制环节突出绩效导向。将绩效关口前移，各部门各单位要对新出台重大政策、项目，结合预算评审、项目审批等开展事前绩效评估，评估结果作为申请预算的必备要件，防止"拍脑袋决策"，从源头上提高预算编制的科学性和精准性。加快实现本级政策和项目、对下共同事权分类分档转移支付、专项转移支付绩效目标管理全覆盖，加快设立部门和单位整体绩效目标。财政部门要严格绩效目标审核，未按要求设定绩效目标或审核未通过的，不得安排预算。

（二）预算执行环节加强绩效监控。按照"谁支出、谁负责"的原则，完善用款计划管理，对绩效目标实现程度和预算执行进度实行"双监控"，发现问题要分析原因并及时纠正。逐步建立重大政策、项目绩效跟踪机制，按照项目进度和绩效情况拨款,对存在严重问题的要暂缓或停止预算拨款。加强预算执行监测,科学调度资金,简化审核材料,缩短审核时间,推进国库集中支付电子化管理,切实提高预算执行效率。

(三)决算环节全面开展绩效评价。加快实现政策和项目绩效自评全覆盖,如实反映绩效目标实现结果,对绩效目标未达成或目标制定明显不合理的,要作出说明并提出改进措施。逐步推动预算部门和单位开展整体绩效自评,提高部门履职效能和公共服务供给质量。建立健全重点绩效评价常态机制,对重大政策和项目定期组织开展重点绩效评价,不断创新评价方法,提高评价质量。

(四)强化绩效评价结果刚性约束。健全绩效评价结果反馈制度和绩效问题整改责任制,形成反馈、整改、提升绩效的良性循环。各级财政部门要会同有关部门抓紧建立绩效评价结果与预算安排和政策调整挂钩机制,按照奖优罚劣的原则,对绩效好的政策和项目原则上优先保障,对绩效一般的政策和项目要督促改进,对低效无效资金一律削减或取消,对长期沉淀的资金一律收回,并按照有关规定统筹用于亟需支持的领域。

(五)推动预算绩效管理扩围升级。绩效管理要覆盖所有财政资金,延伸到基层单位和资金使用终端,确保不留死角。推动绩效管理覆盖"四本预算",并根据不同预算资金的性质和特点统筹实施。加快对政府投资基金、主权财富基金、政府和社会资本合作(PPP)、政府购买服务、政府债务项目等各项政府投融资活动实施绩效管理,实现全过程跟踪问效。积极推动绩效管理实施对象从政策和项目预算向部门和单位预算、政府预算拓展,稳步提升预算绩效管理层级,逐步增强整体性和协调性。

四、加强绩效管理监督问责

(一)硬化预算绩效责任约束。财政部门要会同审计部门加强预算绩效监督管理,重点对资金使用绩效自评结果的真实性和准确性进行复核,必要时可以组织开展再评价。财政部驻各地财政监察专员办事处要发挥就地就近优势,加强对本地区中央专项转移支付绩效目标和绩效自评结果的审核。对绩效监控、绩效评估评价结果弄虚作假,或预算执行与绩效目标严重背离的部门和单位及其责任人要提请有关部门进行追责问责。

(二)加大绩效信息公开力度。大力推动重大政策和项目绩效目标、绩效自评以及重点绩效评价结果随同预决算报送同级人大，并依法予以公开。探索建立部门和单位预算整体绩效报告制度，促使各部门各单位从"要我有绩效"向"我要有绩效"转变，提高预算绩效信息的透明度。

（三）推动社会力量有序参与。引导和规范第三方机构参与预算绩效管理，加强执业质量全过程跟踪和监管。搭建专家学者和社会公众参与绩效管理的途径和平台，自觉接受社会各界监督，促进形成全社会"讲绩效、用绩效、比绩效"的良好氛围。

五、健全工作协调机制

（一）财政部门加强组织协调。各级财政部门要赋予部门和资金使用单位更多的管理自主权，强化预算绩效管理工作考核，充实预算绩效管理机构和人员力量，加大宣传培训力度，指导部门和单位提高预算绩效管理水平。完善共性绩效指标框架，组织建立分行业、分领域、分层次的绩效指标体系，推动绩效指标和评价标准科学合理、细化量化、可比可测，夯实绩效管理基础。加快推进绩效管理信息化建设，逐步完善互联互通的预算绩效"大数据"系统，为全面实施预算绩效管理提供重要支撑。加强与人大、监察、审计等机构的协调配合，健全工作机制，形成改革合力，确保全面预算绩效管理工作顺利实施。

（二）各部门完善内部工作机制。各部门各单位要按照预算和绩效管理一体化要求，结合自身业务特点，优化预算管理流程，完善内控制度，明确部门内部绩效目标设置、监控、评价和审核的责任分工，加强部门财务与业务工作紧密衔接。建立健全本行业、本领域核心绩效指标体系，明确绩效标准，规范一级项目绩效目标设置，理顺二级项目绩效目标逐级汇总流程，推动全面实施预算绩效管理工作常态化、制度化、规范化。

（三）推进配套改革。加强预算绩效管理与机构和行政体制改革、政府职能转变、深化放管服改革等有效衔接，统筹推进中期财政规划、政府收支分类、项目支出标准体系、国库现金管理、权责发生制政府综合财务报告制度等财政领域相关改革，抓紧修改调整与预算绩效管理要求不相符的规章制度，切实提高改革的系统性和协同性。

财政部

2018年11月8日

国务院关于深化预算管理制度改革的决定

（国发〔2014〕45号）

为贯彻落实党的十八大和十八届三中全会精神，按照新修订的预算法，改进预算管理，实施全面规范、公开透明的预算制度，现就深化预算管理制度改革作出如下决定。

一、充分认识深化预算管理制度改革的重要性和紧迫性

建立与实现现代化相适应的现代财政制度，对于优化资源配置、维护市场统一、促进社会公平、实现国家长治久安具有重要意义。改革开放以来，特别是1995年预算法及预算法实施条例施行以来，在党中央、国务院的正确领导下，我国财政制度改革取得显著成效，初步建立了与社会主义市场经济体制相适应的公共财政制度体系，作为公共财政制度基础的预算管理制度也不断完善，为促进经济社会持续健康发展发挥了重要作用。

当前，我国已进入全面建成小康社会的关键阶段。随着经济社会发展，现行预算管理制度也暴露出一些不符合公共财政制度和现代国家治理要求的问题，主要表现在：预算管理和控制方式不够科学，跨年度预算平衡机制尚未建立；预算体系不够完善，地方政府债务未纳入预算管理；预算约束力不够，财政收支结构有待优化；财政结转结余资金规模较大，预算资金使用绩效不高；预算透明度不够，财经纪律有待加强等，财政可持续发展面临严峻挑战。

党的十八届三中全会确立了全面深化改革的总目标，并对改进预算管理制度提出了明确要求，今年《政府工作报告》也作出了部署。贯彻落实党的十八届三中全会精神和国务院决策部署，深化预算管理制度改革，实施全面规范、公开透明的预算制度，是深化财税体制改革，建立现代公共财政制度的迫切需要；是完善社会主义市场经济体制，加快转变政府职能的必然要求；是推进国家治理体系现代化，实现国家长治久安的重要保障。

二、准确把握深化预算管理制度改革的总体方向

（一）指导思想。

深化预算管理制度改革，要以邓小平理论、"三个代表"重要思想、科学发展观为指导，全面贯彻党的十八大和十八届三中全会精神，落实党中央、国务院决策部署，按照全面深化财税体制改革的总体要求，遵循社会主义市场经济原则，加快转变政府职能，完善管理制度，创新管理方式，提高管理绩效，用好增量资金，构建全面规范、公开透明的预算制度，进一步规范政府行为，防范财政风险，实现有效监督，提高资金效益，逐步建立与实现现代化相适应的现代财政制度。

（二）基本原则。

遵循现代国家治理理念。按照推进国家治理体系和治理能力现代化的要求，着力构建规范的现代预算制度，并与相关法律和制度的修订完善相衔接。健全财政法律制度体系，注重运用法律和制度规范预算管理，提高政府公共服务水平。

划清市场和政府的边界。凡属市场能发挥作用的，财税等优惠政策要逐步退出；凡属市场不能有效发挥作用的，政府包括公共财政等要主动补位。

着力推进预算公开透明。实施全面规范、公开透明的预算制度，将公开透明贯穿预算改革和管理全过程，充分发挥预算公开透明对政府部门的监督和约束作用，建设阳光政府、责任政府、服务政府。

坚持总体设计、协同推进。既要注重顶层设计，增强改革的系统性、整体性、协同性，又要考虑外部环境和制约因素，实现与行政管理体制改革的有序衔接，合理把握改革的力度和节奏，确保改革顺利实施。

三、全面推进深化预算管理制度改革的各项工作

（一）完善政府预算体系，积极推进预算公开。

1.完善政府预算体系。明确一般公共预算、政府性基金预算、国有资本经营预算、社会保险基金预算的收支范围，建立定位清晰、分工明确的政府预算体系，政府的收入和支出全部纳入预算管理。加大政府性基金预算、国有资本经营预算与一般公共预算的统筹力度，建立将政府性基金预

算中应统筹使用的资金列入一般公共预算的机制,加大国有资本经营预算资金调入一般公共预算的力度。加强社会保险基金预算管理,做好基金结余的保值增值,在精算平衡的基础上实现社会保险基金预算的可持续运行。

2. 健全预算标准体系。进一步完善基本支出定额标准体系,加快推进项目支出定额标准体系建设,充分发挥支出标准在预算编制和管理中的基础支撑作用。严格机关运行经费管理,加快制定机关运行经费实物定额和服务标准。加强人员编制管理和资产管理,完善人员编制、资产管理与预算管理相结合的机制。进一步完善政府收支分类体系,按经济分类编制部门预决算和政府预决算。

3. 积极推进预决算公开。细化政府预决算公开内容,除涉密信息外,政府预决算支出全部细化公开到功能分类的项级科目,专项转移支付预决算按项目按地区公开。积极推进财政政策公开。扩大部门预决算公开范围,除涉密信息外,中央和地方所有使用财政资金的部门均应公开本部门预决算。细化部门预决算公开内容,逐步将部门预决算公开到基本支出和项目支出。按经济分类公开政府预决算和部门预决算。加大"三公"经费公开力度,细化公开内容,除涉密信息外,所有财政资金安排的"三公"经费都要公开。对预决算公开过程中社会关切的问题,要规范整改、完善制度。

(二)改进预算管理和控制,建立跨年度预算平衡机制。

1. 实行中期财政规划管理。财政部门会同各部门研究编制三年滚动财政规划,对未来三年重大财政收支情况进行分析预测,对规划期内一些重大改革、重要政策和重大项目,研究政策目标、运行机制和评价办法。中期财政规划要与国民经济和社会发展规划纲要及国家宏观调控政策相衔接。强化三年滚动财政规划对年度预算的约束。推进部门编制三年滚动规划,加强项目库管理,健全项目预算审核机制。提高财政预算的统筹能力,各部门规划中涉及财政政策和资金支持的,要与三年滚动财政规划相衔接。

2. 改进年度预算控制方式。一般公共预算审核的重点由平衡状态、赤字规模向支出预算和政策拓展。强化支出预算约束,各级政府向本级人大报告支出预算的同时,要重点报告支出政策内容。预算执行中如需增加或减少预算总支出,必须报经本级人大常委会审查批准。收入预算从约束性转向预期性,根据经济形势和政策调整等因素科学预测。中央一般公共预算因宏观调控政策需要可编列赤字，通过发行国债予以弥补。中央政府债务实行余额管理，中央国债余额限额根据累计赤字和应对当年短收需发行的债务等因素合理确定，报全国人大或其常委会审批。经国务院批准，地方一般公共预算为没有收益的公益性事业发展可编列赤字，通过举借一般债务予以弥补，地方政府一般债务规模纳入限额管理，由国务院确定并报全国人大或其常委会批准。加强政府性基金预算编制管理。政府性基金预算按照以收定支的原则，根据政府性基金项目的收入情况和实际支出需要编制；经国务院批准，地方政府性基金预算为有一定收益的公益性事业发展可举借专项债务，地方政府专项债务规模纳入限额管理，由国务院确定并报全国人大或其常委会批准。财政部在全国人大或其常委会批准的地方政府债务规模内，根据各地区债务风险、财力状况等因素测算分地区债务限额，并报国务院批准。各省、自治区、直辖市在分地区债务限额内举借债务，报省级人大或其常委会批准。国有资本经营预算按照收支平衡的原则编制，不列赤字。

3. 建立跨年度预算平衡机制。根据经济形势发展变化和财政政策逆周期调节的需要，建立跨年度预算平衡机制。中央一般公共预算执行中如出现超收，超收收入用于冲减赤字、补充预算稳定调节基金；如出现短收，通过调入预算稳定调节基金、削减支出或增列赤字并在经全国人大或其常委会批准的国债余额限额内发债平衡。地方一般公共预算执行中如出现超收，用于化解政府债务或补充预算稳定调节基金；如出现短收，通过调入预算稳定调节基金或其他预算资金、削减支出实现平衡。如采取上述措施后仍不能实现平衡，省级政府报本级人大或其常委会批准后增列赤字，并报财政部备案，在下一年度预算中予以弥补；市、县级政府通过申请上级政府临时救助实现平衡，并在下一年度预算中归还。政府性基金预算和国有资本经营预算如出现超收，结转下年安排；如出现短收，通过削减支出实现平衡。

（三）加强财政收入管理，清理规范税收优惠政策。

1. 加强税收征管。各级税收征管部门要依照法律法规及时足额组织税收收入，并建立与相关经济指标变化情况相衔接的考核体系。切实加强税收征管，做到依法征收、应收尽收，不收过头税。严格减免税管理，不得违反法律法规的规定和超越权限多征、提前征收或者减征、免征、缓征应征税款。加强执法监督，强化税收入库管理。

2. 加强非税收入管理。各地区、各部门要依照法律法规切实加强非税收入管理。继续清理规范行政事业性收费和政府性基金，坚决取消不合法、不合理的收费基金项目。加快建立健全国有资源、国有资产有偿使用制度和收益共享机制。加强国有资本收益管理，完善国家以所有者身份参与国有企业利润分配制度，落实国有资本收益权。加强非税收入分类预算管理，完善非税收入征缴制度和监督体系，禁止通过违规调库、乱收费、乱罚款等手段虚增财政收入。

3. 全面规范税收优惠政策。除专门的税收法律、法规和国务院规定外，各部门起草其他法律、法规、发展规划和区域政策都不得突破国家统一财税制度、规定税收优惠政策。未经国务院批准，各地区、各部门不能对企业规定财政优惠政策。各地区、各部门要对已经出台的税收优惠政策进行规范，违反法律法规和国务院规定的一律停止执行；没有法律法规障碍且具有推广价值的，尽快在全国范围内实施；有明确时限的到期停止执行，未明确时限的应设定优惠政策实施时限。建立税收优惠政策备案审查、定期评估和退出机制，加强考核问责，严惩各类违法违规行为。

（四）优化财政支出结构，加强结转结余资金管理。

1. 优化财政支出结构。严格控制政府性楼堂馆所、财政供养人员以及"三公"经费等一般性支出。清理规范重点支出同财政收支增幅或生产总值挂钩事项，一般不采取挂钩方式。对重点支出根据推进改革的需要和确需保障的内容统筹安排，优先保障，不再采取先确定支出总额再安排具体项目的办法。结合税费制度改革，完善相关法律法规，逐步取消城市维护建设税、排污费、探矿权和采矿权价款、矿产资源补偿费等专款专用的规定，统筹安排这些领域的经费。统一预算分配，逐步将所有预算资金纳入财政部门统一分配。在此之前，负责资金分配的部门要按规定将资金具体安排情况及时报财政部门。

2. 优化转移支付结构。完善一般性转移支付增长机制，增加一般性转移支付规模和比例，逐步将一般性转移支付占比提高到60%以上；明显增加对革命老区、民族地区、边疆地区和贫困地区的转移支付；中央出台增支政策形成的地方财力缺口，原则上通过一般性转移支付调节。要大力清理、整合、规范专项转移支付，在合理界定中央与地方事权的基础上，严格控制引导类、救济类、应急类专项转移支付，属地方事务的划入一般性转移支付。对竞争性领域的专项转移支付逐一进行甄别排查，凡属"小、散、乱"以及效用不明显的要坚决取消，其余需要保留的也要予以压缩或实行零增长，并改进分配方式，减少行政性分配，引入市场化运作模式，逐步与金融资本相结合，引导带动社会资本增加投入。对目标接近、资金投入方向类同、资金管理方式相近的专项转移支付予以整合。规范专项转移支付项目设立，严格控制新增项目和资金规模，建立健全专项转移支付定期评估和退出机制。加快修订完善中央对地方转移支付管理办法，对转移支付项目的设立、资金分配、使用管理、绩效评价、信息公开等作出规定。研究建立财政转移支付同农业转移人口市民化挂钩机制。在明确中央和地方支出责任的基础上，认真清理现行配套政策，对属于中央承担支出责任的事项，一律不得要求地方安排配套资金；对属于中央和地方分担支出责任的事项，由中央和地方按各自应分担数额安排资金。各地区要对本级安排的专项资金进行清理、整合、规范，完善资金管理办法，提高资金使用效益。

3. 加强结转结余资金管理。建立结转结余资金定期清理机制，各级政府上一年预算的结转资金，应当在下一年用于结转项目的支出；连续两年未用完的结转资金，应当作为结余资金管理，其中一般公共预算的结余资金，应当补充预算稳定调节基金。各部门、各单位上一年预算的结转、结余资金按照财政部的规定办理。要加大结转资金统筹使用力度，对不需按原用途使用的资金，可按规定统筹用于经济社会发展亟需资金支持的领域。建立预算编制与结转结余资金管理相结合的机制，细化预算编制，提高年初预算到位率。建立科学合理的预算执行进度考核机制，实施预算执行进度的通报制度和监督检查制度，有效控制新增结转结余资金。

4. 加强政府购买服务资金管理。政府购买服务所需资金列入财政预算，从部门预算经费或者经批准的专项资金等既有预算中统筹安排，支持各部门按有关规定开展政府购买服务工作，切实降低公共服务成本，提高公共服务质量。

（五）加强预算执行管理，提高财政支出绩效。

1. 做好预算执行工作。硬化预算约束，年度预算执行中除救灾等应急支出通过动支预备费解决外，一般不出台增加当年支出的政策，一些必须出台的政策，通过以后年度预算安排资金。及时批复部门预算，严格按照预算、用款计划、项目进度、有关合同和规定程序及时办理资金支付，涉及政府采购的应严格执行政府采购有关规定。进一步提高提前下达转移支付预计数的比例，按因素法分配且金额相对固定的转移支付提前下达的比例要达到90%。加快转移支付预算正式下达进度，除据实结算等特殊项目外，中央对地方一般性转移支付在全国人大批准预算后30日内正式下达，专项转移支付在90日内正式下达。省级政府接到中央一般性转移支付或专项转移支付后，应在30日内正式下达到县级以上地方各级政府。规范预算变更，各部门、各单位的预算支出应当按照预算科目执行。不同预算科目、预算级次或者项目间的预算资金需要调剂使用的，按照财政部的规定办理。

2.规范国库资金管理。规范国库资金管理，提高国库资金收支运行效率。全面清理整顿财政专户，各地一律不得新设专项支出财政专户，除财政部审核并报国务院批准予以保留的专户外，其余专户在2年内逐步取消。规范权责发生制核算，严格权责发生制核算范围，控制核算规模。地方各级财政除国库集中支付年终结余外，一律不得按权责发生制列支。按国务院规定实行权责发生制核算的特定事项，应当向本级人大常委会报告。全面清理已经发生的财政借垫款，应当由预算安排支出的按规定列支，符合制度规定的临时性借垫款及时收回，不符合制度规定的借垫款限期收回。加强财政对外借款管理，各级财政严禁违规对非预算单位及未纳入年度预算的项目借款和垫付财政资金。各级政府应当加强对本级国库的管理和监督，按照国务院的规定完善国库现金管理，合理调节国库资金余额。

3.健全预算绩效管理机制。全面推进预算绩效管理工作，强化支出责任和效率意识，逐步将绩效管理范围覆盖各级预算单位和所有财政资金，将绩效评价重点由项目支出拓展到部门整体支出和政策、制度、管理等方面，加强绩效评价结果应用，将评价结果作为调整支出结构、完善财政政策和科学安排预算的重要依据。

4.建立权责发生制的政府综合财务报告制度。研究制定政府综合财务报告制度改革方案、制度规范和操作指南，建立政府综合财务报告和政府会计标准体系，研究修订总预算会计制度。待条件成熟时，政府综合财务报告向本级人大或其常委会报告。研究将政府综合财务报告主要指标作为考核地方政府绩效的依据，逐步建立政府综合财务报告公开机制。

（六）规范地方政府债务管理，防范化解财政风险。

1. 赋予地方政府依法适度举债权限，建立规范的地方政府举债融资机制。经国务院批准，省、自治区、直辖市政府可以适度举借债务；市县级政府确需举借债务的由省、自治区、直辖市政府代为举借。政府债务只能通过政府及其部门举借，不得通过企事业单位等举借。地方政府举债采取政府债券方式。剥离融资平台公司政府融资职能。推广使用政府与社会资本合作模式，鼓励社会资本通过特许经营等方式参与城市基础设施等有一定收益的公益性事业投资和运营。

2. 对地方政府债务实行规模控制和分类管理。地方政府债务规模实行限额管理，地方政府举债不得突破批准的限额。地方政府债务分为一般债务、专项债务两类，分类纳入预算管理。一般债务通过发行一般债券融资，纳入一般公共预算管理。专项债务通过发行专项债券融资，纳入政府性基金预算管理。

3. 严格限定政府举债程序和资金用途。地方政府在国务院批准的分地区限额内举借债务，必须报本级人大或其常委会批准。地方政府举借债务要遵循市场化原则。建立地方政府信用评级制度，逐步完善地方政府债券市场。地方政府举借的债务，只能用于公益性资本支出和适度归还存量债务，不得用于经常性支出。

4. 建立债务风险预警及化解机制。财政部根据债务率、新增债务率、偿债率、逾期债务率等指标，评估各地区债务风险状况，对债务高风险地区进行风险预警。债务高风险地区要积极采取措施，逐步降低风险。对甄别后纳入预算管理的地方政府存量债务，各地区可申请发行地方政府债券置换，以降低利息负担，优化期限结构。要硬化预算约束，防范道德风险，地方政府对其举借的债务负有偿还责任，中央政府实行不救助原则。

5. 建立考核问责机制。把政府性债务作为一个硬指标纳入政绩考核。明确责任落实，省、自治区、直辖市政府要对本地区地方政府性债务负责任。地方各级政府要切实担负起加强地方政府性债务管理、防范化解财政金融风险的责任，政府主要负责人要作为第一责任人，认真抓好政策落实。

（七）规范理财行为，严肃财经纪律。

1. 坚持依法理财，主动接受监督。各地区、各部门要严格遵守预算法、税收征收管理法、会计法、政府采购法等财税法律法规，依法行使行政决策权和财政管理权，自觉接受人大监督和社会各界的监督。建立和完善政府决算审计制度，进一步加强审计监督。推进预算公开，增强政府理财工作的透明度，减少政府自由裁量权，让财政资金在阳光下运行。

2. 健全制度体系，规范理财行为。要健全预算编制、收入征管、资金分配、国库管理、政府采购、财政监督、绩效评价、责任追究等方面的制度建设，扎紧制度的篱笆。要规范理财行为，严格按照规范的程序和要求编报预决算，按规定的用途拨付和使用财政资金，预决算编报都要做到程序合法、数据准确、情况真实、内容完整。

3. 严肃财经纪律，强化责任追究。财经纪律是财经工作中必须遵守的行为准则，也是预算管理制度改革取得成效的重要保障。地方各级政府要对本地区各部门、各单位财经纪律的执行情况进行全面检查，通过单位自查、财政部门和审计机关专项检查，及时发现存在的问题。强化责任追究，对检查中发现的虚报、冒领、截留、挪用、滞留财政资金以及违规出台税收优惠政策等涉及违规违纪的行为，要按照预算法等法律法规的规定严肃处理。

四、切实做好深化预算管理制度改革的实施保障工作

深化预算管理制度改革涉及制度创新和利益关系调整，任务艰巨，面临许多矛盾和困难。各地区、各部门要从大局出发，进一步提高认识，把思想和行动统一到党中央、国务院的决策部署上来。要以高度的责任感、使命感和改革创新精神，切实履行职责，加强协调配合，认真落实各项改革措施，合力推进预算管理制度改革。要坚持于法有据，积极推进相关法律法规的修改工作，确保在法治轨道上推进预算管理制度改革。本决定有关要求需要与法律规定相衔接的，按法律规定的程序做好衔接。要加强宣传引导，做好政策解读，为深化预算管理制度改革营造良好的社会环境。财政部要抓紧制定深化预算管理制度改革的具体办法，印发各地区、各部门执行。各地区要结合本地实际情况制定具体政策措施和工作方案，切实加强组织领导，确保改革顺利实施。

国务院
2014 年 9 月 26 日

国务院关于批转财政部权责发生制政府综合财务报告制度改革方案的通知

（国发〔2014〕63号）

国务院同意财政部《权责发生制政府综合财务报告制度改革方案》，现转发给你们，请认真贯彻执行。

国务院

2014年12月12日

权责发生制政府综合财务报告制度改革方案

财政部

按照党的十八届二中、三中、四中全会精神，根据新修订的《中华人民共和国预算法》和《国务院关于深化预算管理制度改革的决定》（国发〔2014〕45号）有关要求，为建立权责发生制的政府综合财务报告制度，全面、准确反映各级政府整体财务状况、运行情况和财政中长期可持续性，制定本方案。

一、建立权责发生制政府综合财务报告制度的重要意义

我国目前的政府财政报告制度实行以收付实现制政府会计核算为基础的决算报告制度，主要反映政府年度预算执行情况的结果，对准确反映预算收支情况、加强预算管理和监督发挥了重要作用。但随着经济社会发展，仅实行决算报告制度，无法科学、全面、准确反映政府资产负债和成本费用，不利于强化政府资产管理、降低行政成本、提升运行效率、有效防范财政风险，难以满足建立现代财政制度、促进财政长期可持续发展和推进国家治理现代化的要求。因此，必须推进政府会计改革，建立全面反映政府资产负债、收入费用、运行成本、现金流量等财务信息的权责发生制政府综

合财务报告制度。

二、指导思想、总体目标和基本原则

（一）指导思想。

认真贯彻落实党的十八届二中、三中、四中全会精神，高举中国特色社会主义伟大旗帜，以邓小平理论、"三个代表"重要思想、科学发展观为指导，按照党中央、国务院决策部署，加快推进政府会计改革，逐步建立以权责发生制政府会计核算为基础，以编制和报告政府资产负债表、收入费用表等报表为核心的权责发生制政府综合财务报告制度，提升政府财务管理水平，促进政府会计信息公开，推进国家治理体系和治理能力现代化。

（二）总体目标。

权责发生制政府综合财务报告制度改革是基于政府会计规则的重大改革，总体目标是通过构建统一、科学、规范的政府会计准则体系，建立健全政府财务报告编制办法，适度分离政府财务会计与预算会计、政府财务报告与决算报告功能，全面、清晰反映政府财务信息和预算执行信息，为开展政府信用评级、加强资产负债管理、改进政府绩效监督考核、防范财政风险等提供支持，促进政府财务管理水平提高和财政经济可持续发展。

（三）基本原则。

1. 立足中国国情，借鉴国际经验。在充分考虑我国政府财政财务管理特点的基础上，积极借鉴我国企业会计改革的成功做法，吸收国际公共部门会计准则、有关国家政府财务报告制度改革的有益经验，构建具有中国特色的政府综合财务报告制度。

2. 坚持继承发展，注重改革创新。积极吸收近年来完善现行政府会计制度、行政事业单位会计改革以及政府综合财务报告试编中取得的经验，注重制度创新，强化信息技术支撑，准确反映政府资产负债状况和运行成本，促进政府规范管理和有效监督。

3. 坚持公开透明，便于社会监督。按照政府信息公开要求，规范公开内容和程序，促进公开常态化、规范化和法制化，满足各有关方面对政府财务状况信息的需求，进一步增强政府透明度。

4. 做好总体规划，稳妥有序推进。科学合理设计改革总体框架和目标，指导改革有序推进。充分考虑改革的复杂性和艰巨性，先行试点，由易到难，分步实施，积极稳妥地推进改革。

三、主要任务

（一）建立健全政府会计核算体系。推进财务会计与预算会计适度分离并相互衔接，在完善预算会计功能基础上，增强政府财务会计功能，夯实政府财务报告核算基础，为中长期财政发展、宏观调控和政府信用评级服务。

（二）建立健全政府财务报告体系。政府财务报告主要包括政府部门财务报告和政府综合财务报告。政府部门编制部门财务报告，反映本部门的财务状况和运行情况；财政部门编制政府综合财务报告，反映政府整体的财务状况、运行情况和财政中长期可持续性。

（三）建立健全政府财务报告审计和公开机制。政府综合财务报告和部门财务报告按规定接受审计。审计后的政府综合财务报告与审计报告依法报本级人民代表大会常务委员会备案，并按规定向社会公开。

（四）建立健全政府财务报告分析应用体系。以政府财务报告反映的信息为基础，采用科学方法，系统分析政府的财务状况、运行成本和财政中长期可持续发展水平。充分利用政府财务报告反映的信息，识别和管理财政风险，更好地加强政府预算、资产和绩效管理，并将政府财务状况作为评价政府受托责任履行情况的重要指标。

四、具体内容

（一）建立政府会计准则体系和政府财务报告制度框架体系。

1. 制定政府会计基本准则和具体准则及应用指南。基本准则用于规范政府会计目标、政府会计主体、政府会计信息质量要求、政府会计核算基础，以及政府会计要素定义、确认和计量原则、列报要求等原则事项。基本准则指导具体准则的制定，并为政府会计实务问题提供处理原则。具体准则依据基本准则制定，用于规范政府发生的经济业务或事项的会计处理，详细规定经济业务或事项引起的会计要素变动的确认、计量、记录和报告。应用指南是对具体准则的实际应用作出的操作性规定。

2. 健全完善政府会计制度。政府会计科目设置要实现预算会计和财务会计双重功能。预算会计科目应准确完整反映政府预算收入、预算支出和预算结余等预算执行信息，财务会计科目应全面准确反映政府的资产、负债、净资产、收入、费用等财务信息。条件成熟时，推行政府成本会计，规定政府运行成本归集和分摊方法等，反映政府向社会提供公共服务支出和机关运行成本等财务信息。

3. 制定政府财务报告编制办法和操作指南。政府财务报告编制办法应当对政府财务报告的主要内容、编制要求、报送流程、数据质量审查、职责分工等作出规定。政府财务报告编制操作指南应当对政府财务报告编制和财务信息分析的具体方法等作出规定。

4. 建立健全政府财务报告审计和公开制度。政府财务报告审计制度应当对审计的主体、对象、内容、权限、程序、法律责任等作出规定。政府财务报告公开制度应当对政府财务报告公开的主体、对象、内容、形式、程序、时间要求、法律责任等作出规定。

（二）编报政府部门财务报告。

1. 清查核实资产负债。各部门、各单位要按照统一要求有计划、有步骤清查核实固定资产、无形资产以及代表政府管理的储备物资、公共基础设施、企业国有资产、应收税款等资产，按规定界定产权归属、开展价值评估；分类清查核实部门负债情况。清查核实后的资产负债统一按规定进行核算和反映。

2. 编制政府部门财务报告。各单位应在政府会计准则体系和政府财务报告制度框架体系内，按时编制以资产负债表、收入费用表等财务报表为主要内容的财务报告。各部门应合并本部门所属单位的财务报表，编制部门财务报告。

3. 开展政府部门财务报告审计。部门财务报告应保证报告信息的真实性、完整性及合规性，接受审计。

4. 报送并公开政府部门财务报告。部门财务报告及其审计报告应报送本级政府财政部门，并按规定向社会公开。

5. 加强部门财务分析。各部门应充分利用财务报告反映的信息，加强对资产状况、债务风险、成本费用、预算执行情况的分析，促进预算管理、资产负债管理和绩效管理有机衔接。

（三）编报政府综合财务报告。

1. 清查核实财政直接管理的资产负债。财政部门要清查核实代表政府持有的相关国际组织和企业的出资人权益；代表政府发行的国债、地方政府债券，举借的国际金融组织和外国政府贷款、其他政府债务以及或有债务。清查核实后的资产负债统一按规定进行核算和反映。

2. 编制政府综合财务报告。各级政府财政部门应合并各部门和其他纳入合并范围主体的财务报表，编制以资产负债表、收入费用表等财务报表为主要内容的本级政府综合财务报告。县级以上政府财政部门要合并汇总本级政府综合财务报告和下级政府综合财务报告，编制本行政区政府综合财务报告。

3. 开展政府综合财务报告审计。政府综合财务报告应保证报告信息的真实性、完整性及合规性，接受审计。

4. 报送并公开政府综合财务报告。政府综合财务报告及其审计报告，应依法报送本级人民代表大会常务委员会备案，并按规定向社会公开。

5. 应用政府综合财务报告信息。政府综合财务报告中的相关信息可作为考核地方政府绩效、分析政府财务状况、开展地方政府信用评级、编制全国和地方资产负债表以及制定财政中长期规划和其他相关规划的重要依据。

五、配套措施

（一）推动修订相关法律法规。推动修订《中华人民共和国会计法》、《中华人民共和国预算法实施条例》等，为推进改革提供法律保障。

（二）修订完善相关财务制度。根据需要，进一步完善相关行政事业单位财务制度和《行政单位国有资产管理暂行办法》、《事业单位国有资产管理暂行办法》等，保证改革顺利实施。

（三）进一步完善决算报告制度。进一步完善决算报表体系，侧重反映预算收支执行情况，与政府财务报告有机衔接。

（四）优化政府财政管理信息系统。构建覆盖政府财政管理业务全流程的一体化信息系统，不断提高政府财政管理的效率和有效性。

（五）加强政府财务报告编报内部控制。按规定建立和实施行政事业单位内部控制机制，设置充足的财务会计管理岗位，加强政府财务报告编报内部控制，保证政府财务报告真实、完整、合规。

六、实施步骤

建立权责发生制的政府综合财务报告制度涉及面广，技术性、政策性、敏感性较强，宜逐步推进。政府会计规则尚未全面建立之前，在现行政府会计制度的基础上，暂按照权责发生制原则和相关报告标准，编制出反映一级政府整体财务状况的财务报告，为加强地方政府性债务管理、开展政府信用评级等提供信息支撑。与此同时，加快推进政府会计改革，建立审计、公开机制和分析应用体系，落实相关配套措施，力争在2020年前建立具有中国特色的政府会计准则体系和权责发生制政府综合财务报告制度。

（一）2014—2015年工作。

1. 组建政府会计准则委员会。

2. 修订发布财政总预算会计制度。

3. 制定发布政府会计基本准则。

4. 研究起草政府会计相关具体准则及应用指南。

5. 制定发布政府财务报告编制办法和操作指南。

6. 开展政府资产负债清查核实工作。

7. 完善行政事业单位国有资产管理办法等。

8. 开展财政管理信息系统一体化建设。

（二）2016—2017年工作。

1. 制定发布政府会计相关具体准则及应用指南。

2. 开展政府财务报告编制试点。

3. 研究建立政府综合财务报告分析指标体系。

（三）2018—2020年工作。

1. 制定发布政府会计相关具体准则及应用指南，基本建成具有中国特色的政府会计准则体系。

2. 完善行政事业单位财务制度和会计制度、财政总预算会计制度等。

3. 对政府财务报告编制试点情况进行评估，适时修订政府财务报告编制办法和操作指南。

4. 全面开展政府财务报告编制工作。

5. 研究推行政府成本会计。

6. 建立健全政府财务报告分析应用体系。

7. 制定发布政府财务报告审计制度、公开制度。

七、组织保障

各地区、各部门要高度重视权责发生制政府综合财务报告制度改革工作，加强组织领导，明确任务分工和责任，抓好工作落实，确保改革顺利推进。财政部要抓紧制定政府会计准则、政府财务报告编制办法和操作指南等，修订完善相关财务会计制度，并指导地方财政部门做好组织实施工作；审计部门要按规定组织做好政府财务报告审计工作。各部门、各单位要做好部门财务报告编报工作，有关部门要充分利用政府财务报告信息，按照职能分工做好相关监督考核工作。

财政部关于印发
《预算绩效评价共性指标体系框架》的通知

(财预〔2013〕53号)

为贯彻落实《预算绩效管理工作规划（2012—2015年）》(财预〔2012〕396号)有关要求，逐步建立符合我国国情的预算绩效评价指标体系，不断规范和加强预算绩效评价工作，提高绩效评价的统一性和权威性，全面推进预算绩效管理，我们制定了《预算绩效评价共性指标体系框架》，现予以印发。

需要说明的是：一是此次印发的共性指标体系为参考性的框架模式，主要用于在设置具体共性指标时的指导和参考，并需根据实际工作的进展不断予以完善。二是各级财政部门和预算部门开展绩效评价工作时，既要根据具体绩效评价对象的不同，以《预算绩效评价共性指标体系框架》为参考，在其中灵活选取最能体现绩效评价对象特征的共性指标，也要针对具体绩效评价对象的特点，另行设计具体的个性绩效评价指标，同时，赋予各类评价指标科学合理的权重分值，明确具体的评价标准，从而形成完善的绩效评价指标体系。

特此通知。

附件：1. 项目支出绩效评价共性指标体系框架
   2. 部门整体支出绩效评价共性指标体系框架
   3. 财政预算绩效评价共性指标体系框架

财政部
2013年4月21日

附件1：

项目支出绩效评价共性指标体系框架

一级指标	二级指标	三级指标	指标解释	指标说明
投入	项目立项	项目立项规范性	项目的申请、设立过程是否符合相关要求，用以反映和考核项目立项的规范情况。	评价要点： ①项目是否按照规定的程序申请设立； ②所提交的文件、材料是否符合相关要求； ③事前是否已经过必要的可行性研究、专家论证、风险评估、集体决策等。
		绩效目标合理性	项目所设定的绩效目标是否依据充分、是否符合客观实际，用以反映和考核项目绩效目标与项目实施的相符情况。	评价要点： ①是否符合国家相关法律法规、国民经济发展规划和党委政府决策； ②是否与项目实施单位或委托职责密切相关； ③项目是否为促进事业发展所必需； ④项目预期产出效益和效果是否符合正常的业绩水平。
		绩效指标明确性	依据绩效目标设定的绩效指标是否清晰、细化、可衡量等，用以反映和考核项目绩效目标的明细化情况。	评价要点： ①是否将项目绩效目标细化分解为具体的绩效指标； ②是否通过清晰、可衡量的指标值予以体现； ③是否与项目年度任务数或计划数相对应； ④是否与预算确定的项目投资额或资金量相匹配。
	资金落实	资金到位率	实际到位资金与计划投入资金的比率，用以反映和考核资金落实情况对项目实施的总体保障程度。	资金到位率 =（实际到位资金 / 计划投入资金）× 100%。 实际到位资金：一定时期（本年度或项目期）内实际落实到具体项目的资金。 计划投入资金：一定时期（本年度或项目期）内计划投入到具体项目的资金。

续表

一级指标	二级指标	三级指标	指标解释	指标说明
投入	资金落实	到位及时率	及时到位资金与应到位资金的比率，用以反映和考核资金落实的及时性程度。	到位及时率＝（及时到位资金／应到位资金）×100%。及时到位资金：截至规定时点实际落实到位的项目的资金。应到位资金：按照合同或项目进度要求截至规定时点应落实到位的具体项目的资金。
过程	业务管理	管理制度健全性	项目实施单位的业务管理制度是否健全，用以反映和考核业务管理制度对项目顺利实施的保障情况。	评价要点： ①是否已制定或具有相应的业务管理制度； ②业务管理制度是否合法、合规、完整。
		制度执行有效性	项目实施是否符合相关业务管理规定，用以反映和考核业务管理制度的有效执行情况。	评价要点： ①是否遵守相关法律法规和业务管理规定； ②项目调整及支出调整手续是否完备； ③项目合同书、验收报告、技术鉴定等资料是否齐全并及时归档； ④项目实施的人员条件、场地设备、信息支撑等是否落实到位。
		项目质量可控性	项目实施单位是否为达到项目实施质量要求而采取了必要的措施，用以反映和考核项目实施对项目质量的控制情况。	评价要点： ①是否已制定或具有相应的项目质量要求或标准； ②是否采取了相应的项目质量检查、验收等必需的控制措施或手段。
	财务管理	管理制度健全性	项目实施单位的财务制度是否健全，用以反映和考核财务管理制度对资金规范、安全运行的保障情况。	评价要点： ①是否已制定或具有相应的项目资金管理办法； ②项目资金管理办法是否符合相关财务会计制度的规定。

续表

一级指标	二级指标	三级指标	指标解释	指标说明
过程	财务管理	资金使用合规性	项目资金使用是否符合相关的财务管理制度规定，用以反映和考核项目资金的规范运行情况。	评价要点： ①是否符合国家财经法规和财务管理制度以及有关专项资金管理办法的规定； ②资金的拨付是否有完整的审批程序和手续； ③项目的重大开支是否经过评估认证； ④是否符合项目预算批复或合同规定的用途； ⑤是否存在截留、挤占、挪用、虚列支出等情况。
		财务监控有效性	项目实施单位是否为保障资金的安全、规范运行而采取了必要的监控措施，用以反映和考核项目实施单位对资金运行的控制情况。	评价要点： ①是否已制定或执行相应的监控机制； ②是否采取了相应的财务检查等必要的监控措施或手段。
产出	项目产出	实际完成率	项目实施的实际产出数与计划产出数的比率，用以反映和考核项目产出目标的实现程度。	实际完成率 =（实际产出数 / 计划产出数）× 100%。 实际产出数：一定时期（本年度或项目期）内项目实际产出的产品或提供的服务数量。 计划产出数：项目绩效目标确定的在一定时期（本年度或项目期）内计划产出的产品或提供的服务数量。
		完成及时率	项目实际提前完成时间与计划完成时间的比率，用以反映和考核项目时效目标的实现程度。	完成及时率 = [（计划完成时间 − 实际完成时间）/ 计划完成时间] × 100%。 实际完成时间：项目实施单位项目实际所耗用的时间。 计划完成时间：按照项目实施计划或相关规定完成该项目所需的时间。

续表

一级指标	二级指标	三级指标	指标解释	指标说明
产出	项目产出	质量达标率	项目完成的质量达标产出数与实际产出数的比率，用以反映和考核项目产出质量目标的实现程度。	质量达标率＝（质量达标产出数/实际产出数）×100%。质量达标产出数：一定时期（本年度或项目期）内实际达到既定质量标准的产品或服务数量。既定质量标准是指项目实施单位设立绩效目标时依据计划标准、行业标准、历史标准或其他标准而设定的绩效指标值。
		成本节约率	完成项目计划工作目标的实际节约成本与计划成本的比率，用以反映和考核项目的成本节约程度。	成本节约率＝[（计划成本－实际成本）/计划成本]×100%。实际成本：项目实施单位如期、保质、保量完成既定工作目标实际所耗费用的支出，计划成本：项目实施单位为完成工作目标计划安排的支出，一般以项目预算为参考。
效果	项目效益	经济效益	项目实施对经济发展所带来的直接或间接影响情况。	此四项指标为设置项目支出绩效评价指标时必须考虑的共性要素，可根据项目开结合绩效目标设立情况有选择地进行设置，并将其细化为相应的个性化指标。
		社会效益	项目实施对社会发展所带来的直接或间接影响情况。	
		生态效益	项目实施对生态环境所带来的直接或间接影响情况。	
		可持续影响	项目后续运行及成效发挥的可持续影响情况。	
		社会公众或服务对象满意度	社会公众或服务对象对项目实施效果的满意程度。	社会公众或服务对象是指因该项目实施而受到影响的部门（单位）、群体或个人。一般采取社会调查的方式。

附件2：

部门整体支出绩效评价共性指标体系框架

一级指标	二级指标	三级指标	指标解释	指标说明
投入	目标设定	绩效目标合理性	部门（单位）所设立的整体绩效目标依据是否充分，是否符合客观实际，用以反映和考核部门（单位）整体绩效目标与部门履职、年度工作任务的相符性情况。	评价要点： ①是否符合国家法律法规、国民经济和社会发展总体规划； ②是否符合部门"三定"方案确定的职责； ③是否符合部门制定的中长期实施规划。
		绩效指标明确性	部门（单位）依据整体绩效目标所设定的绩效指标是否清晰、细化、可衡量，用以反映和考核部门（单位）整体绩效目标的明细化情况。	评价要点： ①是否将部门整体的绩效目标细化分解为具体的工作任务； ②是否通过清晰、可衡量的指标值予以体现； ③是否与部门年度的任务数或计划数相对应； ④是否与本年度部门预算资金相匹配。
	预算配置	在职人员控制率	部门（单位）本年度实际在职人员数与编制数的比率，用以反映部门（单位）对人员成本的控制程度。	在职人员控制率＝（在职人员数/编制数）×100%。 在职人员数：部门（单位）实际在职人数，以财政部门核定的部门（单位）的人员编制数编制数：机构编制部门核批复的部门（单位）的人员编制数。
		"三公经费"变动率	部门（单位）本年度"三公经费"预算数与上年度"三公经费"预算数的变动比率，用以反映部门（单位）对控制重点行政成本的努力程度。	"三公经费"变动率＝[（本年度"三公经费"总额－上年度"三公经费"总额）/上年度"三公经费"总额]×100%。 "三公经费"：年度预算安排的因公出国（境）费、公务车辆购置费及运行费和公务招待费。

续表

一级指标	二级指标	三级指标	指标解释	指标说明
投入	预算配置	重点支出安排率	部门（单位）本年度预算安排的重点项目支出与部门（单位）项目总支出的比率，用以反映和考核部门（单位）对履行主要职责或完成重点任务的保障程度。	重点支出安排率＝（重点项目支出/项目总支出）×100%。重点项目支出：部门（单位）年度预算安排的，与本部门履职和发展密切相关，具有明显社会和经济影响、党委政府关心或社会比较关注的项目支出总额。项目总支出：部门（单位）年度预算安排的项目支出总额。
		预算完成率	部门（单位）本年度预算完成数与预算数的比率，用以反映和考核部门（单位）预算完成程度。	预算完成率＝（预算完成数/预算数）×100%。预算完成数：部门（单位）本年度实际完成的预算数。预算数：财政部门批复的本年度部门（单位）预算数。
		预算调整率	部门（单位）本年度预算调整数与预算数的比率，用以反映和考核部门（单位）预算的调整程度。	预算调整率＝（预算调整数/预算数）×100%。预算调整数：部门（单位）在本年度内涉及预算的追加、追减或结构调整的资金总和（因落实国家政策，发生不可抗力，上级部门或本级党委政府明确交办而产生的调整除外）。
过程	预算执行	支付进度率	部门（单位）实际支付进度与既定支付进度的比率，用以反映和考核部门（单位）预算执行的及时性和均衡性程度。	支付进度率＝（实际支付进度/既定支付进度）×100%。实际支付进度：部门（单位）在某一时点的支出预算执行数与年度支出预算数的比率。既定支付进度：由部门（单位）在申报部门整体绩效目标时，参照历年支付进度，前三年支付进度水平等确定的，在某一时点应达到的支付进度（比率）。
		结转结余率	部门（单位）本年度结转结余总额与支出预算数的比率，用以反映和考核部门（单位）对本年度结转结余资金的实际控制程度。	结转结余率＝结转结余总额/支出预算数×100%。结转结余总额：部门（单位）本年度的结转资金与结余资金之和（以算数为准）。

续表

一级指标	二级指标	三级指标	指标解释	指标说明
过程	预算执行	结转结余变动率	部门（单位）本年度结转结余资金总额与上年度结转结余资金总额的变动比率，用以反映部门（单位）对控制转结余资金的努力程度。	结转结余变动率＝[（本年度累计转结余资金总额－上年度累计结转结余资金总额）/上年度累计结转结余资金总额]×100%。
		公用经费控制率	部门（单位）本年度实际支出的公用经费总额与预算安排的公用经费总额的比率，用以反映部门（单位）对机构运转成本的实际控制程度。	公用经费控制率＝（实际支出公用经费总额/预算安排公用经费总额）×100%。
		"三公经费"控制率	部门（单位）本年度"三公经费"实际支出数与考核部门（单位）对"三公经费"预算安排数的比率，用以反映部门（单位）对"三公经费"的实际控制程度。	"三公经费"控制率＝（"三公经费"实际支出数/"三公经费"预算安排数）×100%。
		政府采购执行率	部门（单位）本年度实际政府采购金额与考核部门（单位）政府采购预算的比率，用以反映部门（单位）政府采购预算执行情况。	政府采购执行率＝（实际政府采购金额/政府采购预算数）×100%； 政府采购预算：采购机关根据事业发展计划和行政任务编制的、并经过规定程序批准的年度政府采购计划。
	预算管理	管理制度健全性	部门（单位）为加强预算管理、规范财务行为而制定的管理制度是否健全完整，用以反映考核部门（单位）预算管理制度对完成主要职责或促进事业发展的保障情况。	评价要点： ①是否已制定或具有预算管理办法、内部财务管理制度、会计核算制度等管理制度； ②相关管理制度是否合法、合规、完整； ③相关管理制度是否得到有效执行。

续表

一级指标	二级指标	三级指标	指标解释	指标说明
过程	预算管理	资金使用合规性	部门（单位）使用预算资金是否符合相关的预算财务法规和财务管理制度规定，用以反映预算财务管理制度部门（单位）预算资金的规范运行情况。	评价要点：①是否符合国家财经法规和财务管理制度规定以及有关专项资金管理办法的规定；②资金的拨付是否有完整的审批程序和手续；③项目的重大开支是否经过评估论证；④是否符合部门预算批复的用途；⑤是否存在截留、挤占、挪用、虚列支出等情况。
		预决算信息公开性	部门（单位）是否按照政府信息公开有关规定公开相关预决算信息，用以反映和考核部门（单位）预决算管理公开和透明情况。	评价要点：①是否按规定内容公开预决算信息；②是否按规定时限公开预决算信息。预决算信息是指与部门预算、执行、决算、监督、绩效等管理相关的信息。
		基础信息完善性	部门（单位）基础信息是否完善，用以反映和考核基础信息对预算管理工作的支撑情况。	评价要点：①基础数据信息和会计信息资料是否真实；②基础数据信息和会计信息资料是否完整；③基础数据信息和会计信息资料是否准确。
	资产管理	管理制度健全性	部门（单位）为加强资产管理、规范资产管理行为而制定的管理制度是否健全、完整，用以反映和考核部门（单位）资产管理制度对完成主要职责或促进社会发展的保障情况。	评价要点：①是否已制定或具有资产管理制度；②相关资产管理制度是否合法、合规、完整；③相关资产管理制度是否得到有效执行。

续表

一级指标	二级指标	三级指标	指标解释	指标说明
过程	资产管理	资产管理安全性	部门（单位）的资产保存是否完整，使用合规、配置是否合理、处置是否规范，收入及时足额上缴，用以反映和考核部门（单位）资产安全运行情况。	评价要点：①资产保存是否完整；②资产配置是否合理；③资产处置是否规范；④资产账务管理是否合规，是否账实相符；⑤资产使用及处置收入及时足额上缴。
		固定资产利用率	部门（单位）实际在用固定资产总额与所有固定资产总额的比率，用以反映和考核部门（单位）固定资产使用效率程度。	固定资产利用率＝（实际在用固定资产总额/所有固定资产总额）×100%。
产出	职责履行	实际完成率	部门（单位）履行职责而实际完成工作数与计划工作数的比率，用以反映和考核部门履职工作任务目标的实现程度。	实际完成率＝（实际完成工作数/计划工作数）×100%；实际完成工作数：一定时期（年度或规划期）部门（单位）整体绩效目标确定的一定时期（年度或规划期）内预计完成工作任务的数量。
		完成及时率	部门（单位）在规定时限内及时完成的实际工作数与计划工作数的比率，用以反映和考核部门履职时效目标的实现程度。	完成及时率＝（及时完成实际工作数/计划工作数）×100%；及时完成实际工作数：部门（单位）按照整体绩效目标确定的时限要求实际完成的工作任务数量。
		质量达标率	达到质量标准（绩效标准值）的实际工作数与计划工作数的比率，用以反映和考核部门履职质量目标的实现程度。	质量达标率＝（质量达标实际工作数/计划工作数）×100%；质量达标实际工作数：一定时期（年度或规划期）内部门（单位）实际完成工作数中达到绩效目标要求（绩效标准值）的工作任务数量。

366

续表

一级指标	二级指标	三级指标	指标解释	指标说明
产出	职责履行	重点工作办结率	部门（单位）年度重点工作实际完成数与交办或下达数的比率，用以反映部门（单位）对重点工作的办理落实程度。	重点工作办结率＝（重点工作实际完成数/交办或下达数）×100%。重点工作是指党委、政府、人大、相关部门交办或下达的工作任务。
效果		经济效益	部门（单位）履行职责对经济发展所带来的直接或间接影响。	此三项指标为设置部门整体支出绩效评价指标时必须考虑的共性要素。可根据部门实际并结合部门整体支出绩效目标设立情况有选择地进行设置，并将其细化为相应的个性化指标。
		社会效益	部门（单位）履行职责对社会发展所带来的直接或间接影响。	
		生态效益	部门（单位）履行职责对生态环境所带来的直接或间接影响。	
	履职效益	社会公众或服务对象满意度	社会公众或部门（单位）的服务对象对部门履职效果的满意程度。	社会公众或服务对象是指部门（单位）履行职责而影响到的部门、群体或个人。一般采取社会调查的方式。

附件3：

财政预算绩效评价共性指标体系框架

一级指标	二级指标	三级指标	指标解释	指标说明
投入	预算安排	人员经费保障率	本年度预算安排的在职人均人员经费与在职人员经费标准的比率，用以反映某一地区财政考核和"保工资"状况。	人员经费保障率＝（在职人均人员经费／在职人员经费标准）×100%。在职人均人员经费＝在职人员经费总额／在职财政供养人数。在职人员经费标准：根据合规合法的相关政策核定的当地在职人员人均经费水平。
		公用经费保障率	本年度预算安排的在职人员人均公用经费与在职人员人均公用经费标准的比率，用以反映某一地区财政"保运转"状况。	公用经费保障率＝人均公用经费／人均公用经费标准。人均公用经费＝公用经费总额／在职财政供养人数。人均公用经费标准：同类地区人均公用经费的平均水平。
		人均公用经费变动率	本年度在职人均公用经费与上年度在职人均公用经费的变动比率，用以反映某一地区财政改善"保运转"状况改善的努力程度。	人均公用经费变动率＝[（本年度人均公用经费）／上年度人均公用经费]×100%。
		民生支出占比	本年度民生支出数占当年公共财政预算支出的比重，一般通过与同类地区民生支出占比的比较，用以反映和考核某一地区财政"保民生"状况。	民生支出占比＝（民生支出数／当年公共财政支出数）×100%。民生支出数：以财政部确定的民生支出统计口径为准。

续表

一级指标	二级指标	三级指标	指标解释	指标说明
投入	预算安排	民生支出占比变动率	本年度民生支出占比与上年度民生支出占比的变动比率，用以反映和考核某一地区财政改善民生的努力程度。	民生支出占比变动率=[（本年度民生支出占比-上年度民生支出占比）/上年度的民生支出占比]×100%。
		"三公经费"变动率	本年度"三公经费"支出总额与上年度"三公经费"支出总额的变动比率，用以反映和考核某一地区财政控制和压缩重点行政成本的努力程度。	"三公经费"变动率=[（本年度"三公经费"支出总额-上年度"三公经费"支出总额）/（上年度"三公经费"支出总额）]×100%。
		预算完整性	纳入政府预算管理的各类预算是否完整，用以反映和考核某一地区财政预算综合管理的水平。	评价要点： ①公共财政预算是否纳入政府预算管理； ②国有资本经营预算是否纳入政府预算管理； ③政府性基金预算是否纳入政府预算管理； ④社会保障预算是否纳入政府预算管理。
		预算平衡性	本地区财政预算收支差额（预算净结余）是否为非负，用以反映和考核某一地区财政预算平衡情况。	预算净结余=预算收入数-预算支出数
		财政供养人员控制率	本年度实际在职财政供养人员与标准在职财政供养人员的比率，反映财政供养对某一地区财政对本级财政供养人数的实际控制程度。	财政供养人员控制率=[（实际在职财政供养人数-标准在职财政供养人数）/标准在职财政供养人数]×100%。

续表

一级指标	二级指标	三级指标	指标解释	指标说明
投入	预算安排	债务率	本年末本级政府性债务余额占综合财力的比重，反映和考核某一地区财政对债务规模和预算风险的控制程度。	债务率＝（本年末本级政府性债务余额／本年本地综合财力）×100%。综合财力：即政府公共财政预算支出，政府性基金支出，国有资本经营预算支出之和。
		收入完成率	本年度公共财政预算收入实际完成数与公共财政收入预算数的比率，用以反映和考核某一地区收入预算收入的完成程度。	收入完成率＝（预算收入实际完成数／收入预算数）×100%。收入预算数：当地政府预算批复的本年度公共财政预算收入数。
		支出完成率	本年度公共财政预算支出完成数与公共财政支出预算数的比率，用以反映和考核某一地区支出预算的实际执行情况。	支出完成率＝（预算支出完成数／支出预算数）×100%。预算支出数：当地政府预算批复的本年度公共财政预算支出数。
过程	预算执行	支出均衡率	某一时点支出进度标准的比率，用以反映和考核某一地区公共财政预算支出及时性和均衡性程度。	支出均衡率＝（支出执行进度／支出进度标准）×100%。支出执行进度：某一地区财政在某一时点的公共财政支出预算执行数与本年度公共财政支出预算的比率。支出进度标准：某一地区财政部门参照序时支付进度、前三年平均支付进度、同一地区财政同级财政部门平均支付进度等确定的年度支出进度计划。
		资金结转率	本年度结转资金总额与公共财政支出预算的比率，用以反映和考核某一地区财政对结转资金的控制程度。	资金结转率＝（结转资金总额／公共财政支出预算）×100%。

续表

一级指标	二级指标	三级指标	指标解释	指标说明
过程	预算执行	资金结转变动率	本年度结转资金总额与上年度结转资金总额的变动比率,反映和考核某一地区财政控制结转资金的努力程度。	资金结转变动率=[(本年度结转资金总额-上年度结转资金总额)/上年度结转资金总额]×100%。
		"三公经费"控制率	本年度"三公经费"实际支出数与预算数的比率,用以反映和考核某一地区财政重点行政成本的控制程度。	"三公经费"控制率=(本年度"三公经费"实际支出数/"三公经费"预算数)×100%。
		总预算暂存暂付率	总预算暂存款、暂付款期末余额与当年公共财政支出预算的比率,用以反映某一地区财政对本级财政同转资金规模的控制程度。	总预算暂存暂付率=(总预算暂存款、暂付款期末余额/当年公共财政支出预算)×100%。
效果	经济效益	财政总收入占GDP的比重	本年度财政总收入占国内生产总值(GDP)的比重,用以反映某一地区筹集财政收入及当地经济和社会发展调控能力的水平。	财政总收入占GDP的比重=财政总收入/GDP。财政总收入:指当地当年的公共财政收入、政府性基金收入、国有土地使用权收入(不含国有资本经营收入、社会保障收入。
		税收收入占比	本年度税收收入占公共财政预算收入的比重,一般可与同类地区税收收入的平均水平或与本地确定的税收收入占比的目标比较,用以反映某一地区公共财政收入质量情况。	税收收入占比=(税收收入/公共财政预算收入)×100%。

续表

一级指标	二级指标	三级指标	指标解释	指标说明
效果	经济效益	税收收入占比变动率	本年度税收收入占比与上年度税收收入占比的变动比率，用以反映和考核某一地区在改善公共财政收入质量方面的努力程度。	税收收入占比变动率＝[（本年度税收收入占比－上年度税收收入占比）/上年度税收收入占比]×100%。
		非税收入占比	本年度非税收入占公共财政预算收入的比重，一般可与同类地区或与本地区确定的非税收入占比的平均水平比较，用以反映和考核某一地区公共财政收入质量情况。	非税收入占比＝（非税收入/公共财政预算收入）×100%。
		非税收入占比变动率	本年度非税收入占比与上年度非税收入占比的变动比率，用以反映和考核某一地区在改善公共财政收入质量方面的努力程度。	非税收入占比变动率＝[（本年度非税收入占比－上年度非税收入占比）/上年度非税收入占比]×100%。
		财政支出乘数	当地国内生产总值（GDP）变动量与公共财政预算支出变动量之间的比值，用以反映和考核某一地区财政支出对当地经济的带动效应。	财政支出乘数＝当地GDP变动量/公共财政预算支出变动量。GDP变动量＝当年GDP－上年GDP。公共财政预算支出变动量＝当年公共财政预算支出－上年公共财政预算支出。
	社会效益	城镇居民人均可支配收入变动率	本年度城镇居民人均可支配收入与上年城镇居民人均可支配收入的变动比率，用以反映和考核某一地区城镇居民的生活水平改善程度。	城镇居民人均可支配收入变动率＝[（本年城镇居民人均可支配收入－上年城镇居民人均可支配收入）/上年城镇居民人均可支配收入]×100%。城镇居民人均可支配收入＝城镇居民可支配收入/当地城镇居民人口。

续表

一级指标	二级指标	三级指标	指标解释	指标说明
效果	社会效益	农村居民人均纯收入变动率	本年农村居民人均纯收入与上年农村居民人均纯收入的变动比率，用以反映和考核某一地区农村居民生活水平的改善程度。	农村居民人均纯收入变动率＝[（本年农村居民人均纯收入－上年农村居民人均纯收入）/上年农村居民人均纯收入]×100%；农村居民人均纯收入＝农村纯收入/当地农村总人口。
		人均受教育年限变动率	本年人均受教育年限与上年人均受教育年限的变动比率，用以反映和考核某一地区教育普及的改善程度。	人均受教育年限变动率＝[（本年人均受教育年限－上年人均受教育年限）/上年人均受教育年限]×100%；人均受教育年限＝受教育总年限/当地总人口。
		人均期望寿命变动率	某一地区本年人均期望寿命值与上年人均期望寿命值的变动比率，用以反映和考核某一地区居民健康水平改善程度。	人均期望寿命变动率＝[（本年人均期望寿命－上年人均期望寿命）/上年人均期望寿命]×100%；人均期望寿命：0岁人口的平均预期寿命。
		城镇登记失业率变动率	本年城镇登记失业率与上年城镇登记失业率的变动比率，用以反映和考核某一地区城镇居民就业状况的改善程度。	城镇登记失业率变动率＝[（本年城镇登记失业率－上年城镇登记失业率）/上年城镇登记失业率]×100%；城镇登记失业率＝城镇登记失业人员期末实有人数/（城镇从业人员总数＋城镇登记失业人员期末实有人数）×100%。
	生态效益	空气质量变动率	当年空气质量与上年空气质量的变动比率，用以反映和考核某一地区空气质量的改善程度。	空气质量变动率＝[（当年空气质量监测均值－上年空气质量监测均值）/上年空气质量监测均值]×100%；空气质量监测均值＝全年空气质量监测均值之和/12。
		人均公共绿地面积变动率	当地居民拥有的平均绿地面积的变动情况，用以反映和考核某一地区生态环境的改善程度。	人均公共绿地面积变动率＝[（当年人均公共绿地面积－上年人均公共绿地面积）/上年人均公共绿地面积]×100%；人均公共绿地面积＝绿地总面积/当地居民总人数。

续表

一级指标	二级指标	三级指标	指标解释	指标说明
效果	生态效益	万元GDP能耗变动率	当年万元GDP能耗与上年万元GDP能耗的变动比率，用以反映和考核某一地区节能减排水平的改善程度。	万元GDP能耗变动率＝[（当年万元GDP能耗－上年万元GDP能耗）/上年万元GDP能耗]×100%。 万元GDP能耗＝综合能源消费量（吨标准煤）/GDP（万元）。
	社会公众满意度		社会公众对当地财政理财效果的满意程度。	社会公众是指辖区内的部门（单位）、群体或个人，一般采取社会调查的方式。

财政部关于推进预算绩效管理的指导意见

(财预〔2011〕416号)

党中央有关部门,国务院各部委、各直属机构,总后勤部,武警各部队,全国人大常委会办公厅,全国政协办公厅,高法院,高检院,有关人民团体,各省、自治区、直辖市、计划单列市财政厅(局),新疆生产建设兵团财务局,有关中央管理企业:

为了深入贯彻落实科学发展观,完善公共财政体系,推进财政科学化精细化管理,强化预算支出的责任和效率,提高财政资金使用效益,现就推进预算绩效管理提出如下意见:

一、充分认识推进预算绩效管理的重要性

预算绩效是指预算资金所达到的产出和结果。预算绩效管理是政府绩效管理的重要组成部分,是一种以支出结果为导向的预算管理模式。它强化政府预算为民服务的理念,强调预算支出的责任和效率,要求在预算编制、执行、监督的全过程中更加关注预算资金的产出和结果,要求政府部门不断改进服务水平和质量,花尽量少的资金、办尽量多的实事,向社会公众提供更多、更好的公共产品和公共服务,使政府行为更加务实、高效。推进预算绩效管理,有利于提升预算管理水平、增强单位支出责任、提高公共服务质量、优化公共资源配置、节约公共支出成本。这是深入贯彻落实科学发展观的必然要求,是深化行政体制改革的重要举措,也是财政科学化、精细化管理的重要内容,对于加快经济发展方式的转变和和谐社会的构建,促进高效、责任、透明政府的建设具有重大的政治、经济和社会意义。

党中央、国务院高度重视预算绩效管理工作,多次强调要深化预算制度改革,加强预算绩效管理,提高预算资金的使用效益和政府工作效率。党的十六届三中全会提出"建立预算绩效评价体系",党的十七届二中、五中全会

提出"推行政府绩效管理和行政问责制度","完善政府绩效评估制度"。2011年3月，国务院成立政府绩效管理工作部际联席会议，指导和推动政府绩效管理工作。近年来，各级财政部门和预算单位按照党中央、国务院的要求和财政部的部署，积极研究探索预算绩效管理工作，开展预算支出绩效评价试点，取得了一定成效。但从总体上看，我国的预算绩效管理工作仍处于起步阶段，思想认识还不够统一，制度建设相对滞后，试点范围较小，地区发展不平衡，与党中央、国务院对加强预算绩效管理的要求还有一定的差距。推进预算绩效管理，已成为当前和今后财政预算管理工作的重要内容。

二、推进预算绩效管理的指导思想和基本原则

当前和今后一段时期推进预算绩效管理的指导思想是：全面贯彻党的十七大、十七届五中全会精神，以邓小平理论和"三个代表"重要思想为指导，深入贯彻落实科学发展观，借鉴市场经济国家预算绩效管理的成功经验，按照党中央、国务院关于加强政府绩效和预算绩效管理的总体要求，强化预算支出责任和效率，统筹规划、分级管理、因地制宜、重点突破，逐步建立以绩效目标实现为导向，以绩效评价为手段，以结果应用为保障，以改进预算管理、优化资源配置、控制节约成本、提高公共产品质量和公共服务水平为目的，覆盖所有财政性资金，贯穿预算编制、执行、监督全过程的具有中国特色的预算绩效管理体系。

推进预算绩效管理的基本原则：

（一）统一领导，分级管理。各级财政部门负责预算绩效管理工作的统一领导，组织对重点支出进行绩效评价和再评价。财政部负责预算绩效管理工作的总体规划和顶层制度的设计，组织并指导下级财政部门和本级预算单位预算绩效管理工作；地方各级财政部门负责本行政区域预算绩效管理工作。各预算单位是本单位预算绩效管理的主体，负责组织、指导单位本级和所属单位的预算绩效管理工作。

（二）积极试点，稳步推进。各级财政部门和预算单位要结合本地区、本单位实际情况，勇于探索，先易后难，优先选择重点民生支出和社会公益性较强的项目等进行预算绩效管理试点，积累经验，在此基础上稳步推进基本支出绩效管理试点、单位整体支出绩效管理试点和财政综合绩效管理试点。

（三）程序规范，重点突出。建立规范的预算绩效管理工作流程，健全预算绩效管理运行机制，强化全过程预算绩效管理。加强绩效目标管理，突出重点，建立和完善绩效目标申报、审核、批复机制。

（四）客观公正，公开透明。预算绩效管理要符合真实、客观、公平、公正的要求，评价指标要科学，基础数据要准确，评价方法要合理，评价结果要依法公开，接受监督。

三、推进预算绩效管理的主要内容

预算绩效管理是一个由绩效目标管理、绩效运行跟踪监控管理、绩效评价实施管理、绩效评价结果反馈和应用管理共同组成的综合系统。推进预算绩效管理，要将绩效理念融入预算管理全过程，使之与预算编制、预算执行、预算监督一起成为预算管理的有机组成部分，逐步建立"预算编制有目标、预算执行有监控、预算完成有评价、评价结果有反馈、反馈结果有应用"的预算绩效管理机制。

（一）绩效目标管理。

1.绩效目标设定。绩效目标是预算绩效管理的基础，是整个预算绩效管理系统的前提，包括绩效内容、绩效指标和绩效标准。预算单位在编制下一年度预算时，要根据国务院编制预算的总体要求和财政部门的具体部署、国民经济和社会发展规划、部门职能及事业发展规划，科学、合理地测算资金需求，编制预算绩效计划，报送绩效目标。报送的绩效目标应与部门目标高度相关，并且是具体的、可衡量的、一定时期内可实现的。预算绩效计划要详细说明为达到绩效目标拟采取的工作程序、方式方法、资金需求、信息资源等，并有明确的职责和分工。

2.绩效目标审核。财政部门要依据国家相关政策、财政支出方向和重点、部门职能及事业发展规划等对单位提出的绩效目标进行审核，包括绩效目标与部门职能的相关性、绩效目标的实现所采取措施的可行性、绩效指标设置的科学性、实现绩效目标所需资金的合理性等。绩效目标不符合要求的，财政部门应要求报送单位调整、修改；审核合格的，进入下一步预算编审流程。

3.绩效目标批复。财政预算经各级人民代表大会审查批准后,财政部门应在单位预算批复中同时批复绩效目标。批复的绩效目标应当清晰、可量化,以便在预算执行过程中进行监控和预算完成后实施绩效评价时对照比较。

(二)绩效运行跟踪监控管理。

预算绩效运行跟踪监控管理是预算绩效管理的重要环节。各级财政部门和预算单位要建立绩效运行跟踪监控机制,定期采集绩效运行信息并汇总分析,对绩效目标运行情况进行跟踪管理和督促检查,纠偏扬长,促进绩效目标的顺利实现。跟踪监控中发现绩效运行目标与预期绩效目标发生偏离时,要及时采取措施予以纠正。

(三)绩效评价实施管理。

预算支出绩效评价是预算绩效管理的核心。预算执行结束后,要及时对预算资金的产出和结果进行绩效评价,重点评价产出和结果的经济性、效率性和效益性。实施绩效评价要编制绩效评价方案,拟定评价计划,选择评价工具,确定评价方法,设计评价指标。预算具体执行单位要对预算执行情况进行自我评价,提交预算绩效报告,要将实际取得的绩效与绩效目标进行对比,如未实现绩效目标,须说明理由。组织开展预算支出绩效评价工作的单位要提交绩效评价报告,认真分析研究评价结果所反映的问题,努力查找资金使用和管理中的薄弱环节,制定改进和提高工作的措施。财政部门对预算单位的绩效评价工作进行指导、监督和检查,并对其报送的绩效评价报告进行审核,提出进一步改进预算管理、提高预算支出绩效的意见和建议。

(四)绩效评价结果反馈和应用管理。

建立预算支出绩效评价结果反馈和应用制度,将绩效评价结果及时反馈给预算具体执行单位,要求其根据绩效评价结果,完善管理制度,改进管理措施,提高管理水平,降低支出成本,增强支出责任;将绩效评价结果作为安排以后年度预算的重要依据,优化资源配置;将绩效评价结果向同级人民政府报告,为政府决策提供参考,并作为实施行政问责的重要依据。逐步提高绩效评价结果的透明度,将绩效评价结果,尤其是一些社会关注度高、影响力大的民生项目和重点项目支出绩效情况,依法向社会公开,接受社会监督。

四、推进预算绩效管理的工作要求

各级财政部门和预算单位要高度重视，充分认识推进预算绩效管理的重要性和必要性，切实把思想认识统一到党中央、国务院决策要求和工作部署上来，把推进预算绩效管理作为当前和今后一个时期深化预算管理改革的一项重要工作来抓。

（一）加强组织领导。各级财政部门要切实加强对预算绩效管理的统一领导，健全组织，充实人员，统筹规划，合理安排，理顺工作机制，理清工作思路，明确工作目标，制定具体措施。各预算单位要按照财政部门的统一部署，积极推进预算绩效管理试点。财政部门和预算单位之间要加强沟通，密切配合，形成工作合力。

（二）建立健全制度。抓紧研究制定预算绩效管理规章制度，完善预算支出绩效评价办法，健全预算绩效评价指标体系，建立绩效评价结果反馈制度，推进预算绩效管理信息系统建设，为预算绩效管理提供制度和技术支撑。

（三）推进相关改革。完善政府预算体系，研究完善政府会计制度，探索实施中、长期预算管理，编制滚动预算。深化部门预算、国库集中收付等制度改革，将所有政府性收入全部纳入预算管理，加强国有资产管理，促进资产管理与预算管理有机结合。按照《中华人民共和国政府信息公开条例》的要求，积极推进预算公开，接受社会监督。

（四）加强宣传培训。要充分利用各种新闻媒体、政府网络平台等，积极宣传预算绩效管理理念，培育绩效管理文化，增强预算绩效意识，为预算绩效管理创造良好的舆论环境；要加强预算绩效管理专业知识培训，增强预算绩效管理工作人员的业务素质，提高预算绩效管理的工作水平。

（五）建立考核机制。采取重点督查、随机检查等方式，加强预算绩效管理推进工作的督促检查，发现问题及时解决。建立预算绩效管理推进工作考核制度，对工作做得好的地区和单位予以表扬，对工作做得不好的地区和单位予以通报。

财政部
二〇一一年七月五日

财政部关于印发
《中央部门预算绩效目标管理办法》的通知

(财预〔2015〕88号)

为了全面推进预算绩效管理工作,进一步规范中央部门预算绩效目标管理,提高财政资金使用效益,根据《中华人民共和国预算法》、《国务院关于深化预算管理制度改革的决定》(国发〔2014〕45号)等有关规定,我们制定了《中央部门预算绩效目标管理办法》。现予印发,请遵照执行。

附件:中央部门预算绩效目标管理办法

财政部
2015年5月21日

中央部门预算绩效目标管理办法

第一章 总 则

第一条 为了进一步加强预算绩效管理,提高中央部门预算绩效目标管理的科学性、规范性和有效性,根据《中华人民共和国预算法》、《国务院关于深化预算管理制度改革的决定》(国发〔2014〕45号)等有关规定,制定本办法。

第二条 绩效目标是指财政预算资金计划在一定期限内达到的产出和效果。

绩效目标是建设项目库、编制部门预算、实施绩效监控、开展绩效评价等的重要基础和依据。

第三条 本办法所称绩效目标:

(一)按照预算支出的范围和内容划分,包括基本支出绩效目标、项目支出绩效目标和部门(单位)整体支出绩效目标。

基本支出绩效目标，是指中央部门预算中安排的基本支出在一定期限内对本部门（单位）正常运转的预期保障程度。一般不单独设定，而是纳入部门（单位）整体支出绩效目标统筹考虑。

项目支出绩效目标是指中央部门依据部门职责和事业发展要求，设立并通过预算安排的项目支出在一定期限内预期达到的产出和效果。

部门（单位）整体支出绩效目标是指中央部门及其所属单位按照确定的职责，利用全部部门预算资金在一定期限内预期达到的总体产出和效果。

（二）按照时效性划分，包括中长期绩效目标和年度绩效目标。

中长期绩效目标是指中央部门预算资金在跨度多年的计划期内预期达到的产出和效果。年度绩效目标是指中央部门预算资金在一个预算年度内预期达到的产出和效果。

第四条 绩效目标管理是指财政部和中央部门及其所属单位以绩效目标为对象，以绩效目标的设定、审核、批复等为主要内容所开展的预算管理活动。

第五条 财政部和中央部门及其所属单位是绩效目标管理的主体。

第六条 绩效目标管理的对象是纳入中央部门预算管理的全部资金。

第二章 绩效目标的设定

第七条 绩效目标设定是指中央部门或其所属单位按照部门预算管理和绩效目标管理的要求，编制绩效目标并向财政部或中央部门报送绩效目标的过程。

绩效目标是部门预算安排的重要依据。未按要求设定绩效目标的项目支出，不得纳入项目库管理，也不得申请部门预算资金。

第八条 按照"谁申请资金，谁设定目标"的原则，绩效目标由中央部门及其所属单位设定。

项目支出绩效目标，在该项目纳入中央部门项目库之前编制，并按要求随同中央部门项目库提交财政部；部门（单位）整体支出绩效目标，在申报部门预算时编制，并按要求提交财政部。

第九条 绩效目标要能清晰反映预算资金的预期产出和效果，并以相应的绩效指标予以细化、量化描述。主要包括：

（一）预期产出，是指预算资金在一定期限内预期提供的公共产品和服务情况；

（二）预期效果，是指上述产出可能对经济、社会、环境等带来的影响情况，以及服务对象或项目受益人对该项产出和影响的满意程度等。

第十条 绩效指标是绩效目标的细化和量化描述，主要包括产出指标、效益指标和满意度指标等。

（一）产出指标是对预期产出的描述，包括数量指标、质量指标、时效指标、成本指标等。

（二）效益指标是对预期效果的描述，包括经济效益指标、社会效益指标、生态效益指标、可持续影响指标等。

（三）满意度指标是反映服务对象或项目受益人的认可程度的指标。

第十一条 绩效标准是设定绩效指标时所依据或参考的标准。一般包括：

（一）历史标准，是指同类指标的历史数据等；

（二）行业标准，是指国家公布的行业指标数据等；

（三）计划标准，是指预先制定的目标、计划、预算、定额等数据；

（四）财政部认可的其他标准。

第十二条 绩效目标设定的依据包括：

（一）国家相关法律、法规和规章制度，国民经济和社会发展规划；

（二）部门职能、中长期发展规划、年度工作计划或项目规划；

（三）中央部门中期财政规划；

（四）财政部中期和年度预算管理要求；

（五）相关历史数据、行业标准、计划标准等；

（六）符合财政部要求的其他依据。

第十三条 设定的绩效目标应当符合以下要求：

（一）指向明确。绩效目标要符合国民经济和社会发展规划、部门职能及事业发展规划等要求，并与相应的预算支出内容、范围、方向、效果等紧密相关。

（二）细化量化。绩效目标应当从数量、质量、成本、时效以及经济效益、社会效益、生态效益、可持续影响、满意度等方面进行细化，尽量进行定量表述。不能以量化形式表述的，可采用定性表述，但应具有可衡量性。

（三）合理可行。设定绩效目标时要经过调查研究和科学论证，符合客观实际，能够在一定期限内如期实现。

（四）相应匹配。绩效目标要与计划期内的任务数或计划数相对应，与预算确定的投资额或资金量相匹配。

第十四条 绩效目标申报表是所设定绩效目标的表现形式。其中，项目支出绩效目标涉及内容的相关信息，纳入项目文本中，通过提取信息的方式以确定格式（详见附1）生成；部门（单位）整体支出绩效目标，按照确定格式和内容（详见附2）填报，纳入部门预算编报说明中。

第十五条 绩效目标设定的方法包括：

（一）项目支出绩效目标的设定。

1. 对项目的功能进行梳理，包括资金性质、预期投入、支出范围、实施内容、工作任务、受益对象等，明确项目的功能特性。

2. 依据项目的功能特性，预计项目实施在一定时期内所要达到的总体产出和效果，确定项目所要实现的总体目标，并以定量和定性相结合的方式进行表述。

3. 对项目支出总体目标进行细化分解，从中概括、提炼出最能反映总体目标预期实现程度的关键性指标，并将其确定为相应的绩效指标。

4. 通过收集相关基准数据，确定绩效标准，并结合项目预期进展、预计投入等情况，确定绩效指标的具体数值。

（二）部门（单位）整体支出绩效目标的设定。

1. 对部门（单位）的职能进行梳理，确定部门（单位）的各项具体工作职责。

2. 结合部门（单位）中长期规划和年度工作计划，明确年度主要工作任务，预计部门（单位）在本年度内履职所要达到的总体产出和效果，将其确定为部门（单位）总体目标，并以定量和定性相结合的方式进行表述。

3. 依据部门（单位）总体目标，结合部门（单位）的各项具体工作职责和工作任务，确定每项工作任务预计要达到的产出和效果，从中概括、提炼出最能反映工作任务预期实现程度的关键性指标，并将其确定为相应的绩效指标。

4.通过收集相关基准数据，确定绩效标准，并结合年度预算安排等情况，确定绩效指标的具体数值。

第十六条　绩效目标设定程序为：

（一）基层单位设定绩效目标。申请预算资金的基层单位按照要求设定绩效目标，随同本单位预算提交上级单位；根据上级单位审核意见，对绩效目标进行修改完善，按程序逐级上报。

（二）中央部门设定绩效目标。中央部门按要求设定本级支出绩效目标，审核、汇总所属单位绩效目标，提交财政部；根据财政部审核意见对绩效目标进行修改完善，按程序提交财政部。

第三章　绩效目标的审核

第十七条　绩效目标审核是指财政部或中央部门对相关部门或单位报送的绩效目标进行审查核实，并将审核意见反馈相关单位，指导其修改完善绩效目标的过程。

第十八条　按照"谁分配资金，谁审核目标"的原则，绩效目标由财政部或中央部门按照预算管理级次进行审核。根据工作需要，绩效目标可委托第三方予以审核。

第十九条　绩效目标审核是部门预算审核的有机组成部分。绩效目标不符合要求的，财政部或中央部门应要求报送单位及时修改、完善。审核符合要求后，方可进入项目库，并进入下一步预算编审流程。

第二十条　中央部门对所属单位报送的项目支出绩效目标和单位整体支出绩效目标进行审核。

有预算分配权的部门应对预算部门提交的有关项目支出绩效目标进行审核，并据此提出资金分配建议。经审核的项目支出绩效目标，报财政部备案。

第二十一条　财政部根据部门预算审核的范围和内容，对中央部门报送的项目支出绩效目标和部门（单位）整体支出绩效目标进行审核。对经有预算分配权的部门审核后的横向分配项目的绩效目标，财政部可根据需要进行再审核。

第二十二条　绩效目标审核的主要内容：

（一）完整性审核。绩效目标的内容是否完整，绩效目标是否明确、清晰。

（二）相关性审核。绩效目标的设定与部门职能、事业发展规划是否相关，是否对申报的绩效目标设定了相关联的绩效指标，绩效指标是否细化、量化。

（三）适当性审核。资金规模与绩效目标之间是否匹配，在既定资金规模下，绩效目标是否过高或过低；或者要完成既定绩效目标，资金规模是否过大或过小。

（四）可行性审核。绩效目标是否经过充分论证和合理测算；所采取的措施是否切实可行，并能确保绩效目标如期实现。综合考虑成本效益，是否有必要安排财政资金。

第二十三条　对一般性项目，由财政部或中央部门结合部门预算管理流程进行审核，提出审核意见。

对社会关注程度高、对经济社会发展具有重要影响、关系重大民生领域或专业技术复杂的重点项目，财政部或中央部门可根据需要将其委托给第三方，组织相关部门、专家学者、科研院所、中介机构、社会公众代表等共同参与审核，提出审核意见。

第二十四条　对项目支出绩效目标的审核，采用"项目支出绩效目标审核表"（详见附3）。其中，对一般性项目，采取定性审核的方式；对重点项目，采取定性审核和定量审核相结合的方式。

部门（单位）整体支出绩效目标的审核，可参考项目支出绩效目标的审核工具，提出审核意见。

第二十五条　项目支出绩效目标审核结果分为"优"、"良"、"中"、"差"四个等级，作为项目预算安排的重要参考因素。

审核结果为"优"的，直接进入下一步预算安排流程；审核结果为"良"的，可与相关部门或单位进行协商，直接对其绩效目标进行完善后，进入下一步预算安排流程；审核结果为"中"的，由相关部门或单位对其绩效目标进行修改完善，按程序重新报送审核；审核结果为"差"的，不得进入下一步预算安排流程。

第二十六条　绩效目标审核程序如下：

（一）中央部门及其所属单位审核。中央部门及其所属单位对下级单位报送的绩效目标进行审核，提出审核意见并反馈给下级单位。下级单位根据审核意见对相关绩效目标进行修改完善，重新提交上级单位审核，审核通过后按程序报送财政部。

（二）财政部审核。财政部对中央部门报送的绩效目标进行审核，提出审核意见并反馈给中央部门。中央部门根据财政部审核意见对相关绩效目标进行修改完善，重新报送财政部审核。财政部根据绩效目标审核情况提出预算安排意见，随预算资金一并下达中央部门。

第四章 绩效目标的批复、调整与应用

第二十七条 按照"谁批复预算，谁批复目标"的原则，财政部和中央部门在批复年初部门预算或调整预算时，一并批复绩效目标。原则上，中央部门整体支出绩效目标、纳入绩效评价范围的项目支出绩效目标和一级项目绩效目标，由财政部批复；中央部门所属单位整体支出绩效目标和二级项目绩效目标，由中央部门或所属单位按预算管理级次批复。

第二十八条 绩效目标确定后，一般不予调整。预算执行中因特殊原因确需调整的，应按照绩效目标管理要求和预算调整流程报批。

第二十九条 中央部门及所属单位应按照批复的绩效目标组织预算执行，并根据设定的绩效目标开展绩效监控、绩效自评和绩效评价。

（一）绩效监控。预算执行中，中央部门及所属单位应对资金运行状况和绩效目标预期实现程度开展绩效监控，及时发现并纠正绩效运行中存在的问题，力保绩效目标如期实现。

（二）绩效自评。预算执行结束后，资金使用单位应对照确定的绩效目标开展绩效自评，分别填写"项目支出绩效自评表"（详见附4）和"部门（单位）整体支出绩效自评表"（详见附5），形成相应的自评结果，作为部门（单位）预、决算的组成内容和以后年度预算申请、安排的重要基础。

（三）绩效评价。财政部或中央部门要有针对地选择部分重点项目或部门（单位），在资金使用单位绩效自评的基础上，开展项目支出或部门（单位）整体支出绩效评价，并对部分重大专项资金或财政政策开展中期绩效

评价试点，形成相应的评价结果。

第三十条 中央部门应按照有关法律、法规要求，逐步将有关绩效目标随同部门预算予以公开。

第五章 附 则

第三十一条 各部门可根据本办法，结合实际制定本部门具体绩效目标管理办法和实施细则，报财政部备案。

第三十二条 此前关于中央部门预算绩效目标管理的规定与本办法不一致的，适用本办法。

第三十三条 本办法由财政部负责解释。

第三十四条 本办法自印发之日起施行。

附1-1：项目支出绩效目标申报表（生成表）（略）

附1-2：项目支出绩效目标申报表内容说明（略）

附2-1：部门（单位）整体支出绩效目标申报表（略）

附2-2：部门（单位）整体支出绩效目标申报表填报说明（略）

附3-1：项目支出绩效目标审核表（一般性项目）（略）

附3-2：项目支出绩效目标审核表（重点项目）（略）

附3-3：项目支出绩效目标审核表填报说明（略）

附4：项目支出绩效自评表（略）

附5：部门（单位）整体支出绩效自评表（略）

附6：中央部门预算绩效目标管理流程图

附6：

中央部门预算绩效目标管理流程图

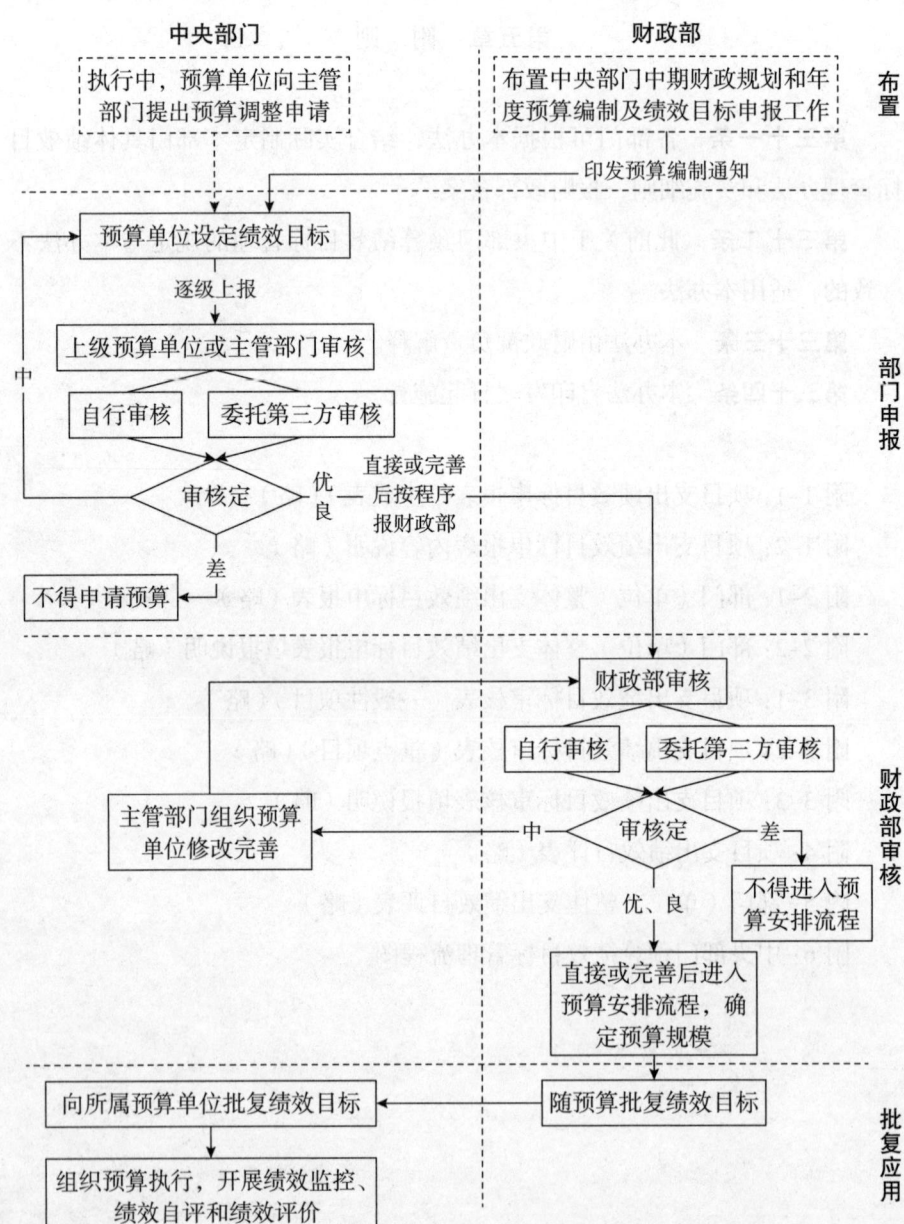

财政部关于印发《项目支出绩效评价管理办法》的通知

(财预〔2020〕10号)

为深入贯彻落实《中共中央 国务院关于全面实施预算绩效管理的意见》精神,我们在《财政支出绩效评价管理暂行办法》(财预〔2011〕285号)的基础上,修订形成了《项目支出绩效评价管理办法》,现予印发,请遵照执行。

附件:项目支出绩效评价管理办法

财政部

2020年2月25日

项目支出绩效评价管理办法

第一章 总 则

第一条 为全面实施预算绩效管理,建立科学、合理的项目支出绩效评价管理体系,提高财政资源配置效率和使用效益,根据《中华人民共和国预算法》和《中共中央 国务院关于全面实施预算绩效管理的意见》等有关规定,制定本办法。

第二条 项目支出绩效评价(以下简称绩效评价)是指财政部门、预算部门和单位,依据设定的绩效目标,对项目支出的经济性、效率性、效益性和公平性进行客观、公正的测量、分析和评判。

第三条 一般公共预算、政府性基金预算、国有资本经营预算项目支出的绩效评价适用本办法。涉及预算资金及相关管理活动,如政府投资基金、主权财富基金、政府和社会资本合作(PPP)、政府购买服务、政府债务项目等绩效评价可参照本办法执行。

第四条 绩效评价分为单位自评、部门评价和财政评价三种方式。单位自评是指预算部门组织部门本级和所属单位对预算批复的项目绩效目标完成情况进行自我评价。部门评价是指预算部门根据相关要求，运用科学、合理的绩效评价指标、评价标准和方法，对本部门的项目组织开展的绩效评价。财政评价是财政部门对预算部门的项目组织开展的绩效评价。

第五条 绩效评价应当遵循以下基本原则：

（一）科学公正。绩效评价应当运用科学合理的方法，按照规范的程序，对项目绩效进行客观、公正的反映。

（二）统筹兼顾。单位自评、部门评价和财政评价应职责明确，各有侧重，相互衔接。单位自评应由项目单位自主实施，即"谁支出、谁自评"。部门评价和财政评价应在单位自评的基础上开展，必要时可委托第三方机构实施。

（三）激励约束。绩效评价结果应与预算安排、政策调整、改进管理实质性挂钩，体现奖优罚劣和激励相容导向，有效要安排、低效要压减、无效要问责。

（四）公开透明。绩效评价结果应依法依规公开，并自觉接受社会监督。

第六条 绩效评价的主要依据：

（一）国家相关法律、法规和规章制度；

（二）党中央、国务院重大决策部署，经济社会发展目标，地方各级党委和政府重点任务要求；

（三）部门职责相关规定；

（四）相关行业政策、行业标准及专业技术规范；

（五）预算管理制度及办法，项目及资金管理办法、财务和会计资料；

（六）项目设立的政策依据和目标，预算执行情况，年度决算报告、项目决算或验收报告等相关材料；

（七）本级人大审查结果报告、审计报告及决定，财政监督稽核报告等；

（八）其他相关资料。

第七条 绩效评价期限包括年度、中期及项目实施期结束后；对于实施期5年及以上的项目，应适时开展中期和实施期后绩效评价。

第二章 绩效评价的对象和内容

第八条 单位自评的对象包括纳入政府预算管理的所有项目支出。

第九条 部门评价对象应根据工作需要，优先选择部门履职的重大改革发展项目，随机选择一般性项目。原则上应以5年为周期，实现部门评价重点项目全覆盖。

第十条 财政评价对象应根据工作需要，优先选择贯彻落实党中央、国务院重大方针政策和决策部署的项目，覆盖面广、影响力大、社会关注度高、实施期长的项目。对重点项目应周期性组织开展绩效评价。

第十一条 单位自评的内容主要包括项目总体绩效目标、各项绩效指标完成情况以及预算执行情况。对未完成绩效目标或偏离绩效目标较大的项目要分析并说明原因，研究提出改进措施。

第十二条 财政和部门评价的内容主要包括：

（一）决策情况；

（二）资金管理和使用情况；

（三）相关管理制度办法的健全性及执行情况；

（四）实现的产出情况；

（五）取得的效益情况；

（六）其他相关内容。

第三章 绩效评价指标、评价标准和方法

第十三条 单位自评指标是指预算批复时确定的绩效指标，包括项目的产出数量、质量、时效、成本，以及经济效益、社会效益、生态效益、可持续影响、服务对象满意度等。

单位自评指标的权重由各单位根据项目实际情况确定。原则上预算执行率和一级指标权重统一设置为：预算执行率10%、产出指标50%、效益指标30%、服务对象满意度指标10%。如有特殊情况，一级指标权重可做适当调整。二、三级指标应当根据指标重要程度、项目实施阶段等因素综合确定，准确反映项目的产出和效益。

第十四条 财政和部门绩效评价指标的确定应当符合以下要求：与评价对象密切相关，全面反映项目决策、项目和资金管理、产出和效益；优先选取最具代表性、最能直接反映产出和效益的核心指标，精简实用；指标内涵应当明确、具体、可衡量，数据及佐证资料应当可采集、可获得；同类项目绩效评价指标和标准应具有一致性，便于评价结果相互比较。

财政和部门评价指标的权重根据各项指标在评价体系中的重要程度确定，应当突出结果导向，原则上产出、效益指标权重不低于60%。同一评价对象处于不同实施阶段时，指标权重应体现差异性，其中，实施期间的评价更加注重决策、过程和产出，实施期结束后的评价更加注重产出和效益。

第十五条 绩效评价标准通常包括计划标准、行业标准、历史标准等，用于对绩效指标完成情况进行比较。

（一）计划标准。指以预先制定的目标、计划、预算、定额等作为评价标准。

（二）行业标准。指参照国家公布的行业指标数据制定的评价标准。

（三）历史标准。指参照历史数据制定的评价标准，为体现绩效改进的原则，在可实现的条件下应当确定相对较高的评价标准。

（四）财政部门和预算部门确认或认可的其他标准。

第十六条 单位自评采用定量与定性评价相结合的比较法，总分由各项指标得分汇总形成。

定量指标得分按照以下方法评定：与年初指标值相比，完成指标值的，记该指标所赋全部分值；对完成值高于指标值较多的，要分析原因，如果是由于年初指标值设定明显偏低造成的，要按照偏离度适度调减分值；未完成指标值的，按照完成值与指标值的比例记分。

定性指标得分按照以下方法评定：根据指标完成情况分为达成年度指标、部分达成年度指标并具有一定效果、未达成年度指标且效果较差三档，分别按照该指标对应分值区间100%—80%（含）、80%—60%（含）、60%—0%合理确定分值。

第十七条 财政和部门评价的方法主要包括成本效益分析法、比较法、因素分析法、最低成本法、公众评判法、标杆管理法等。根据评价对象的具体情况，可采用一种或多种方法。

（一）成本效益分析法。是指将投入与产出、效益进行关联性分析的方法。

（二）比较法。是指将实施情况与绩效目标、历史情况、不同部门和地区同类支出情况进行比较的方法。

（三）因素分析法。是指综合分析影响绩效目标实现、实施效果的内外部因素的方法。

（四）最低成本法。是指在绩效目标确定的前提下，成本最小者为优的方法。

（五）公众评判法。是指通过专家评估、公众问卷及抽样调查等方式进行评判的方法。

（六）标杆管理法。是指以国内外同行业中较高的绩效水平为标杆进行评判的方法。

（七）其他评价方法。

第十八条 绩效评价结果采取评分和评级相结合的方式，具体分值和等级可根据不同评价内容设定。总分一般设置为100分，等级一般划分为四档：90（含）—100分为优、80（含）—90分为良、60（含）—80分为中、60分以下为差。

第四章 绩效评价的组织管理与实施

第十九条 财政部门负责拟定绩效评价制度办法，指导本级各部门和下级财政部门开展绩效评价工作；会同有关部门对单位自评和部门评价结果进行抽查复核，督促部门充分应用自评和评价结果；根据需要组织实施绩效评价，加强评价结果反馈和应用。

第二十条 各部门负责制定本部门绩效评价办法，组织部门本级和所属单位开展自评工作，汇总自评结果，加强自评结果审核和应用；具体组织实施部门评价工作，加强评价结果反馈和应用。积极配合财政评价工作，落实评价整改意见。

第二十一条 部门本级和所属单位按照要求具体负责自评工作，对自评结果的真实性和准确性负责，自评中发现的问题要及时进行整改。

第二十二条 财政和部门评价工作主要包括以下环节：

（一）确定绩效评价对象和范围；

（二）下达绩效评价通知；

（三）研究制订绩效评价工作方案；

（四）收集绩效评价相关数据资料，并进行现场调研、座谈；

（五）核实有关情况，分析形成初步结论；

（六）与被评价部门（单位）交换意见；

（七）综合分析并形成最终结论；

（八）提交绩效评价报告；

（九）建立绩效评价档案。

第二十三条 财政和部门评价根据需要可委托第三方机构或相关领域专家（以下简称第三方，主要是指与资金使用单位没有直接利益关系的单位和个人）参与，并加强对第三方的指导，对第三方工作质量进行监督管理，推动提高评价的客观性和公正性。

第二十四条 部门委托第三方开展绩效评价的，要体现委托人与项目实施主体相分离的原则，一般由主管财务的机构委托，确保绩效评价的独立、客观、公正。

第五章 绩效评价结果应用及公开

第二十五条 单位自评结果主要通过项目支出绩效自评表的形式反映，做到内容完整、权重合理、数据真实、结果客观。财政和部门评价结果主要以绩效评价报告的形式体现，绩效评价报告应当依据充分、分析透彻、逻辑清晰、客观公正。

绩效评价工作和结果应依法自觉接受审计监督。

第二十六条 各部门应当按照要求随同部门决算向本级财政部门报送绩效自评结果。

部门和单位应切实加强自评结果的整理、分析，将自评结果作为本部门、本单位完善政策和改进管理的重要依据。对预算执行率偏低、自评结果较差的项目，要单独说明原因，提出整改措施。

第二十七条 财政部门和预算部门应在绩效评价工作完成后，及时将评价结果反馈被评价部门（单位），并明确整改时限；被评价部门（单位）应当按要求向财政部门或主管部门报送整改落实情况。

各部门应按要求将部门评价结果报送本级财政部门，评价结果作为本部门安排预算、完善政策和改进管理的重要依据；财政评价结果作为安排政府预算、完善政策和改进管理的重要依据。原则上，对评价等级为优、良的，根据情况予以支持；对评价等级为中、差的，要完善政策、改进管理，根据情况核减预算。对不进行整改或整改不到位的，根据情况相应调减预算或整改到位后再予安排。

第二十八条　各级财政部门、预算部门应当按照要求将绩效评价结果分别编入政府决算和本部门决算，报送本级人民代表大会常务委员会，并依法予以公开。

第六章　法律责任

第二十九条　对使用财政资金严重低效无效并造成重大损失的责任人，要按照相关规定追责问责。对绩效评价过程中发现的资金使用单位和个人的财政违法行为，依照《中华人民共和国预算法》、《财政违法行为处罚处分条例》等有关规定追究责任；发现违纪违法问题线索的，应当及时移送纪检监察机关。

第三十条　各级财政部门、预算部门和单位及其工作人员在绩效评价管理工作中存在违反本办法的行为，以及其他滥用职权、玩忽职守、徇私舞弊等违法违纪行为的，依照《中华人民共和国预算法》、《中华人民共和国公务员法》、《中华人民共和国监察法》、《财政违法行为处罚处分条例》等国家有关规定追究相应责任；涉嫌犯罪的，依法移送司法机关处理。

第七章　附　则

第三十一条　各地区、各部门可结合实际制定具体的管理办法和实施细则。

第三十二条　本办法自印发之日起施行。《财政支出绩效评价管理暂行办法》(财预〔2011〕285号)同时废止。

附：1. 项目支出绩效自评表
2. 项目支出绩效评价指标体系框架（参考）
3. 项目支出绩效评价报告（参考提纲）

附1：

项目支出绩效自评表

（　　年度）

项目名称							
主管部门				实施单位			
项目资金（万元）		年初预算数	全年预算数	全年执行数	分值	执行率	得分
	年度资金总额				10		
	其中：当年财政拨款				—		—
	上年结转资金				—		—
	其他资金				—		—
年度总体目标	预期目标				实际完成情况		
绩效指标	一级指标	二级指标	三级指标	年度指标值	实际完成值	分值	得分	偏差原因分析及改进措施
	产出指标	数量指标	指标1：					
			指标2：					
			……					

续表

绩效指标	产出指标	质量指标	指标1:				
			指标2:				
			……				
		时效指标	指标1:				
			指标2:				
			……				
		成本指标	指标1:				
			指标2:				
			……				
	效益指标	经济效益指标	指标1:				
			指标2:				
			……				
		社会效益指标	指标1:				
			指标2:				
			……				
		生态效益指标	指标1:				
			指标2:				
			……				
		可持续影响指标	指标1:				
			指标2:				
			……				
	满意度指标	服务对象满意度指标	指标1:				
			指标2:				
			……				
总分					100		

附 2：

项目支出绩效评价指标体系框架（参考）

一级指标	二级指标	三级指标	指标解释	指标说明
决策	项目立项	立项依据充分性	项目立项是否符合法律法规、相关政策、发展规划以及部门职责，用以反映和考核项目立项依据情况。	评价要点： ①项目立项是否符合国家法律法规、国民经济发展规划和相关政策； ②项目立项是否符合行业发展规划和政策要求； ③项目立项是否与部门职责范围相符，属于部门履职所需； ④项目是否属于公共财政支持范围，是否符合中央、地方事权支出责任划分原则； ⑤项目是否与相关部门同类项目或部门内部相关项目重复。
		立项程序规范性	项目申请、设立过程是否符合相关要求，用以反映和考核项目立项的规范情况。	评价要点： ①项目是否按照规定的程序申请设立； ②审批文件、材料是否合相关要求； ③事前是否已经过必要的可行性研究、专家论证、风险评估、绩效评估、集体决策。
	绩效目标	绩效目标合理性	项目所设定的绩效目标是否依据充分，是否符合客观实际，用以反映项目实施的绩效目标与项目实际相符情况。	评价要点： （如未设定预算绩效目标，也可考核其他工作任务目标） ①项目是否有绩效目标； ②项目绩效目标与实际工作内容是否具有相关性； ③项目预期产出效益和效果是否符合正常的业绩水平； ④是否与预算确定的项目投资额或资金量相匹配。

398

续表

一级指标	二级指标	三级指标	指标解释	指标说明
决策	绩效目标	绩效指标明确性	依据绩效目标设定的绩效指标是否清晰、细化,可衡量等,用以反映和考核项目绩效目标的明细化情况。	评价要点: ①是否将项目目标绩效目标细化分解为具体的绩效指标; ②是否通过清晰、可衡量的指标值予以体现; ③是否与项目目标任务数或计划数相对应。
	资金投入	预算编制科学性	项目预算编制是否经过科学论证,有明确标准,资金额度与年度目标是否相适应,用以反映和考核项目预算编制的科学性、合理性情况。	评价要点: ①预算编制是否经过科学论证; ②预算编制内容与项目内容是否匹配; ③预算额度测算依据是否充分,是否按照标准编制; ④预算确定的项目投资额或资金量是否与工作任务相匹配。
		资金分配合理性	项目预算资金分配是否有测算依据,与补助单位或地方实际情况是否相适应,用以反映和考核项目预算资金分配的科学性、合理性。	评价要点: ①预算资金分配依据是否充分,与项目单位或地方实际是否相适应; ②资金分配额度是否合理,与项目单位或地方实际是否相适应。
过程	资金管理	资金到位率	实际到位资金与预算资金的比率,用以反映和考核资金落实情况对项目实施的总体保障程度。	资金到位率=(实际到位资金/预算资金)×100%。 实际到位资金:一定时期(本年度或项目期)内落实到具体项目的资金。 预算资金:一定时期(本年度或项目期)内预算安排到具体项目的资金。
		预算执行率	项目预算资金是否按照计划执行,用以反映和考核项目预算执行情况。	预算执行率=(实际支出资金/实际到位资金)×100%。 实际支出资金:一定时期(本年度或项目期)内项目实际拨付的资金。

续表

一级指标	二级指标	三级指标	指标解释	指标说明
过程	资金管理	资金使用合规性	项目资金使用是否符合相关的财务管理制度规定，用以反映和考核项目资金的规范运行情况。	评价要点： ①是否符合国家财经法规和财务管理制度规定以及有关专项资金管理办法的规定； ②资金的拨付是否有完整的审批程序和手续； ③是否符合项目预算批复或合同规定的用途； ④是否存在截留、挤占、挪用、虚列支出等情况。
		管理制度健全性	项目实施单位的财务和业务管理制度是否健全，用以反映和考核财务和业务管理制度对项目实施顺利的保障情况。	评价要点： ①是否已制定或具有相应的财务和业务管理制度； ②财务和业务管理制度是否合法、合规、完整。
	组织实施	制度执行有效性	项目实施是否符合相关管理规定，用以反映和考核相关管理制度的有效执行情况。	评价要点： ①是否遵守相关法律法规和相关管理规定； ②项目调整及支出调整手续是否完备； ③项目合同书、验收报告、技术鉴定等资料是否齐全并及时归档； ④项目实施的人员条件、场地设备、信息支撑等是否落实到位。
产出	产出数量	实际完成率	项目实际的实际产出数与计划产出数的比率，用以反映和考核项目产出数量目标的实现程度。	实际完成率＝（实际产出数／计划产出数）×100%。 实际产出数：一定时期（本年度或项目期）内项目实际产出的产品或提供的服务数量。 计划产出数：项目绩效目标确定的在一定时期（本年度或项目期）内计划产出的产品或提供的服务数量。

续表

一级指标	二级指标	三级指标	指标解释	指标说明
产出	产出质量	质量达标率	项目完成的质量达标产出数与实际产出数的比率，用以反映和考核项目产出质量目标的实现程度。	质量达标率＝（质量达标产出数／实际产出数）×100％。质量达标产出数：一定时期（本年度或项目期）内实际达到既定质量标准的产品或服务数量。既定质量标准是指项目实施单位设立绩效目标时依据计划标准、行业标准、历史标准或其他标准而设定的绩效指标值。
	产出时效	完成及时性	项目实际完成时间与计划完成时间的比较，用以反映和考核项目产出时效目标的实现程度。	实际完成时间：项目实施单位完成该项目实际所耗用的时间。计划完成时间：按照项目实施单位实施该项目相关规定完成该项目所需的时间。
	产出成本	成本节约率	完成项目计划工作目标的实际节约成本与计划成本的比率，用以反映和考核项目的成本节约程度。	成本节约率＝［（计划成本－实际成本）／计划成本］×100％。实际成本：项目实施单位如期、保质、保量完成既定工作目标实际所耗费的支出。计划成本：项目实施单位为完成工作目标计划安排的支出，一般以项目预算为参考。
效益	项目效益	实施效益	项目实施所产生的效益。	项目实施所产生的社会效益、经济效益、生态效益、可持续影响等。可根据项目实际情况有选择地设置和细化。
		满意度	社会公众或服务对象对项目实施效果的满意程度。	社会公众或服务对象是指因该项目实施而受到影响的部门（单位）、群体或个人。一般采取社会调查的方式。

附3：

项目支出绩效评价报告
（参考提纲）

一、基本情况

（一）项目概况。包括项目背景、主要内容及实施情况、资金投入和使用情况等。

（二）项目绩效目标。包括总体目标和阶段性目标。

二、绩效评价工作开展情况

（一）绩效评价目的、对象和范围。

（二）绩效评价原则、评价指标体系（附表说明）、评价方法、评价标准等。

（三）绩效评价工作过程。

三、综合评价情况及评价结论（附相关评分表）

四、绩效评价指标分析

（一）项目决策情况。

（二）项目过程情况。

（三）项目产出情况。

（四）项目效益情况。

五、主要经验及做法、存在的问题及原因分析

六、有关建议

七、其他需要说明的问题

财政部关于印发
《地方财政管理工作考核与激励办法》的通知

(财预〔2020〕3号)

根据国务院办公厅关于对真抓实干成效明显地方进行激励支持的有关要求,我部制定了《地方财政管理工作考核与激励办法》,现予印发,请遵照执行。

附件:地方财政管理工作考核与激励办法

财政部

2020年1月3日

地方财政管理工作考核与激励办法

为推动加快建立现代财政制度,根据国务院办公厅关于对真抓实干成效明显地方进行激励支持的有关要求,制定本办法。

一、考核与激励目的

充分发挥财政部门积极性、主动性和创造性,鼓励各地财政部门从实际出发干事创业,促进形成担当作为、竞相发展的良好局面,进一步推动地方深化财税体制改革,完善预算管理制度,提高财政资金使用效益,推动加快建立现代财政制度。

二、考核对象

包括全国各省、自治区、直辖市、计划单列市(以下统称省)。其中,计划单列市单独开展综合考核,其所在省考核数据不含计划单列市。

三、考核内容和指标

本办法为年度考核。考核内容主要是地方财政管理工作完成情况,具体包括财政预算执行、盘活财政存量资金、国库库款管理、推进财政资金统筹使用、预算公开等5个方面。结合预算管理工作目标,设定如下考核指标,考核得分采用百分制。

1. 财政预算执行管理工作(18分)。

考核内容:各省一般公共预算以及政府性基金预算支出进度情况。分为一般公共预算支出进度指标和政府性基金预算支出进度指标,各省两项指标的分值比例根据其全年一般公共预算支出和政府性基金预算支出执行数的比例确定。

第一步,以财政部开展地方财政预算执行支出进度考核情况通报月份的各省一般公共预算支出进度进行平均,得出各省一般公共预算支出进度指标;以财政部开展地方财政预算执行支出进度考核情况通报月份的各省政府性基金预算支出进度进行平均,得出各省政府性基金预算支出进度指标。

第二步,采用正向激励指标调整得分方法(调整得分方法见"7.指标调整得分方法",下同),将各省上述两项指标分别调整为指标得分。

第三步,计算各省财政预算执行管理工作得分。某省财政预算执行管理工作得分即某省上述两项指标得分之和。

2. 盘活财政存量资金管理工作(18分)。

考核内容:各省财政存量资金规模(包括一般公共预算结转结余、政府性基金预算结转结余、国有资本经营预算结转结余、转移支付结转结余、部门预算结转结余、预算稳定调节基金、预算周转金、其他存量资金)。分为静态和动态两项指标,分值比例为12:6。

第一步,计算静态和动态指标:

某省财政存量资金静态指标=某省当年财政存量资金规模÷某省当年财政支出规模;

某省财政存量资金动态指标=某省当年财政存量资金规模÷某省当年财政支出规模-某省上年财政存量资金规模÷某省上年财政支出规模。

第二步,采用反向激励指标调整得分方法,将各省上述两项指标分别调整为指标得分。

第三步,计算各省盘活财政存量资金管理工作得分。某省盘活存量资金管理工作得分即上述两项指标得分之和。

3.国库库款管理工作（18分）。

考核内容：各省国库库款管理工作情况。包括库款保障水平、库款保障水平偏低市县占比、国库集中支付结余消化进度、新增专项债券资金使用进度等4项考核指标，分值比例为6：4：4：4。

第一步，根据各省报送的库款月报数据等，计算指标分月数值：

某月某省库款保障水平＝某省月末库款余额÷年内月均库款流出量，其中，库款余额为国家金库中的财政存款（库款净额）与国库现金管理余额之和；

某月某省库款保障水平偏低市县占比＝某省月末库款保障水平低于0.1的市县级财政部门个数÷某省市县级财政部门个数，其中，设有金库的开发区、高新区等机构，作为单独财政部门统计；

某月某省国库集中支付结余消化进度＝（某省上年末国库集中支付结余余额－某省月末国库集中支付结余余额）÷某省上年末国库集中支付结余余额，其中，上年末国库集中支付结余，在决算会审前暂用年末执行数，决算会审后改用决算数；

某月某省新增专项债券资金使用进度＝某省月末新增专项债券资金累计支出金额÷（月末的当年新增专项债券发行收入＋上年新增专项债券结转资金），其中，上年新增专项债券结转资金为上年发行但未使用完毕、结转到当年的新增专项债券资金。

以各省的库款保障水平、库款保障水平偏低市县占比、国库集中支付结余消化进度、新增专项债券资金使用进度的分月数值进行平均，得出各省的4项指标。

第二步，计算指标得分：

各省库款保障水平指标得分：库款保障水平指标处于0.3—0.8之间的，得满分（即6分）；库款保障水平指标为0.3以下的，采用正向激励指标调整得分方法，调整为指标得分；库款保障水平指标为0.8以上的，采用逆向激励指标调整得分方法，调整为指标得分。

各省库款保障水平偏低市县占比指标得分：采用逆向激励指标调整得分方法，将各省指标调整为指标得分。

各省国库集中支付结余消化进度指标得分：采用正向激励指标调整得分

方法,将各省指标调整为指标得分。

各省新增专项债券资金使用进度指标得分:采用正向激励指标调整得分方法,将各省指标调整为指标得分。

第三步,计算各省国库库款管理工作得分。某省国库库款管理工作得分即某省上述4项指标得分之和。

4. 推进财政资金统筹使用管理工作(18分)。

考核内容:地方转移支付结构情况。分为静态和动态两项指标,分值比例为12∶6。

第一步,根据各省上报的转移支付结构情况得出当年和上年省级对下一般性转移支付占省级对下转移支付比重:

某省推进财政资金统筹使用静态指标=某省当年省级对下一般性转移支付占省级对下转移支付比重;

某省推进财政资金统筹使用动态指标=某省当年省级对下一般性转移支付占省级对下转移支付比重－某省上年省级对下一般性转移支付占省级对下转移支付比重。

第二步,计算静态和动态指标得分:

各省推进财政资金统筹使用静态指标得分:采用正向激励指标调整得分方法,将静态指标调整为指标得分;

各省推进财政资金统筹使用动态指标得分:动态指标小于0的,不得分(即0分);动态指标大于或等于0的,采用正向激励指标调整得分方法调整为指标得分。

第三步,计算各省推进财政资金统筹使用管理工作得分。某省推进财政资金统筹使用管理工作得分即某省上述两项指标得分之和。

5. 预算公开管理工作(18分)。

考核内容:各省预算公开总体进展情况。包括预算公开、决算公开、其他信息公开管理等3项考核指标,分值比例为7.5∶7.5∶3。

第一步,通过预算公开专项核查及统计结果得出各省预算公开率、决算公开率、其他信息公开管理指标,作为各省上述3项指标数据。

第二步,采用正向激励指标调整得分方法,将各省上述3项指标分别调整为指标得分。

第三步，计算各省预算公开管理工作得分。某省预算公开管理工作得分即某省上述 3 项指标得分之和。

6. 其他财政管理工作指标（10 分）。

因其他财政管理工作成效显著，获得财政部及部内司局通报表彰的省，参与或完成财政部重点专项工作质量较高的省，酌情加分，满分 10 分。

7. 指标调整得分方法。

（1）正向指标调整得分方法：

某省某项指标得分 =［某省某项指标 -min（各省某项指标）］÷［max（各省某项指标）-min（各省某项指标）］× 分值。

（2）反向指标调整得分方法：

某省某项指标得分 =［max（各省某项指标）- 某省某项指标］÷［max（各省某项指标）-min（各省某项指标）］× 分值。

其中：max（各省某项指标）指各省某项指标的最大值；min（各省某项指标）指各省某项指标的最小值。

四、评审程序

（一）每年 1 月 15 日前，各省要按照财政部统一部署，将上年即考核年度相关数据及时报送财政部，并抄送财政部当地监管局。

（二）财政部根据国库执行快报等各项统计数据，以省为单位对各项考核指标进行评分。对"保工资、保运转、保基本民生"方面出现问题、债务风险未能有效控制、财政管理工作出现重大失误等省，酌情扣分或取消获奖资格。评分结果从高到低综合排名靠前的 10 个省作为拟奖励省，10 个拟奖励省中，东、中、西部地区原则上各不少于 2 个，直辖市、计划单列市原则上各不超过 1 个。

（三）财政部书面通知 10 个拟奖励省，要求其参照本办法的考核指标，于 1 月 31 日前向财政部书面推荐财政管理工作方面的先进典型市（地、州、盟，以下统称市）、县（市、区、旗，以下统称县）。每个省原则上推荐 1 个市和 1 个县（直辖市、计划单列市仅推荐 1 个县），先进典型市总数不超过 10 个，典型县总数不超过 10 个。10 个拟奖励省考核推荐有关市县要严格评审程序，明确评分标准，确保拟激励市县名单经得起检验。

（四）2月底前，财政部将拟奖励省推荐的先进典型市、县名单报送国务院办公厅。

五、激励措施

（一）中央财政利用督查收回的财政存量资金、年度预算中单独安排的资金等渠道，对10个拟奖励省分配奖励资金，奖励资金切块下达到省，再由省级财政部门将奖励资金分配到本省推荐的典型市、县。奖励资金额度原则上按每个市不低于2000万元、每个县不低于1000万元把握，并适当体现向中、西部倾斜。

（二）财政部下达奖励资金后，省级财政部门要及时将奖励资金下达到先进典型市、县。财力较好的省可统筹自有财力进一步加大对先进典型市、县的奖励力度。

（三）省级财政部门要督促先进典型市、县加强奖励资金的使用管理，并将资金分配使用情况于6月30日前上报财政部（预算司）。

六、其他事项

本办法自2020年1月3日起施行。2018年12月29日发布的《财政管理工作绩效考核与激励办法》（财预〔2018〕222号）同时废止。

财政部关于
推进政府购买服务第三方绩效评价工作的指导意见

(财综〔2018〕42号)

为贯彻落实党中央、国务院决策部署,提高政府购买服务质量,规范政府购买服务行为,现就推进政府购买服务第三方绩效评价工作提出以下意见。

一、总体要求

(一)指导思想。以习近平新时代中国特色社会主义思想为指导,全面贯彻党的十九大和十九届二中、三中全会精神,坚持和加强党的全面领导,坚持稳中求进工作总基调,坚持新发展理念,紧扣我国社会主要矛盾变化,按照高质量发展的要求,统筹推进"五位一体"总体布局和协调推进"四个全面"战略布局,坚持以供给侧结构性改革为主线,按照党中央、国务院决策部署和加快建立现代财政制度、全面实施绩效管理的要求,扎实有序推进政府购买服务第三方绩效评价工作,不断提高规范化、制度化管理水平,逐步扩大绩效评价项目覆盖面,着力提升财政资金效益和政府公共服务管理水平。

(二)基本原则。一是坚持问题导向。针对当前政府购买服务存在的问题,准确把握公共服务需求,创新财政支持方式,加快转变政府职能,将第三方绩效评价作为推动政府购买服务改革的重要措施。二是坚持分类实施。结合开展政府购买服务指导性目录编制工作,进一步研究细化项目分类,探索创新评价路径。三是坚持统筹协调。按照全面实施绩效管理和推广政府购买服务的要求,加强政府购买服务第三方绩效评价与事业单位分类改革、行业协会商会脱钩改革等之间的衔接,形成合力,统筹考虑各地区、领域和部门的实际情况,提高评价实效。四是坚持公开透明。遵循公开、公平、公正原则,鼓励竞争择优,注重规范操作,充分发挥第三方评价机构的专业优势,确保评价结果客观、公正、可信。

二、工作内容

（一）明确相关主体责任。各级财政部门负责政府购买服务第三方绩效评价制度建设和业务指导，必要时可直接组织第三方机构开展绩效评价工作；购买主体负责承担第三方机构开展绩效评价的具体组织工作；第三方机构依法依规开展绩效评价工作，并对评价结果真实性负责；承接主体应当配合开展绩效评价工作。

（二）确定绩效评价范围。受益对象为社会公众的政府购买公共服务项目，应当积极引入第三方机构开展绩效评价工作，就购买服务行为的经济性、规范性、效率性、公平性开展评价。各地区、各部门可以结合自身实际，具体确定重点领域、重点项目，并逐步扩大范围。

（三）择优确定评价机构。严格按照政府购买服务相关规定，择优选择具备条件的研究机构、高校、中介机构等第三方机构开展评价工作，确保评价工作的专业性、独立性、权威性。探索完善培育第三方机构的政策措施，引导第三方机构提高服务能力和管理水平。结合政务信息系统整合共享，充分利用现有第三方机构库组织开展评价工作。

（四）建立健全指标体系。编制预算时应同步合理设定政府购买服务绩效目标及相应指标，作为开展政府购买服务绩效评价的依据。指标体系要能够客观评价服务提供状况和服务对象、相关群体以及购买主体等方面满意情况，特别是对服务对象满意度指标应当赋予较大权重。

（五）规范开展评价工作。将绩效管理贯穿政府购买服务全过程，推动绩效目标管理、绩效运行跟踪监控和绩效评价实施管理相结合，根据行业领域特点，因地制宜、规范有序确定相应的评价手段、评价方法和评价路径，明确第三方机构评价期限、权利义务、违约责任、结项验收、合同兑现等事项。

（六）重视评价结果应用。财政部门直接组织开展第三方绩效评价的，应及时向购买主体和承接主体反馈绩效评价结果，提出整改要求，并将评价结果作为以后年度预算安排的重要依据。购买主体组织开展第三方绩效评价的，应及时向承接主体反馈绩效评价结果，探索将评价结果与合同资金支付挂钩，并作为以后年度选择承接主体的重要参考。

（七）做好评价经费管理。财政部门和购买主体要做好评价成本核算工作，合理测算评价经费。允许根据项目特点选择预算安排方式，对于一般项目，评价费用在购买服务支出预算中安排；对于重大项目或多个项目一并开展评价工作的，可以单独安排预算。

（八）加强信息公开和监督管理。财政部门和购买主体要做好信息公开工作，及时充分地将评价机构、评价标准、评价结果等内容向社会公开，自觉接受社会监督；加强评价机构信用信息的记录、使用和管理，将第三方评价机构的信用信息纳入共享平台，对于失信评价机构依法依规限制参与承接评价工作；对评价工作应实行全过程监督，及时处理投诉举报，严肃查处暗箱操作、利益输送、弄虚作假等违法违规行为，依法依规对违规评价机构进行处罚。

三、工作要求

（一）坚持试点先行。为积极稳妥推进政府购买服务第三方绩效评价工作，财政部将于2018—2019年组织部分省市开展试点，通过试点完善政府购买服务绩效指标体系，探索创新评价形式、评价方法、评价路径，稳步推广第三方绩效评价。综合考虑地方经济社会发展及评价工作开展情况等因素，选取天津市、山西省、吉林省、上海市、江苏省、浙江省、河南省、四川省、贵州省、深圳市等10个省、直辖市、计划单列市开展试点。

（二）加强组织领导。试点地区财政部门要切实加强对政府购买服务第三方绩效评价工作的组织领导，统筹规划、统一部署，理顺工作机制，制定试点工作方案，明确工作目标和具体措施，科学设置政府购买服务绩效指标体系，为开展评价工作提供制度保障；要结合本地实际，优先选择与人民群众生活密切相关、资金量较大、社会关注度高的公共服务项目开展试点，并定期将评价结果向同级审计部门通报。试点地区要认真总结试点经验，完善评价制度，每年年底前向财政部报送试点情况。

（三）做好宣传解读。试点地区要加强政策宣传，全面解读相关政策要求，引导有关方面充分认识开展政府购买服务第三方绩效评价工作的重要意义，广泛调动社会力量参与的积极性主动性，为开展第三方绩效评价工作创造良好氛围。

财政部

2018年7月30日